这些年设计圈飘过的那些词

THESE YEARS THOSE WORDS

01

陈阳　任雪琦　席成新　周毓华 ◎ 著

同济大学出版社
TONGJI UNIVERSITY PRESS

图书在版编目（CIP）数据

这些年设计圈飘过的那些词.1/陈阳等著. -- 上海：同济大学出版社，2019.9
ISBN 978-7-5608-8527-8

Ⅰ.①这… Ⅱ.①陈… Ⅲ.①建筑设计—建筑企业—企业管理—研究 Ⅳ.①F407.96

中国版本图书馆CIP数据核字(2019)第163271号

这些年设计圈飘过的那些词·1

陈 阳 任雪琦 席成新 周毓华 著

责任编辑 张 睿　**责任校对** 徐春莲　**封面设计** 任雪琦

出版发行　同济大学出版社　www.tongjipress.com.cn
　　　　　（地址：上海市四平路1239号　邮编：200092　电话：021-65985622）
经　　销　全国各地新华书店
印　　刷　常熟市华顺印刷有限公司
开　　本　787mm×1092mm　1/16
印　　张　20.5
字　　数　512 000
印　　数　1—3100
版　　次　2019年9月第1版　2019年9月第1次印刷
书　　号　ISBN 978-7-5608-8527-8
定　　价　86.00元

本书若有印装质量问题，请向本社发行部调换　　版权所有　侵权必究

序 01

记得那天中午一起吃云南菜，讨论起这本书来，陈阳老师悠悠地来了一句："这次这本书的序就由你来写吧！"我嘴边的菜差点掉下来，因为从来没有想过可以为一本书写序。直到今天，那份既忐忑又高兴的心情依然还在。

说起《这些年设计圈飘过的那些词》，是 ADU 继《白话设计公司管理》《白话设计公司战略》之后的第三本书，其内容从书名或许就能够大致猜出一二，书中的文章来得既容易又困难。说容易是在于，它们主要来自 ADU 咨询公众号上从 2014 年至 2018 年五年来的部分原创文章，如此集结成册似乎唾手可得；而说困难则在于，它们是几名作者这些年，在日常管理工作中、与设计行业的从业者沟通中、对行业的观察和平时阅读学习中，发现的一些现象、问题、困惑，试图通过思考和理解，得出一些设计公司在企业管理方面的见解和探索。

本书依旧保持着"白话"系列通俗易懂的风格，通过战略、产品、架构、合伙制、人力资源、财务及品牌和营销等七个部分，诠释了这些年在设计圈飘过的一些词儿、一些现象。

设计行业发展了这么些年，起起伏伏，很多人都会问 ADU 如何看待这个行业？如何应对不可预测的变化？如何解读未来的发展？虽然本书没有形成理论体系，但一直以来，我们都把最新的想法、研究不余遗力地与大家分享。在昨天、今天和未来，我们将会通过各种方式促进设计行业的管理进步，与设计行业的各位朋友共同成长。

| 这些年设计圈飘过的那些词

　　筹划这本书的时光好像还在昨天，眼见着这本书就要出版了，心里很是欣喜。这里要感谢 ADU 的学员、关注公众号及书籍的读者和那些一直关心 ADU 的朋友们，没有与你们的交流和探讨，本书可能就无法呈现。感谢本书的作者陈阳老师、席成新老师、周毓华老师，还有背后默默支持我们的王蕾老师，以及同济大学出版社的张睿老师。谢谢大家。

2018 年 11 月

序 02
忙碌至死

2018年俄罗斯世界杯小组赛第一轮刚结束。卫冕冠军德国输了,巴西、阿根廷平了,英、法勉强小胜对手,只有西班牙和葡萄牙棋逢对手,打了一场漂亮的平局。❶

为什么传统强队表现不佳?一方面赛会制本来就容易爆冷,还有一个很简单的原因,球员太累了。这些强队的核心球员在各自的俱乐部都是顶梁柱,联赛、杯赛、冠军联赛、国家队比赛,一年(52周)要踢65~70场正式比赛,年年如此。说实话,能健康地站在世界杯球场上就不易了。要我踢出精彩的比赛,也行,容我先歇两口气。所谓强队慢热,原因之一大概是核心球员调养好了。反观弱队的球员,一年的比赛就少多了,体能不是问题,世界杯又是难得的露脸机会,此时不搏更待何时。

当然,人家好歹是富忙,而中国建筑师大多在穷忙。

稀缺心态下的忙碌

多数设计公司把设计工作量安排得非常饱和,120%(周工作时间48小时)算低的,150%(周工作时间60小时)很常见。这种节奏使我们难以容错,因为一旦有错就可能产生连锁反应,放大成重大损失。而不能犯错的紧张感造成一方面不敢创新,另一方面身心疲惫、小错误不断。设计公司和设计师普遍处于亚健康状态而不能自拔。

魏思炯在《战略的智慧》一书中描述了几种初级战略状态,其中之一被称为仓

---

❶ 2018年俄罗斯世界杯上述七支球队最终成绩:德国队,小组赛即被淘汰;巴西队,八强;阿根廷队,十六强;英格兰队,第四;法国队,冠军;西班牙队,十六强;葡萄牙队,十六强。

| 这些年设计圈飘过的那些词

鼠政策。仓鼠在转轮上拼命奔跑，耗尽全部精力，但充其量不过是原地踏步。但这却是很多设计公司面对外部危机时的本能反应。接更多的活（不管赚不赚钱），加更多的班（不管有没有效率），招更多的人（不管合不合适），以为这样就能活下去，活下去就有希望。但在我看来，这是一种更快的死法——忙碌至死。

有人告诉我，罗胖（罗振宇）在跨年演讲中说"你只能拼命奔跑，才能停在原地"，所以拼命干活是必须的。且不论罗胖的说法有多少合理性，即便这个说法靠谱，拼命奔跑不等于拼命接活干，可以是拼命思考、拼命研发，该下功夫的地方多了去了。

解读设计企业的经营模式，要理解两个关键词——时代背景、行业差异。

时代背景指的是中国已经从供不应求的1.0时代到了供过于求的2.0时代，面对的问题从"有/无"变成"好/坏"，组织运营从"效率为先"到"适应性第一"。拼命干活挣钱的方式是1.0时代行之有效的方法，2.0时代还这么干，只会把自己弄得很苦。

行业差异是指设计行业与其他行业的不同。我认为主要不同有两点：一是B2B与B2C，设计行业基本是B2B；二是订制产品与标准产品，设计行业大多是订制产品。管理学的很多理念在各行各业是相通的，但具体方法和措施这两点使设计公司的管理有自己的特点。

从上面两个背景出发，读《稀缺——我们是如何陷入贫穷与忙碌的》一书，有助于我们思考设计公司在2.0时代的经营模式。

作者赛德希尔·穆来纳西和埃尔德·沙菲尔认为，稀缺（紧缺）在很多情况下是一种心态，而非现实。在这种心态支配下，我们会本能地把已有的资源（时间、金钱、精力、人力等等）用到极致，并尽可能攫取更多资源，好像这样才能有点安全感。稀缺心态在 1.0 时代是有效的，但在 2.0 时代仍然如此，则差之毫厘、失之千里。稀缺心态有助于短期现实问题的解决，但无助于中长期方向的把握。反倒是稀缺心态成了长期稀缺的根源。

很多设计公司之所以现在处境尴尬，不是因为犯过什么大错，而是在上百个小抉择后一步步走到今天的。他们的每一步在当时看来都是最优（至少是次优）的选择，但遗憾的是，稀缺心态下的最优选择未必符合企业中长期需要。

稀缺心态使我们的视野狭窄，只看到眼前的"得"，而漠视潜在的"失"，只能看到表面的变化，无法理解时代的变迁。稀缺心态会造成我们在思考和行动上的沉重负担，无法腾挪。作者形象地称之为"带宽"变窄。

常有人跟我说，陈老师，听说上你的课很有帮助，等我有空了一定来上你的课。呵呵，这话说明他的带宽不足，能抽身听课的可能性很小。

怎样爬出稀缺陷阱

2003 年春，CCDI 上海公司成立刚几个月，我作为上海公司总经理正面临一个问题：香港新鸿基的那四个项目还跟不跟？

CCDI 设立上海公司的重要动因就是跟随老客户拓展华东市场。当时香港新鸿基与 CCDI 在广东已有两个项目在合作，同时他们在上海有四个地块处于开发前期，需要设计单位配合。CCDI 上海公司的设立正赶上了这个需求，如果进展顺利，这几个项目正好能为上海公司的立足提供有效支撑。

不过，想得虽好，但几个月下来，四个项目仍没有落地实施，什么时候落地也

| 这些年设计圈飘过的那些词

不好说。继续跟的话，要占用上海公司有限的资源，还要再跟多久才能落地也不清楚；放弃的话，视野里又没有别的项目，员工暂时没活干，产能空转，对刚创立的上海公司来说，企业形象也很不好。而且万一刚放弃，项目就落地了，岂不前功尽弃？

思前想后，我最后决定放弃这几个项目。也许是旧的不去新的不来的心理吧。幸运的是，放弃后不到一个月，我们接触到杭州的一个大地产商，签下了一个一千万元设计费的住宅设计合同。

十五年过去了，回顾这个案例，CCDI 上海公司在开创伊始规避了一个稀缺陷阱。

从稀缺陷阱中爬出来，只能靠自己。指望外部条件变化了，自己的时间、精力、经济上宽松了再调整是不可能的。

少接几个项目，可能有更多的事业机会。

有人说，少接几个项目就饿死了。我想，以现在的市场行情，少接几个项目就会饿死的公司，本就在生死线上挣扎，不如早死早超生。

有细心的读者注意到我在《白话设计公司战略》中提到我的工作时间安排：每个月收费工作时间不超过 6 天，每年工作不超过十个月，算下来全年工作饱和度不到 25%。但实际上我并没有空闲时间，读书、走访调研设计公司、写文章、参加研讨会等等事情很多，即我在研发和市场推广上花的时间很多。按照 ADU 研发—市场—销售—运营这四个环节的业务模式，粗算一下，我的时间配比大概是 60% 研发、10% 市场、30% 运营（干活挣钱），销售主要由我的同事负责。

设计公司理想的工作饱和度可能是 80%。但现实中的设计公司不是一张白纸，一步到位调整到 80%，一定会死得很惨。想爬出稀缺陷阱的设计公司，可以尝试先把工作饱和度打八折，比如从 150% 降到 120%。因为多数设计公司的毛利率在 20% 上下，工作量打八折的最不利结果也就是没有利润，不至于饿死。

当然，降低工作饱和度不是为了不饿死，而是为了能活得更好。所以，节余下来的 30% 不能都用来补（以前加班少睡的）觉，而要投入产品研发、技术研究、市场推广、流程梳理。待我们的产品在市场上立足后，再进行第二次八折，工作饱和度降到 100%，同时持续在研发、市场环节投入，以提高、巩固产品的优势地位。当我们的产品在某个细分市场领域占有领先地位时，进行第三次八折，80% 的工作饱和度就达到了。

说起来容易，实际操作下来至少要三五年才有可能熬过最艰难的第一个八折。ADU 的学员单位中已有多个类似案例，他们敢于在产品研发和市场推广上投入，在不断试错中逐步掌握产品主导权，再通过涨价提升经营效益。

尼尔·波兹曼在《娱乐至死》中指出娱乐化媒体导致群体思想能力的弱化，设计公司疲于奔命式的忙碌同样使我们丧失思考能力。该改变了。

2018 年 6 月

目录

序 01

序 02

1 战略 001

01 这些年，设计圈飘过的和正在飘的一些大词 | 002

02 设计公司应该是一本书、一本纸质书 | 006

03 万科云和猪八戒 | 009

04 声讨碧桂园，然后呢 | 018

05 别奢谈多元化 | 022

06 向左走，向右走 | 025

07 颠覆不是脑筋急转弯 | 029

08 鸵鸟、兔子和仓鼠 | 034

09 理想不应丰满，现实并不骨感 | 037

10 小公司如何拥有大梦想

　　——续"理想不应丰满，现实并不骨感" | 041

11 有机——一条设计公司管理的新路 | 044

12 设计与资本——相亲易，结婚难 | 049

13 设计界会爆裂吗 | 052

14 功利的时代，专业主义能坚持多久 | 057

15 生存还是发展，这是一个问题 | 060

16 建筑师创业，必须要明白的一件事 | 063

| 这些年设计圈飘过的那些词

2　产品 067

17　2017，设计行业的蓝海 | 068

18　是全球化，而不是全球同质化——地方性设计公司的机遇 | 072

19　设计公司打开 EPC 的正确姿势 | 076

20　设计公司融资应该用来做什么 | 080

21　呼唤细胞级产品 | 083

22　靠什么挣钱——复杂系统与规模运营 | 087

23　聚焦的力量 | 091

24　说人话 | 095

3　架构 099

25　阿米巴？别忽悠设计师 | 100

26　事业合伙人 | 104

27　真假"化整为零"——事业合伙人（续）| 107

28　自负盈亏，是个好对策吗 | 112

29　有机组织没有上帝 | 116

30　分层、异质 | 119

31　设计公司究竟是生态系统还是有机体 | 122

32　设计公司多大规模合适 | 127

33　异地怎么恋 —— 设计公司靠什么开分公司 | 134

34　一场饭局上的建筑师 | 138

4　合伙制 143

35　最熟悉的陌生人——合伙人 ｜ 144

36　合伙制改造——过程复杂、结果简单的事 ｜ 148

37　隔壁大张的合伙制改造 ｜ 153

5　人力资源 159

38　同学们，留神那些油腻腻的设计公司 ｜ 160

39　绩效管理的 3 个坑，你掉入过哪个 ｜ 164

40　临近年末，您公司的绩效失效了吗 ｜ 168

41　设计公司之长期激励工具 ｜ 171

42　平庸的团队改正缺点，出色的团队发挥长处 ｜ 176

43　高端设计师的薪酬与绩效如何挂钩 ｜ 180

44　设计师用年薪制好还是提成制好 ｜ 182

45　年薪制还是提成制，该选哪个（续）｜ 184

46　员工付薪基础是什么 ｜ 188

47　如何确定公司的薪酬水平 ｜ 190

48　小议设计公司产品团队的薪酬策略 ｜ 192

49　如何给销售员计算销售提成 ｜ 196

50　如何看待员工的加薪要求 ｜ 199

51　削减人力成本，裁员还是降薪 ｜ 201

52　设计费不涨，人力成本不断上升，怎么办 ｜ 204

53　薪酬分配是否应该公开 | 207

6　财务 211

54　懂业务的财务才是设计公司的好财务 | 212

55　设计公司如鲠在喉，又不明就里的一些财务事 | 216

56　老板娘管账，真的能省钱吗

——设计公司的财务现象与风险（一）| 221

57　老板娘管账，真的能省钱吗

——设计公司的财务现象与风险（二）| 225

58　设计公司绩效管理如何落地 | 230

59　有效的财务战略提升公司价值

——"管理≠绩效≠量化"续谈 | 235

60　不同规模的设计公司财务管理特征 | 239

61　设计行业成本费用管理思维 | 242

62　如何面试财务岗位的人 | 246

63　别用政策条文吓唬老板，财务要做好"翻译"工作 | 250

7　品牌与营销 255

64　你和大师不止差一个品牌 | 256

65　品牌，不仅是市场部的事 | 261

66　提到你的设计公司，别人想到了什么 | 267

67　设计公司对外宣传品牌的内容有哪些 | 271

68　老板们的品牌"三宗罪" | 275

69　品牌经理人的"三宗罪" | 280

70　品牌经理人的 5 项修炼 | 285

71　建立推广渠道注意这 3 点 | 289

72　我们公司人太少，市场营销怎么做 | 293

73　征服三种不同的市场，你为何只用一种姿势 | 297

74　市场营销的 10 个痛点 | 302

75　2018，如果你的品牌只能做这一件事 | 308

| 这些年设计圈飘过的那些词

认清必然性之后,我们才有自由。
就像建筑方案设计,有限制条件,才有创作的空间。

——ADU咨询首席顾问
陈阳

1 战略

规模化 \ 资本化 \ 平台化 \ 阿米巴 \AI\ 大数据 \VR\ 互联网设计院 \ 民宿 \ 特色小镇 \ 新农村 \EPC\ 建筑师终身负责制 \ 设计公司 \ 书 \ 互联网 +\+ 互联网 \ 简单互联网 +\ 技术互联网 +\ 资源 \ 流程 \ 产品 \ 科斯定律 \ 万科 \ 猪八戒 \ 高周转率 \ 建筑师 \ 多元化 \ 产业链 \ 颠覆 \ 跨界 \ 管理 \ 机械 \ 有机 \ 鸵鸟 \ 兔子 \ 仓鼠 \ 理想 \ 现实 \ 小公司 \ 梦想 \ 可变异性 \ 可选择性 \ 可遗传性 \ 爆裂 \ 风险 \ 功利 \ 专业主义 \ 生存 \ 发展 \ 补贴 \ 创业

| 这些年设计圈飘过的那些词

01
这些年，设计圈飘过的和正在飘的一些大词

陈阳 发布于 2017-12-27

年底总要盘点些啥？人的天性之一是归类，年终盘点是一种按时间归类的方法。不过，一年时间太短，不妨把时间维度拉长一点，有些事会看得更明白点。

近些年是设计行业的调整期，设计行业的总盘子虽仍有增长，但毕竟经历了2014、2015两年的大滑坡和几次小起伏，很多人对未来不大有底。心里没底就不敢随便行动，于是，设计圈有个有意思的现象，多数企业在行为上和过去十年并无二致（新公司大多模仿老企业的经验），但言辞上大胆"创新"，大词满天飞。近两年此风尤甚，给设计圈增添了不少紧张气氛。这些大词，有的是追逐热点经济、科技、政治风口，有的是为了彰显技术上、管理上的"创新"。

我对大词一向有恐惧感，一来听不懂，二来怕被忽悠。读书是我的破解之道，书读多了，慢慢知道很多大词是历史故事的另一件马甲。

1. 规模化、资本化

一个行业是否会走向规模化发展，甚至是寡头垄断的市场格局，必要条件之一是金融资本对这个行业发展的价值。金融资本的价值越大，行业越有可能走向规模化、寡头化。在产品、技术、生产、产业、客户这五种类型的设计公司中，产业型和客户型公司有机会走规模化、资本化之路，但千万别忽悠在数量上占绝大多数的小微型设计公司走这条路。设计是传统的智力型行业，不会演化成寡头垄断的格局，

小微设计公司根本不必担心被上市大鳄们吞噬。

小公司搞不下去，不会是因为被大公司挤压，而是因为产品不给力。

2. 平台化、阿米巴

这两个大词的内在逻辑是一样的。管理实践中，一些成熟的、重资产行业在这方面有过成功的模式创新。不过，在中国设计行业打着平台化大旗的公司，大多是在给"挂靠"套一件皇帝的新装。（了解更多可阅读本书 P100："阿米巴？别忽悠设计师"）

3. AI、大数据、VR

高科技对设计行业会有重大影响，但不是现在。为什么？因为这些技术还不够成熟。

有两种形式的跨界：用本行业的技术、方法解决其他行业的问题，或者用其他行业的技术方法解决本行业的问题。我在今年年初的"2017，设计行业的蓝海"中谈的是前一种跨界，在两周前的"设计公司需要首席科学家吗"中谈的是后一种跨界。AI、大数据、VR 等技术属于后者。

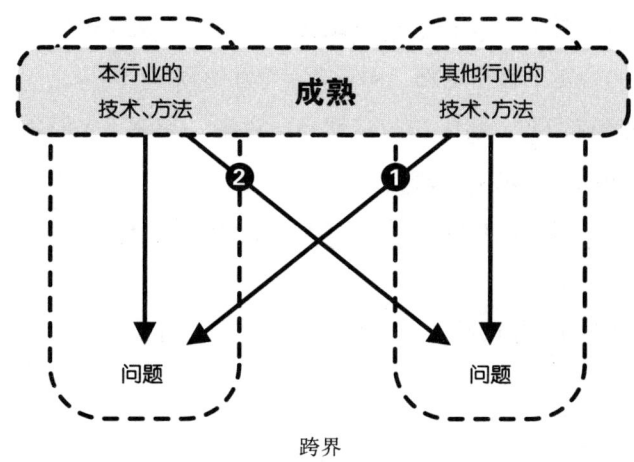

跨界

这两种跨界都有一个前提，所运用的技术、方法应该是成熟的。否则成功率会很低很低。

设计公司大可不必担心技术上落伍。商业史上，成功企业很少是技术领先的，而是对成熟技术的应用有商业嗅觉。如果你对 AI 很有兴趣，推荐一本书《终极算法》，有助于了解 AI 的大致阶段。

4. 互联网设计院

前两年有篇疯传的网文，说 Uber 将颠覆设计行业。后来虽被证伪，但也反映了到处喊打喊杀的互联网商业模式在设计行业引发的惶恐。先推荐一本书《经济奇点》，看看其中描述的 Uber、"任务兔子""一揽子找工作"等共享经济平台的另一面。

且不说从业人员的挣扎谋生，单是供需双方沟通成本高的原因（有讽刺意味的是，交易成本低是此类共享经济平台最初的噱头之一），就导致平台上发布的工作越来越走向低端化，如保洁。

5. 民宿、特色小镇、新农村等市场热点

这些与三农相关的热点有个共同特征：叫好不叫座。即便个别设计公司能挣到些钱，也难持久。

为什么？我想原因有三：

（1）经济发达的标志之一是农业占比低，即便加上相关衍生产业，农业也不可能支撑大量农业人口走上富裕道路。简言之，空间有限。

（2）不解决产权问题，就无法与资本市场对接，解决三农问题需要的投资就没有依托。个案上的成功不说明问题。

（3）可持续的三农之路需要自下而上的力量，否则何来特色？

因此，在 ADU 的产品创新课上，我一直建议大家对涉及三农的产品要谨慎。

6.EPC

今年 5 月，我写过一篇文章"设计公司打开 EPC 的正确姿势"。

这里补充两点：

（1）在 2.0 时代，EPC 并不是大型公司的专属领地。小公司如果产品对路，或

许更有 EPC 的机会。

（2）设计 EPC 不是设计公司接了施工的活，然后分包给施工单位就完事了。这种玩法是拼缝，没有什么增值价值，就算初期能挣点钱，也不能持续。刚上市不久的上海风语筑展览公司是这方面的标杆企业。

几百年前，EPC 是建筑师的本分。推荐两部小说《圣殿春秋》《无尽世界》，可以了解五百年前英国建筑师的生活。

建筑师专注设计是工业革命以来劳动分工的结果。

变成富士康式的画图匠则是最近二十年的中国特色。

7. 建筑师终身负责制

先讲一个故事：

二十世纪末，为解决病人等待时间过长的问题，英国首相布莱尔的医疗改革方案的目标之一是，医生应在接到患者预约电话后 48 小时内安排就诊。

读者不妨猜一下这项改革的结果。

医院的电话经常没人接了。不知你猜到了没有。

这个故事告诉我们：试图用一刀切的方法对复杂系统下手，要么不了了之，要么结局出人意料（远如王安石变法，近如最近两月某市的两场"净化"运动）。

大词还有很多，以后还会有更多。

2018 年就要到了，让我们一同且行且珍惜。

| 这些年设计圈飘过的那些词

02
设计公司应该是一本书、一本纸质书

陈阳 发布于 2017-01-10

"陈老师,这个项目要不要接?"

"陈老师,我们公司有核心员工要辞职,是不是搞合伙制就能挽留住他们?"

"我们公司不大,但也明白了产品研发的重要性。那么,是不是要成立研发部,从一线抽调专人搞研发?"

"管理上该抓还是该放?问题是一抓就死,一放就乱。"

……

咨询工作中,我经常碰到这样的是非问题。为什么大家喜欢问是非题呢?我想有两个原因:一是答案简单,非此即彼,答案出来就可以马上行动;二是思维简单,长期训练让我们近乎本能地善于发现事物的对立面,然后进入二选一程序即可。

犹太人说,如果你面临两难的选择,一定要另辟蹊径。也就是说,要找到第三条路。第三条路不是捣糨糊、和稀泥式的简单折中,而是超越现有窘境的合理选择。

第三条路既不是天上掉下来的,更不是领导们领导出来的,而是相关成员以共识的方向为前提,以责任、正直、谦虚为准则,通过沟通、协商、协调,在实践中走出来的。

"这个项目要不要接?"的背后是企业有没有经营策略。有经营策略的话,有些找上门的项目应该拒绝，有些项目要去争取。经营策略的背后是企业战略，尤其是产品战略。随波逐流的设计公司是没有战略思考的，他们看待项目的依据主要是盈利性。而有战略的公司还要考虑项目对产品品牌、客户洞察力、技术研究、流程研发等方面的价值。

"搞合伙制能不能挽留住核心人才？"人才流失触发对顶层设计的思考是好事，但不能仅限于此，否则会有后患。企业成长到一定阶段，是应该给核心成员以及潜在的核心成员一个交代的。2002年，CCDI的核心技术员工有一个名头"设计董事"。这个名头很有意思，虽没有法律上的实质性意义，但对内对外都很有面子。更重要的是，设计董事们能参与企业决策。这项非正式制度对那个时期CCDI吸引和保留人才起到了一定作用。我在《白话设计公司战略》的"顶层设计"一章中，提到顶层设计三要素：进出升降、如何分权、如何分钱。对成长中的高端智力型人才来说，参与分钱是保障因素，参与决策是激励因素。

"要不要抽专人搞研发？"设计公司是项目型、智力型组织，项目型意味着所有技术人员与客户都有紧密接触，智力型意味着员工是靠脑子吃饭而不仅是手。这两点说明了大家都有条件、有意愿参与研发，所以设计公司需要的是研发管理系统，支持、鼓励所有员工提出、参与实战性研发课题。当然，可能会有员工在某个时间段需要专职从事研发，可以在研发部"流动"一段时间。也就是说，研发总监眼里的研发资源，包括少数研发部长期员工，也包括一些流动性短期员工，更包括大量兼职员工，甚至外部顾问。

"一抓就死，一放就乱"的背后是机械式思维。实际上，企业是有机体，在复杂的社会生态系统中，用机械体的方式思考、行动，结果大概就是武志红在《巨婴国》里描述的情形吧。

探索第三条路，陈寅恪先生所言的"独立之精神，自由之思想"是基础。缺少这一点，思维简化，或者懒于思考，就容易陷入追逐"大词"的窘境。

大词里往往确有商机，只不过没有想象的那么多。而且，不多的商机也需要在

| 这些年设计圈飘过的那些词

思考后，能成功转译成适合自己的语言，方可能有效。否则，大词不就成包治百病的神药了吗？

2017年，我看的最后一本书是尼尔·波兹曼的《娱乐至死》，也是推荐给大家的十本书之一。作者认为传播手段决定了传播内容。比如我们看电视，前30秒是娱乐八卦，接下来是1分钟的灾难现场新闻报道，然后是30秒嗨翻天的饮料广告。这样的三段式在电视上司空见惯，但不会出现在一本纸质书里。

现在的互联网媒体更是把内容的碎片化发挥到极致，阅后即焚。好在这个世界并不全然是碎片化的，设计行业的特征决定了设计公司不是那种"阅后即焚"式的企业，而应该是一本书、一本纸质的书，书中有自己的思想、追求、逻辑。

03
万科云和猪八戒

陈阳 发布于 2015-09-30

这几天,圈里最热门的话题大概是高大上的万科云,屌丝味十足的二师兄猪八戒网,一篇热传的《建筑师终于迎来 Uber 时代》的网文也与此有关,一时间建筑设计行业似乎再次掀起拥抱互联网的新高潮。

这篇文章比较长,读起来也比较烧脑。有朋友说喜欢我的白话风格,无奈水平有限,暂时还没有能力深入浅出,敬请感兴趣的朋友们耐着性子阅读,容我以后改进。

没有机会现场目睹万科云的发布,看了 99 分钟的录像,谈几点。

1. 互联网 + 和 + 互联网、简单互联网 + 和技术互联网 +

60 后(60 岁以上)的王石董事长在片中继续着他特有的大幅度、高频率的肢体动作。同时代的成功企业家们还有张瑞敏、任正非、柳传志等,他们出生于知识更新一时代(学一门手艺可以管用几辈子),成长于二时代(学一门手艺管用一辈子),成就于三时代(一辈子持续学习才能跟上)。而现在是四时代,持续学习也跟不上时代了。知识更新速度加快在商业上表现为尽管企业家们做百年企业的梦想越来越强烈,但企业的平均寿命大大缩短了。

王石董事长提出了 + 互联网,以替代互联网 +,试图说明互联网在房地产行业的应用并不是那么简单。

| 这些年设计圈飘过的那些词

有一种说法：简单互联网+的商机结束了。我想，所谓简单互联网+指的是常人凭常识就能理解的互联网商业模式，如滴滴打车、大众点评、阿里巴巴等。过去几年，简单互联网+被描述为以摧枯拉朽之势颠覆了很多行业，尤其是颠覆者往往来自行业外，这意味着任何人都有追逐风口的可能。简单互联网+适用于低技术行业，如餐饮、出租车、贸易、旅游等。

1988年，组织理论家罗素•艾可夫在就任国际一般系统研究学会主席的发言中，勾勒出DIKW金字塔。

DIWK金字塔

自下而上的每一层都从下面的那一层汲取了价值，每一次升级都重复了收集—分享—处理三部曲。高科技极大地突破了数据的收集（传感器、移动设备、可穿戴设备等等）和分享（互联、网络社交等等）瓶颈。处理环节核心是计算能力和算法。计算能力的瓶颈被云计算突破了，唯一剩下的是"算法"。低技术行业和高技术行业的区别就在这里。万科云发布会上也提到了算法。也就是说，行业的技术壁垒聚焦到"算法"这个点上。低技术行业凭常识就能理解其算法，而高技术行业（注意，不是高科技行业）必须经过长期学习、实践、思考，才能理解其算法。比如，ADU有家学员单位，专注于建筑安全领域，他们有个子产品是建筑安全实时监测，这里的关键就是算法，即结构的安全性应该由哪些指标来反映？基础数据如何汇总产生这些指标？不难想象其中的技术难度。

简单互联网+结束了，王石董事长用"+互联网"指代下一个阶段互联网对高技术行业的影响。我想这个词可能没有直接点出两者的区别,也许"技术互联网+"是一个更明确的词。

与外行用互联网+颠覆低技术行业不同,能玩技术互联网+的有两种人:一是行业内的高手摆脱纯技术思维,具备互联网时代的市场敏感性;二是具备足够技术洞察力的外行,不过,有这能耐的外行应该已经是内行了。

显然,类建筑设计行业有高技术的属性,是技术互联网+的领域。

2. 技术互联网+的三个层次——资源、流程、产品

王石董事长在片中把互联网视为工具,按照ADU的资源—流程—产品的三轴理论,这是在资源层面理解互联网的作用。

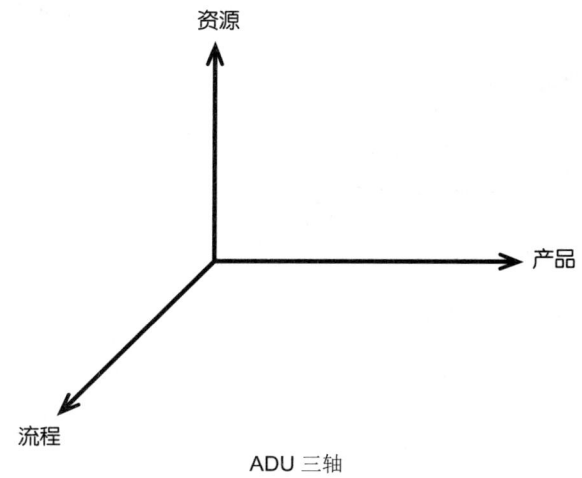

ADU三轴

资源层面的作用肯定是有的,但不应仅是资源层面。好在万科的小伙伴们对互联网的理解上升到了流程层面,设计公司的分享、聚集、重构有这层意思,重构还有在产品层面微创新的潜台词。

片中谈到了IaaS、PaaS、SaaS,大致对应着资源、流程、产品三种类型的平台,感兴趣的读者可参看笔者所著《白话设计公司战略》一书P230至P234页的相关内容。

不管是哪种类型的平台型组织,都要搞清楚三件事:细胞体的组建和运作、细

| 这些年设计圈飘过的那些词

胞体之间如何连接、平台本身的作为。限于篇幅,这里不详细展开了。延伸阅读可参考戴夫·格雷和托马斯·范德尔·沃尔合著的 *The Connected Company*（人民邮电出版社,中文译名《互联网思维的企业》非常流俗,实际应该是《互联式企业》）。

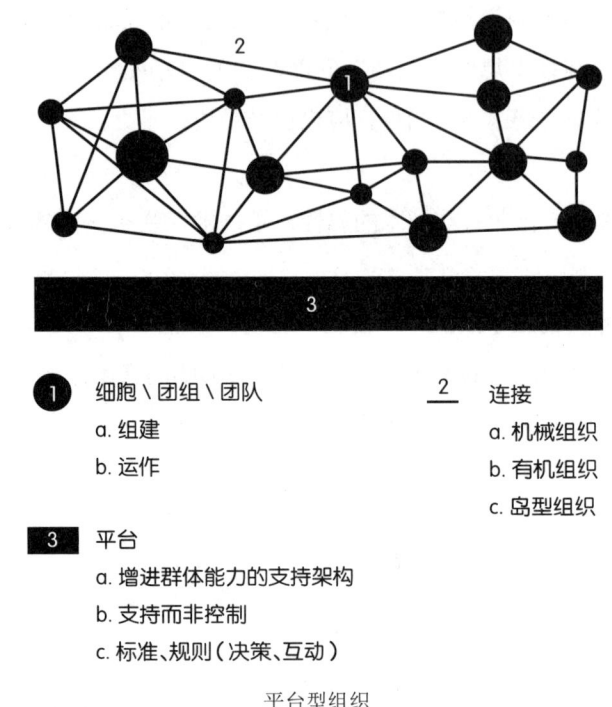

① 细胞 \ 团组 \ 团队
　a. 组建
　b. 运作

② 连接
　a. 机械组织
　b. 有机组织
　c. 岛型组织

③ 平台
　a. 增进群体能力的支持架构
　b. 支持而非控制
　c. 标准、规则（决策、互动）

平台型组织

对万科这个规模的公司来说,用技术互联网+构建平台的思路肯定是对的,但仅是流程层面的平台仍然是不够的,必须上升到产品层面。那么,产品层面的思维该是哪样呢?

3. 科斯定律和万科的困局

张大（张纪文）比我大一岁,十几年前我在 CCDI 工作,曾和他在上海有过交往。时间久远,估计他已不记得了。

张大在片中用海边的鱼市、沃尔玛、亚马逊,说明技术、资源的聚集、重构对行业生态和企业的演化过程。用经济学解释聚集、重构的意义,就是科斯定理。谷歌前任 CEO 埃里克在《重新定义公司》中把科斯定理表述为:企业内部交易成本等于（或小于）外部交易成本时,企业会选择扩张;反之,当企业内部交易成本大于外部交易成本时，企业选择收缩。笔者在《白话设计公司管理》中据此分析了业务单元的利润中心和成本中心的根本区别。内外部交易成本受技术、资源、观念、政策等因素影响，随时变化。显然，互联网对交易成本有重大影响。

支撑万科、万达、绿地等公司达到人类史上史无前例的巨鳄级房地产公司的原因是中国国情，具体有三：①1949年后被压制了四十年的住宅需求在短期释放；②上述四十年的人口爆发进一步加剧了供需矛盾；③最最关键的是土地公有制。然而，时过境迁，前两条国情消失了，仅剩的关键第三条使巨鳄们还活着，否则它们已灰飞烟灭。

科斯定理可以推导出另一个论断：企业规模必须与产品级别相匹配（可参看笔者2014年底的一篇文章《房地产困局——规模与产品级别的背离》）。过去20年的中国国情催生了房地产行业的超级产品，对应着企业的超级规模。以后呢？没有了超级产品需求，巨鳄们的超级规模如何维持，乃至发展？万科这些年推出的若干技术互联网+的产品都是在这方面的探索。既然是探索，成败都有可能。但问题不在这，问题是万科的这些新产品即便能成功，也无法支撑现有的规模。不妨设想一下，一个10亿元销售额的公司是否就能支撑一个新产品？如果实在找不到超级产品，2000亿元销售额的万科分拆成200个小公司，各自尝试一个新产品，是不是更吻合科斯定理呢？

难啊，太难了！灭亡于6500万年前白垩纪晚期的恐龙曾在中生代称霸地球，推算最大体重达几十吨。如果恐龙知道今天地球是人类的天下，它会如何思考转型？估计恐龙设定的进化方向是"几十吨重的人"，而不会是100多斤的人。

不分拆，有没有办法？

2013年底，我在北京听了一场HOUSE VISION的负责人土谷贞雄先生的演讲。HOUSE VISION是原研哉倡导的，多位著名建筑师如隈研吾、伊东丰雄、山本理显等参与，参加的企业有房地产、汽车和家电行业，如本田、住友、无印良品等。HOUSE VISION试图面对2050年日本社会即将面临的困境，尤其是老龄化、家庭

| 这些年设计圈飘过的那些词

平均人数降至 1.1 人，提出在居住建筑、家居、邻里的综合解决方案。

2014 年上半年，ADU 的一次实战培训中，有个小组提出了"互联网住宅"的产品概念。当然，这个产品的级别太高了，不适合那个小组，也许适合万科。

实际上，万科不缺长远眼光。十几年前，万科就是工业化住宅的先行者，遗憾的是，这方面的试水至今未给万科带来效益。个中经验、教训值得分析，但不应该得出降低产品级别的结论吧。

4. 猪八戒

最后谈谈二师兄。如果说万科在互联网方面的尝试问题出在产品级别，那么二师兄的问题就太大了，是商业逻辑问题。商业逻辑对了，企业未必成功，但商业逻辑错了，失败是必然的。

有人误把二师兄的商业模式理解为克里斯坦森在《创新者的窘境》中描述的颠覆式创新。颠覆式创新指的是用低端技术进行的适用性产品创新。比如，办公桌上摆的打印、复印、传真、扫描一体机，速度、色彩、清晰度等各项技术参数都远低于打印社的专用设备，但是解决了用户的便利性需求。有一个简洁的判断方法：如果没有预算约束，用户会选择技术性能更高端的产品吗？仍以桌上的那台一体机为例，即便用户很有钱，也不会吃饱了撑的把打印社的专业设备搬到办公室。这样的创新属于颠覆式创新。

我们设想一下，一位用户在二师兄那里花每平方米 1 元采购了景观设计，如果他有足够的预算，他会选择更高端的设计师吗？我估计大多数用户会改变初衷的。所以，低性能如果带来的仅是低价格是无法实现颠覆式创新的。

不是所有行业都有颠覆式创新的机会。评判依据是性能过剩还是性能不足。性能不足是指产品技术性能尚未满足用户需求，商家以更高的技术参数作为销售卖点，新产品一出，用户争相更新设备，十年前的笔记本电脑市场就是如此。现在，摩尔定律依然在发挥作用，但大多数用户已不再频繁更新笔记本电脑。为什么呢？因为性能过剩了。对大多数来说，电脑性能已超出使用需求，没有更换的必要。颠覆式创新的机会存在于那些出现性能过剩现象的行业中。

那么，是不是所有的行业都会随着技术进步从性能不足走向性能过剩呢？

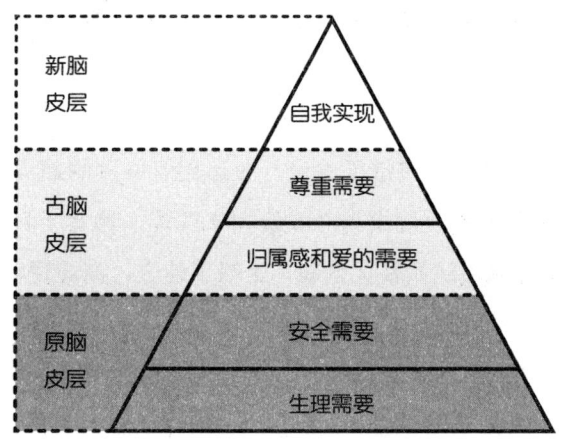

马斯洛需求层次论

也不是。上图的马斯洛需求层次理论大家应该很熟悉，不同需求层次分别对应大脑的不同皮层。这里的重点是：原脑皮层对应的基本需求终究是可以满足的，会有性能过剩的那一天；新脑皮层对应的人类所特有的高端追求是没有止境的，永远无法满足的，必须始终处于性能不足的状态，否则，人类的历史就停滞了；而古脑皮层对应的需求介乎其间。

很多行业跨越多个需求层次，比如类建筑设计，既有生理、安全层面的基本需求，也有归属感、尊重的需求，进而还有自我实现的需求表达。有些行业的产品溢价能力低，创新的招数之一就是想方设法赋予产品更高层次的意义，冠之以文化，如酒文化、饮食文化等。不论能满足几个层次的需求，能代表行业价值的是最高的那个层次，因此，类建筑设计被认为是一种艺术与高技术的结合。

当然，艺术取向是动态的，曾经的高技术也会变成常规技术。现代建筑设计发展历程中的很多技术已经融入材料、施工中，不再有溢价能力，甚至也不再被视为建筑设计范畴。与此同时，新观念、新技术、新材料、新工艺不断出现，类建筑设计始终面临新的挑战。这意味着类建筑设计行业不存在性能过剩的可能，我们这个行业存在的依据就是性能不足，客户对我们的需求从来没有止境，否则这个行业就

| 这些年设计圈飘过的那些词

会消失。再比如绘画，照相术的发明替代了绘画的写实需求，行业面临灭顶之灾。绘画艺术要想生存下来，降价是无济于事的，于是，绘画的艺术属性凸现出来。反面例子是算卦，也是曾经的高技术行业，当卦师们无法在现代社会把算卦提升到自我实现的层面时，这个行业不是降价了，也不是降到生理、安全的基本需求层次，而是消失了。

综上所述，万科云和猪八戒都是建设行业运用互联网的新尝试。万科云的问题不在于产品本身，而在于企业规模与产品级别不匹配，违背了科斯定理。猪八戒在性能不足的类建筑设计领域玩颠覆式创新，走错了地方，商业逻辑不成立。

1 · 战略

追风口就像蹭 Wi-Fi，即便偶尔占到点小便宜，千万别当成长期饭票。

——ADU咨询首席顾问
陈阳

| 这些年设计圈飘过的那些词

04

声讨碧桂园，然后呢

陈阳 发布于 2018-4-18

上周碧桂园的一则消息在设计圈刷屏了，大多是愤怒声讨。个别替碧桂园说话的被斥为洗地。声讨碧桂园俨然成了设计圈的一种政治正确。按照存在即合理的说法，很难想象碧桂园犯了什么大逆不道的错，否则它怎能位列房企前茅呢？

1. 碧桂园们为什么追求高周转率

住宅这个社会复杂度高、综合性强的产品有多重属性。比如建筑师们在大一的时候就学到的"经济、适用、美观"，还有金融属性、公益属性、生态属性、科技属性，等等。各个房地产公司在运营模式和产品上的差异，本质是他们对上述那些属性的重视程度以及表现方式的不同。

金融（资本）属性是房地产行业最重要的基本属性之一，甚至有人说地产行业的本质就是金融。在解决有/无问题的1.0时代，因为资本的稀缺性，多数地产公司都像碧桂园一样把金融属性放在第一位。但在明面上，地产公司会强调产品的其他具有正外部性的属性，如万科的小康生活、绿城的品质感、朗诗的绿色生态、SOHO中国的未来感、央企地产公司的社会责任。

金融属性第一，必然追求高回报。在传统行业中实现高回报的重要手段就是提高资金周转率。大家都是这么玩的，只不过碧桂园这种体量的公司竟然会如此赤裸裸表白并被晒到大庭广众之下的，这说明施工企业出身的碧桂园还是蛮"可爱"的，真不会装。

要提高资金周转率，流程标准化是必须的。管理实践中有很多高效流水线的方法总结，远的有 100 年前泰勒的科学管理原理，近的有 JIT（及时生产，即零库存生产方式）、MRP（物料需求计划）、ERP（企业资源管理）等等。可以说，流水线制造使我们日常生活中的物质丰富成为可能。

万科应该是中国第一个搞产品标准化的地产公司。大概是 2004 年，CCDI 的深圳公司成立了一个业务单元，"万科事业部"，任务是配合万科研究、制定产品标准化的流程、图纸、材料部品、管理手册等一系列文件。这是一个在技术和管理上非常艰难的过程，熬过这一关，地产公司就有可能走上规模化发展之路。七八年前，我曾经在清华大学的地产总裁班上讲过"产品标准化技术平台"的课，学员大多来自中小型地产公司，他们知道产品标准化是方向，但自己做不到。

现在，中国所有特大型地产公司都程度不同地用标准化管理着同时进行的上百个项目。

2. 建筑师们为什么不爽

第一是它表达得太直白了，直白得让设计师们接受不了。其实，设计师们常自黑是加班狗。不过，自黑的意思是可以自嘲，别人不能说，尤其甲方不能说。甲方一说，潜规则就变成显规则了，以后的日子还能过嘛。

第二是对何为优秀设计师的理解。碧桂园认为优秀设计师是在标准化产品的基础上，能将个案中的甲方意图快速用图纸表达出来、执行力强的，是富士康式的；而设计圈公认的优秀设计师是有思想并且会表达的，是影响社会进步和经济发展的力量之一。

第三是 36 万元年薪这个数字很扎眼。如果比照地产界的租售比，测算一下设计圈的薪售比（建筑师月薪与住宅单方售价之比），就是发现最近十年这个指标恶化得很严重。十年前，一个本科毕业五年的建筑师月薪有 1 万元出头，北上广深的房价也就 1 万元出头，薪售比 1：1。现在，毕业五年的建筑师可以拿到两三万元，但同区位的房价已经 10 万元以上了，薪售比 1：5 以上。建筑师给地产商们敲了 20 年边鼓，敲出了一大批亿万富翁，自己却从十年前人人买房到今天人人买不了房。何况 36 万元还是碧桂园眼里优秀设计师的年薪。

进一步思考，碧桂园的玩法可持续吗？

一挂鞭炮的最后几颗是最响的，房地产 1.0 时代的终结会在其最炫丽的时刻到来。有些设计公司已经把自己改造成迎合碧桂园之类开发商的流水线模式，赚个盆满钵满，去年年底比赛式地发奖金。

在我们目光所及的有形物品中，建筑物可能是叠加了最多诉求的一种载体。建筑师不否认建筑的金融属性，但认为不能为此将其他属性都置于从属地位。在一个复杂系统中，过度强调单一维度终将导致系统的紊乱，而不可持续。因此，建筑不应该完全是一个流水线制造过程。

3. 建筑师该怎么办

声讨碧桂园或许有助于我们找到问题的焦点，然后呢？

如果期望碧桂园听到建筑师们的呼声后能从善如流，那你实在是想多了。马克思说：资本来到这个世界，从头到脚，每一个毛孔都滴着血和肮脏的东西。这句话清楚地说明了资本的本质。换句话说，资本绝不会主动放弃它的统治地位。我实在想不出有什么样的甲方会因为（非垄断地位）供应商的诟病而改变。碧桂园"朴素"而低级的事后公关正表明了这一点。更糟糕的是，这种把希望寄托在别人身上的想法本身就没救了。

如果我们声讨之后哀叹干这一行就没有选择权，只能接受碧桂园这样的甲方，那不过是典型的怨妇情结。这时，不应该抱怨碧桂园，而应该感谢它，因为碧桂园给了你一口饭吃。再说句公道话，碧桂园又没有借助公权力使你没有选择权，你凭什么抱怨它。不过，就像富士康用机器人替代工人一样，碧桂园一定盼着有一天用人工智能代替画图匠。有意思的是，越优秀的设计师在项目和甲方选择上越有余地，碧桂园事件对他们来说不过是茶余饭后的谈资而已。

碧桂园在做它认为正确的事，建筑师在做自己认为正确的事吗？

建筑师吃的是（广义的）技术的饭，所以我们在甲方面前有没有技术的比较优势是关键。有优势，我们就有自主权、有选择权、有尊严；反之，就会变成画图匠。

房地产商是建筑师们的甲方群体之一。回顾中国房地产行业20多年的发展史，就会发现，这是一部开发商从没有话语权到掌握话语权的奋斗史，是一部设计师从拥有技术主动权到画图匠的坠落史。在这个角色转换中，标准化起了重要作用。

建筑师还有机会在地产商面前重新获得技术优势吗？难。中国有一批世界上史无前例规模的大地产商，他们的研发经费远超一般住宅设计公司的营业额，再加上高薪挖设计院的人，双方之间的技术差距可能越拉越大。但机会或许有一些，大型地产公司在金融属性上的强化会弱化他们在其他属性上的反应能力，当市场在2.0时代对这些非金融属性有更高诉求的时候，提前研发、有技术储备的设计公司应该会有一些技术优势。

更大的机会在非专业客户，学校、医院、火锅店、健身中心、养老院、物流公司、社区公园、街道，等等，在他们面前，建筑师已经拥有技术优势。这些甲方都有自己的主业，建设项目是为支持主业发展的。有些建筑师接触过这类非专业甲方，因为双方专业语言不对称，沟通难度比较大。但是，只要建筑师主动跨出一步，读懂他们的语言，解读他们的需要，他们会非常需要我们的技术支持。如果说，1.0时代专业开发商和非专业客户在设计上的有效需求是八二开，那么2.0时代这个比例会反过来，非专业客户的需求会占到80%。这就是我近两年一直强调的2.0时代设计行业的蓝海。

声讨碧桂园不是问题，问题是止于声讨。自主权不是声讨来的，必须自己去赢得。

| 这些年设计圈飘过的那些词

05
别奢谈多元化

陈阳 发布于 2015-08-27

Google 更名为 Alphabet！准确地说，是谷歌进行重组，成立了 Alphabet 的控股集团公司，Google 作为摇钱树，在集团旗下继续聚焦搜索和广告业务。Google 原先的种子业务，如无人驾驶汽车、在线教育等将单列为集团下属公司。

再联想到其他科技巨头们，如亚马逊、Facebook、特斯拉的老板马斯克，以及国内的 BAT，似乎都早已将触角伸出界外，开始业务多元化战略。

管理学对多元化战略，先是肯定（20 世纪 60 年代到 80 年代），之后又否定（80 年代后至今）。现在似乎有再次肯定的趋势。

根据百度百科上的定义，所谓多元化战略，是指企业同时经营两种以上基本经济用途不同的产品或服务的一种发展战略。显然，多元化是个模糊概念，没有一个明确界限。比如，一个设计住宅建筑的公司开始拓展商业建筑设计，似乎算不上多元化；或者设计单位尝试提供技术咨询服务，应该也不能算多元化。但一个设计公司如果投资房地产开发或者开个餐厅，显然就是多元化了。

表面上看，算不算多元化要看客户是否变了，住宅设计、商业设计、技术咨询，客户可能都是原来的客户。而搞房地产开发、开餐厅，客户有很大区别。但本质上，是核心能力变了，前者是在原有核心能力基础上的产品拓展，管理学上称之为"相关多元化"。而后者需要发展完全不同的运作能力，属于"不相关多元化"。不相关多元化没有什么成功的可能，不属于本文的范畴。

按照 ADU 的三轴理论，企业核心能力有三个方面，即资源、流程、产品（价值观）。

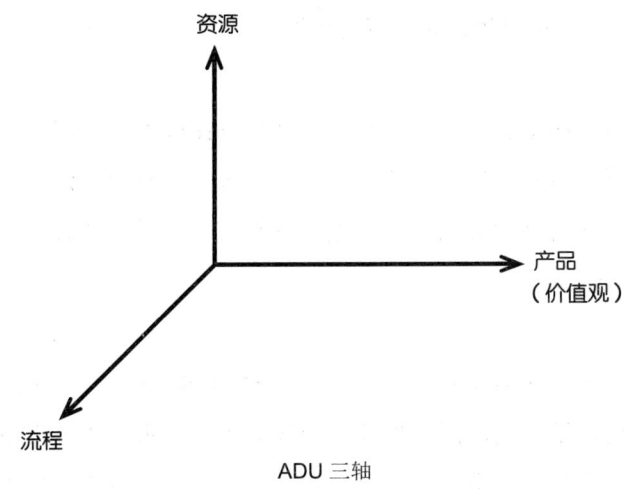

ADU 三轴

资源轴上的内容有很多，但未必都能成为核心能力。对企业个体而言，拥有一项资源能算得上难以被复制的核心能力，就可以非常成功了。对设计公司来说，常见的资源类核心能力有技术、经验、人力资源、品牌、客户渠道等等，另外还有中国特色的资质、关系。

流程轴上的核心能力指的是企业有一套成功的商业模式对行业或产品进行改造、升级，以产生更高的效益。比如，CCDI 曾经将其在体育建筑设计上的成功运作模式推广到其他产品上，如轨道交通、医疗、公建等。但是，商业模式与行业和产品特征有很大关系，在一个产品上行之有效的办法未必能套用到别处，比如以住宅见长的万科，在商业领域一直没有很好的办法。

产品（价值观）轴上的核心能力是文化。最近看了维珍创始人理查德·布兰森的《维珍创业经》和《商界裸奔》，书中介绍了他如何从 17 岁开始，从一本名为《学生》的杂志起步，近 50 年来，发展成为拥有数百家成员公司的跨国、跨界集团。在 20 个世界顶尖品牌中，有 19 个没有走多元化道路，只专注于特定行业，如可口可乐生产软饮料，微软专注于电脑操作系统，耐克生产运动类产品。这个名单中唯一的例外是维珍集团，其业务涉及航空、铁路、旅游、电信、传媒、互联网、金融、卫生

| 这些年设计圈飘过的那些词

保健等领域。但理查德·布兰森着重强调，维珍品牌的核心是"为客户带来与众不同的体验及生活方式"，这一理念将貌似不相关的各类业务紧密地连接起来，体现在维珍的所有产品和服务中。前面提到的那些科技大佬们，笼统地说都秉承"面向未来"的理念。我们常把以文化为核心能力的多元化误认为是不相关多元化，原因大概是中国企业太缺文化了，所以也很难理解这种能力。

换句话说，当这些企业在某一产品（组群）取得成功后，可以依赖其核心能力发展出相关多元化的业务，这就是所谓的平台型公司。有关资源、流程、产品三种类型的平台型公司的特征和要回答的问题，笔者在《白话设计公司战略》一书中有介绍，这里不再赘述。

所以，尝试多元化是有条件的——必须在核心业务上居于领先地位。Google如此，亚马逊如此，维珍集团同样如此。而我们常见的那种"这山望着那山高"的多元化是机会主义式的"低端"多元化。也许二三十年前改革开放之初，严重供不应求，靠关系、靠胆大的低端多元化还有一席之地。现在供过于求的市场不再有这样的机遇了，否则的话，倒说明中国经济没啥进步。不客气地说，容易被各种各样多元化诱惑的老总们，要么没明白这道理，要么没信心、没能力把现在的产品干到出类拔萃。当然，还有很多设计公司至今就是个画图工厂，不明白产品为何物，这时奢谈多元化，就相当于建筑工地上的小工，今天搬砖，明天清理垃圾，都是体力活。所以，对绝大多数中国设计公司来说，远未到谈论多元化的时候。

记得以前看过一则新闻，说的是在一个论坛上，三位不同行业顶尖大佬的对话，分别是莫言、马云和一位著名学者（抱歉，记不住是谁了）。有人问，他们三位有啥聊的？年龄、背景、行业、地域差异那么大。我想，在那个层面，他们聊的大概是形而上吧。

你没能耐把自己的主业干好，指望换个多元化的马甲就能风生水起。我不信。

06
向左走，向右走

陈阳 发布于 2016-01-07

2015年刚刚过去，圈内没啥好消息，甚至比一年前更糟。

有件事倒是越来越清楚了：产品时代2.0确实到了，而且，很可能与互联网的第三波创新重叠了（详见《设计互联网生活》一文）。

简单地说：过去的1.0时代要解决的是紧缺状态下的有/无问题，现在开始的2.0时代面对的是供过于求状态下的好/坏问题。

1.0时代，产业链常见的关系有两种：

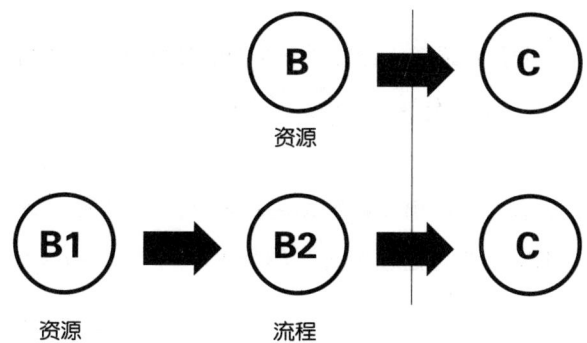

| 这些年设计圈飘过的那些词

这里说明三点：

（1）B（包括 B1、B2）泛指产品或服务的供应方，不仅包括企业，也可以是个体户（C）、政府（G）、NGO 等。

（2）B2 对 B1 是供方之间的资源整合关系，B2 向 C 提供终端产品或服务，这是两种不同性质的商业关系。

（3）现实中的产业链上下游往往有多个环节，但很多环节本质上是一回事。比如施工中的层层分包，大包对二包，二包对三包，三包对四包，区别在范围、金额，关系都是一样的 B2 对 B1。

B 对 C 的关系是最简单直接的，是人类脱离自给自足后的初级供需关系。现在仍有一些手工作坊保留这种方式。

随着产品和社会复杂度的提高，B 分化为 B1、B2，前者是生产资源提供者，后者是资源整合者。一般情况下，产业链复杂度的提高意味着终端产品越高级。

上述两种关系适应的是供不应求的市场，供方有话语权，提高生产效率是第一位的。这种方式有效地帮助人们尽快摆脱了物质匮乏的处境。管理学上最杰出的 B2 案例之一就是 100 年前的福特汽车流水线。

设计公司在过去 20 年中主要扮演的是上面的 B1 角色。

到了 2.0 时代，供求关系逆转，箭头的方向 180 度转向（即主动权的转变）。同时，供应方的构成也发生了重大变化 —— 出现了 B3 这个新角色。

B3 的价值在于从需方角度出发，解读用户需要，转化为产品或服务，并为此建构可行的商业模式。B3 与 C 沟通内容更多的是生活。

这时的 B2，没有了与 C 打交道的要求，专注于理解 B3 的商业模式，考虑的是如何通过专业技术手段帮助 B3 实现商业诉求。B2 赢得 B3 信任的关键是 B3 商业诉求和 B2 技术方案的契合度，B2 的流程管理能力、资源整合能力是基本功。

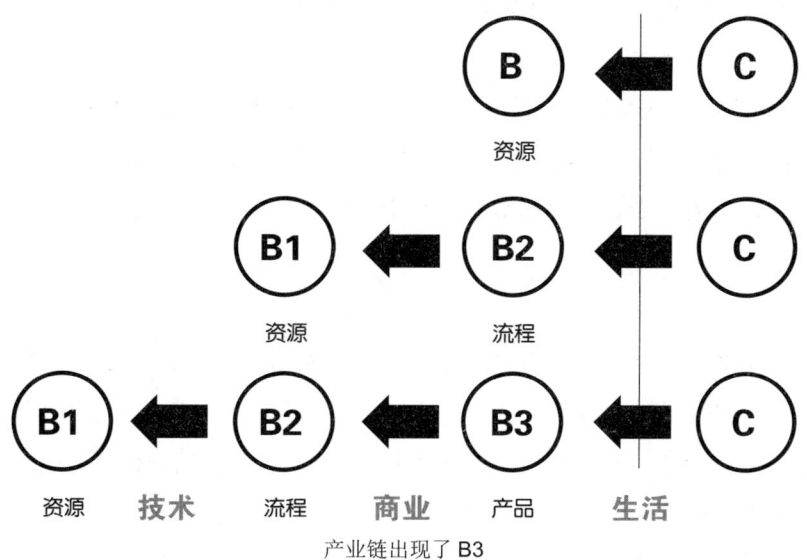

产业链出现了 B3

这时的 B1，不是上一种模式中初级的、同质化竞争的 B1，而是专业程度更高、力图在某一技术领域保持自身资源稀缺性的 B1。B1 和 B2 用专业语言沟通。

十几年前，我在 CCDI 工作时，曾经听说过两件事，很能说明这个问题。第一件事是在"水立方"的设计合同谈判时，结构、机电的外方设计机构 ARUP 最初坚持要与 CCDI 签分包合同，而不是与甲方签。当时，我们非常不理解，因为国内的行规是，与甲方直接签合同应该更有保障的。现在看来，ARUP 在国外的成熟市场中，把自己定义为 B1，他们认为 CCDI 是 B2，甲方是 B3。

另一件事与万科有关。十几年前，万科希望能把设计管理外包，于是和几家有实力的设计公司商量签订"设计总包管理合同"，打算把十几家设计单位（如景观、室内、色彩、交通、灯光、标识等等）交给总包单位统一进行技术、质量、进度等方面协调。实际上，万科不仅想把设计管理外包，还打算把多个模块的管理外包，自己聚焦做好 B3 的事。但是，由于当时供不应求的市场状况，产业链上没有合适的 B2，更没有合适的 B1，所以万科的意图未成。有趣的是，近两年，似乎有些万科的员工出来创业，想干的就是 B2 的事。

| 这些年设计圈飘过的那些词

面对上述产业链的变化，对眼下的设计公司来说，大致有三条路可选：

向左走（B1）：就是往专、精方向发展。这个比较容易理解，业务模式并没有变，还是提供专业技术服务。但是，能做到足够的专、精很难。1.0时代的很多设计师只能算画图匠，失去了专业研究的能力。想走这条路，必须问自己一个问题：有没有那个金刚钻？

往右走（B3）：从需方的需要出发，提出跨界的产品方案。1.0时代的开发商是类似角色，他们做了资源整合，但并不是从需方角度出发，而是供方思维。也难怪，紧缺状态时解读用户需要不重要。建筑师们总觉得自己是有情怀、懂生活、会设计的人，果真有这能耐的话，施展的机会来了。不过，想走这条路，设计公司常规的专业人才结构完全不能满足需求，必须以产品为载体，吸引多专业、多背景、各年龄段人才的加盟。

居中（B2）：这个角色不像"往右走"那么难，人才结构的跨度也没有那么大，但也绝对不易。前面已经说了B2赢得B3信任的关键是技术方案与商业诉求的契合度，以及流程管理、资源整合能力。问题是，现在的多数设计公司这两方面并无什么优势。不少设计院内部几个专业之间都协调不好，谈何外部资源整合能力？

三条路各有各的难处，别问我还有没有简单易行的路，我认为没有。万一有的话，也轮不上你我，还是踏踏实实做点自己能干、喜欢干、也有需求的事吧。比如小小的ADU，几个人，一晃也有8年了，角色是B3。

07
颠覆不是脑筋急转弯

陈阳 发布于 2016-05-12

去年 7 月某日，我在洛杉矶开车，同行的女儿发现路边一栋巨大的建筑上有"SPACE X"的标志，颇有点兴奋。

今年五一前，上海闵行区七宝镇，我散步半小时，到特斯拉 4S 店转了转。

五一节在老家安徽合肥，到三孝口的新华书店逛了逛，买了本书《硅谷钢铁侠》。这本书初步揭开了埃隆·马斯克其人其事。

现在没有人怀疑马斯克和他的特斯拉、SPACE X 正在颠覆汽车业、航空业。虽然"颠覆"一词在国内已被滥用到失去意义的地步，但弄清楚马斯克究竟干了些什么还是对我们有帮助的。

《硅谷钢铁侠》中，给我印象最深的有两点：

1. 技术策略
在性能过剩领域，用跨界思维整合适用性技术。

很多人以为用产品（而非商业模式）颠覆某个成熟行业，采用的一定是领先的或者开创性的技术。其实恰恰相反，商业上的成功颠覆者大多采用的是破坏性技术，

| 这些年设计圈飘过的那些词

强调的是技术的适用性。关于破坏性技术,可参阅克莱顿·克里斯坦斯《创新者的窘境》。苹果的乔布斯用的正是这样的技术策略。那么,特斯拉和 SPACE X 呢?

20 年前的 1996 年,通用汽车就曾经在洛杉矶推出了第一款量产的纯电动汽车——EV1。遗憾的是,几年后通用汽车宣布退出电动车市场,原因是亏损严重。

EV1 的核心技术问题是电池,而不是加速度(Model S 标榜的 4 秒多的百公里加速时间早就不是问题)。EV1 用的是镍氢电池,昂贵、充电时间长、续航能力差。特斯拉同样面对这个困境,但是,他们的解决方案不是在原有的技术路径上寻找突破(如果那条路有解的话,通用汽车应该早就找到答案了),而是尝试把消费类电子产品中的锂离子电池串联起来。理论上,一万块这样的电池足够汽车行驶 1000 英里(约 1600 公里)。

就这么简单?当然不是,颠覆不是脑筋急转弯。锂电池的解决方案仅仅打开了一扇门。

在亨利·福特时代,汽车的生产是将原材料从工厂一端输入,然后在另一端产出汽车成品。经过一百年的发展,汽车工业已演化为大规模、社会化协作方式,大部分汽车公司保留的部门仅限于内燃机研究中心、销售推广部和总装配部。特斯拉的创业者们曾天真地以为他们也能找到同样的供应商,提供给他们所需要的零件。整个特斯拉团队把 Roadster(特斯拉的第一款车)当作一个汽车改造项目,只需要两三名机械师,再加上几个装配人员就可以搞定了。

当然,如果特斯拉是在原有体系上的渐进式优化(正如传统汽车公司一直在做的),肯定可以找到供应商。不过,那样的话,估计特斯拉既没有生存空间和也没有存在的必要。

牵一发而动全身,更何况特斯拉要在动力系统上做根本性变革,特斯拉的研发不仅包括电池组、发动机、动力电子元件,还包括外观、变速系统、碳纤维车身、座椅、车门电子传感器,更不要说互联网系统。Model S 是一台在轮子上运行的可以持续升级的计算机。

再看看Space X。

Space X的目标是成为"太空行业的西南航空公司",廉价航空的鼻祖。Space X极大地降低了航空发射成本,ULA(洛克希德·马丁公司和波音公司的合营公司)为每次发射收取3.8亿美元,而Space X只收9000万美元。公司从来不指望一次发射大赚一笔。它宁愿每发射一次只赚一点并通过多次发射形成良性循环。"猎鹰9号"的成本为6000万美元,公司希望通过规模效益和改进发射技术将这一数字降至20万美元。他们凭什么相信自己能做到这种匪夷所思的低价?

与ULA有1200多个供应商不同,Space X的大部分零件是内部制造的。在Space X占地55万平方英尺(约5.1万平方米)的工厂里,他们完成了80%~90%的火箭制造工作。其他公司使用的工业等级的无线电装置,需要5万~10万美元,Space X将其降到5000美元。一个触发平衡动作的作动器,供应商报价12万美元,Space X用3900美元做到了。火箭的主体计算系统通常超过1000万美元,而Space X的花费仅略高于1万美元。"在传统航空公司,为讨论航天电子设备的会议所准备的食物花费都不止1万美元。"

因为普通电子设备的性能已经足够了,但是传统航空企业一直把"可靠有效"等同于"性能最优"。难道传统航空企业的工程师们不知道这一点吗?我想,他们是知道的,但是官僚机构的"免责"文化不允许他们冒险。

2. 管理
以有机组织替代机械组织。

马斯克把硅谷的有机组织管理思维带到了特斯拉和Space X,比如开放的办公空间、畅通的沟通互动模式,而传统企业的运作机制仿佛是为了拟定繁杂的条文和审查手续而存在的。

| 这些年设计圈飘过的那些词

　　每当和底特律打交道的时候，特斯拉都会感受到这座曾经辉煌的城市如何背离了它的实干精神。"在瑞典北部靠近北极圈的地方，有一条专门用于测试断裂和摩擦程度的赛道，在那里车子在大块的冰面上接受检修和调整。通常的做法是，在这里花两三天测试汽车，在得到数据之后返回公司总部，花费数周的时间开会讨论如何对汽车进行改造。相反，特斯拉派遣工程师来到了当地，一边测试汽车一边实地进行数据分析。当某些装置需要变动时，工程师们当场调整一些代码，然后再将车子送回冰上接受检测。如果是宝马的话，他们可能需要召开一个涉及三四家公司的会议，然后互相指责对方造成了这个问题。而我们自己就把问题解决了。"

　　Space X 现在的客户大多是官僚机构，如 NASA、空军或联邦航空管理局。文化冲突对双方而言都是不愉快的经历。"政府官员认为 Space X 对发射火箭流程的态度不太严谨。有很多次 Space X 想对发射程序做一些调整，但任何此类调整都需要大量的书面工作。例如，替换过滤器需要的步骤有：戴上手套、佩戴安全护目镜、移除一个螺母等等，想更改这个步骤，或者使用另一种过滤器，美国联邦航空局需要一个星期审查新的步骤，然后 Space X 才能动手更换火箭上的过滤器，这种拖延让工程师和马斯克都觉得很可笑。"

　　颠覆不是脑筋急转弯。网络上时不时出现的喊打喊杀的所谓颠覆，基本是逗闷子。也许，马斯克的实践告诉我们颠覆的几个必要条件：跨界思维、采用适用而非领先性技术、提出体系而非片断化解决方案、管理上的有机而非机械。

1 · 战略

埃隆 · 马斯克
不是培养出来的。

——ADU咨询首席顾问
陈阳

| 这些年设计圈飘过的那些词

08
鸵鸟、兔子和仓鼠

陈阳 发布于 2016-11-17

比尔·盖茨说过：微软离破产永远只有18个月。设计行业的下滑已持续两年多，你所在的公司离破产有多远？办企业，有危机意识是好事。那么，该如何应对生存危机呢？

新几内亚岛位于澳大利亚以北，面积78.6万平方公里，是世界第二大岛屿，仅次于格陵兰岛。4万年前，新几内亚岛上开始有人类居住；16世纪中叶，欧洲人发现了新几内亚岛；20世纪30年代，在第一次飞越新几内亚岛的高原地区时，人们发现在岛的内陆地区，散布着很多小型土著部落。

我在一个月前的《寻找自己的南极点》中，提到新几内亚岛上的土著个个都是大胃王。他们的胃弹性极大，既能暴饮暴食吃到撑得走不动，也能饿三天不吃。这是土著们应对生存危机的办法之一吧，想必我们的祖先也有过这个阶段。

在漫长的进化史上，人类还进化出应对生存危机的基因。比如，我们都知道糖吃多了会长胖，即转化为脂肪。这个在现代人看来很不健康的遗传因子为什么没有被淘汰呢？原因很简单，两三百年前，人类还没有解决温饱问题，糖吃多了转化成脂肪储存在体内是好事。当然，近两三百年来，人类社会进步神速，可是基因的进化速度远没有这么快，这就是富贵病的缘由。也许，再过几千年，现在的一些富贵病在基因层面上就会消失了。

把人类学千年、万年的尺度缩小到三年、五年，就能看明白经济活动中的类似现象。

现在正是 1.0 时代（解决有 / 无问题）到 2.0 时代（面对好 / 坏问题）的转型期。这个时期的既有企业都是从 1.0 阶段走过来的，这些企业大多有个基因，就是杂食的大胃王，什么都能吃，有多少吃多少。爱好——干活，特长——加班。类似新几内亚岛上土著的胃口。为什么有这个基因？可能是改革开放前（0.0 时代）什么都稀缺，饿过头了，印记太深。

大胃王如何本能地应对转型呢？

约翰 R. 韦尔斯在《战略的智慧》中描述了企业在战略转型期中，常见的三种错误应对：

（1）鸵鸟政策，即自欺欺人，对转型视而不见。这样的设计公司两年前有，现在应该没有了。因为，要么被迫转变思维了，要么已经倒闭了。

（2）兔子政策，即呆若木鸡，不知所措。据说，晚上打猎时发现野兔，猎人忽然打开强光对准兔子，它就会不知所措，一动不动，任人宰割。这样的设计公司两年前有不少，现在也还有一些，他们的口号是"以不变应万变"。"改，找死；不改，等死"，等死可能比找死活得久一些。

（3）仓鼠政策，即瞎折腾。养过小仓鼠的朋友们会发现，仓鼠会在转轮上拼命奔跑。可是，不论它如何努力，在我们看来，仓鼠不过是原地踏步。1.0 的黄金时代里，不少设计公司的中标率在 30%、40% 以上，投三个标至少中一个，牛的公司甚至不参加投标，只接受委托。现在行情不好，那就多投标，见标就投，以勤补拙，做不到三中一，就争取十中一，二十中一。还不行，就放大招——低价竞争。这两步外招不灵的话，再练内功，笨的如裁员、降薪，高明的如各种旗号的化整为零、各自为战。这大概是"兔子"眼里的找死吧。

| 这些年设计圈飘过的那些词

总结成一句话：鸵鸟没了，兔子一息尚存，仓鼠在折腾。

约翰 R. 韦尔斯认为，能成功转型的公司需要做到：对外，用战略的眼光审视外部环境，找出长期成功的关键要素；对内，对自身的优势和劣势有清晰的认识；然后，及时做出战略决策，并能将决策转换为良好的业务模式，让公司上下每个人都全力以赴。

这段话的意思是，得修炼出 2.0 时代的功夫。至于这功夫究竟是什么，我认为现阶段的抓手是产品。

有产品能力的企业是挑剔的美食家，而不是杂食的大胃王。大胃王总担心明天会断粮，美食家坚信明天肯定有吃的，问题是好不好吃；大胃王是 1.0 时代的赢家，美食家将是 2.0 时代的赢家。

09
理想不应丰满，现实并不骨感

陈阳 发布于 2017-04-20

十天前，ADU 的几位老校友在杭州聚会。他们来自 2016 年 10 月 "产品创新 Workshop" 第 11 期的四个团队，更是 2013 年 8 月 "设计公司战略管理实战训练营" 第一期第一组的学员。四年来，眼见这几家公司的持续发展，很高兴。

聚会中，大家谈到办企业的感受时说：在做的事与想做的事有些距离，也许开公司就不得不顺从一些现实压力。

这应该就是 "理想很丰满，现实很骨感" 的意思吧。这句话的流行说明类似感慨挺常见。

我倒觉得，对微观的个体而言，尤其是事业角度来看，如果你越是强烈地感受到理想和现实的冲突，越是要提醒自己注意三个问题：

（1）理想的设立有问题；
（2）对现实的理解有问题；
（3）眼下的商业模式有问题。

至于群体层次的理想与现实 —— 比如群体内对理想和现实有没有共识？群体的理想和现实是否背离？不同群体之间对理想和现实的理解是否有冲突？—— 不在本文的范围内。

这些年设计圈飘过的那些词

首先，何谓理想？"先赚一个亿"是不是理想？不是，这是阶段性目标。管理学上，关于企业文化，有使命、愿景、价值观、目标等不少词。这些词虽然意思不同，但高度相关。不少人被绕晕了。

我在《白话设计公司管理》的第九章"企业文化"中专门谈了这个话题。简单地说：

使命是你在做的事情的意义、价值。比如ADU的"促进设计行业管理进步"。

愿景是一个场景描述，是达成使命时企业所呈现的具体状态。比如行业领跑。

价值观是行为准则。比如谷歌的"不作恶"。

我认为，理想指的是使命。ADU成立了9年，规模很小，开展的活动有培训、顾问咨询、讲座、沙龙、M计划等等，都围绕"促进设计行业管理进步"这个使命。我们没有具体的目标，只要力所能及的、朝着使命方向的事情都可以尝试。这样，理想仍然很丰满，与现实也没多少对立了。

有人问：这么说来，理想太虚啦。对的，理想应该是务虚的。这个虚，不是虚无缥缈的虚，而是探讨事业意义、价值所在的虚。

中国人可能是因为长期穷怕了，比较现实，一事当前，先想能不能赚钱、有没有用、能不能吃。这些诉求在马斯洛需求理论中属于低层次需求，在解决温饱的1.0时代正当其时。1.0时代应该警惕的反倒是自我实现之类的忽悠。不过，现在中国正进入2.0时代，我们需要给当下做的事情赋予一定意义，因为人是高级动物，一辈子不能仅仅吃喝二字。这个意义，就是使命，就是理想。2.0时代，不能仅仅以能不能吃、有没有用作为判断标准了。

其次，再看现实，骨感吗？

"一千个人眼里有一千个哈姆雷特"，微信里的每个同学群一涉及对现实社会的认识，基本就捅了马蜂窝。

本月初的清明节，我回老家上坟。站在父亲的坟头，我想了想，如何评价老人家的性格呢？大概有一条公认的——实诚而木讷。这两个词貌似一个偏褒义，一个偏贬义，实际上是性格的两面。再比如，机灵而圆滑也是性格的两面。别老想着学习别人的优点，克服自己的缺点。你身边有既实诚又机灵的朋友吗？别说有啊，要是真有，提醒你当心点哈。

世界是灰色的。当我们不再用非黑即白的视角审视四周的时候，纠结、争吵就少些了。现实很骨感的原因之一是只看到了硬币的一面。

不仅现实是灰色的，未来也将是灰色的。人类历史上，对纯净的追求带来的更多是灾难。企业中，生产管理效率最高的公司往往产品创新能力弱，擅长把普通人组织起来完成任务的公司往往留不住高手，追求技术领先的公司往往对市场不敏感。

ADU 试图通过一套源于实战的管理理论促进行业的管理进步，那么，我们希望将来设计公司都认同这套理论，采纳这套方法吗？不是。那样的话，岂不是很无趣？我期望的是有更多的设计公司愿意来了解 ADU 的思考，探索各自的道路，出现不同的声音。

2016 年是宝马汽车公司百年诞辰，奔驰的贺词是："感谢 100 年来的竞争，没有你的三十年好孤单。那将是多无聊的一件事啊，如果没有宝马的伙伴一路同行：最创新的科技、最酷的设计、最好的顾客满意度！当然，还有销售、市场份额、利润……"

宝马的回复也够绝：君生我未生，我生君已老。

最后，看商业模式。

商业模式说起来有一大套内容，简化成一句话就是：现在做的事靠不靠谱，能不能帮助你搭建从现实到理想的桥梁？

| 这些年设计圈飘过的那些词

比如我父亲，一辈子在大学图书馆工作，这份工作对大多数人来说可能是枯燥乏味的，对他却很有乐趣。

现阶段，设计公司迈入 2.0 时代，最需要的是围绕产品创新构建商业模式。这就是 ADU 近两年重点推出"设计公司产品创新 Workshop"的原因。

"理想很丰满，现实很骨感"的最常见情形就是小马拉大车。这是产品错误的一种：设定一个有意义的崇高理想，然后试图搭建一个复杂系统来实现目标，而需要的资源是力所不能及的。

那么，小公司如何拥有大梦想呢？下篇文章就说这个话题。

10
小公司如何拥有大梦想
—— 续"理想不应丰满，现实并不骨感"

陈阳 发布于 2017-05-04

上一篇文章《理想不应丰满，现实并不骨感》中，谈了两点：
（1）理想是使命，而不是目标；
（2）世界是灰色的，而不是非黑即白。

有朋友问我，那是不是说小公司只能做梦而没得想？当然不是。反倒是小公司缺乏资源，更需要梦想来激励。

大多数小公司错在产品级别上：小马拉大车。一上来就试图搭建一个复杂系统，直奔梦想中的那个远大目标而去。然而需要的资源却是力所不能及的。

"智能家居"这个词大家应该都不陌生吧，十几年前就开始有这说法了，我在设计院和房地产公司工作期间，经常有此类产品的供应商来推销。但奇怪的是，这些年下来，这种竞争性的 B2C 产品在中国超高的市场增速条件下，竟然没听说哪家公司或产品脱颖而出。

是不是因为这些智能家居的产品技术不可靠？我觉得未必，你看那些互联网产品在初期的时候也一样技术不行吧，还不是通过快速迭代一步步进化到今天这个状

| 这些年设计圈飘过的那些词

态的。为什么智能家居类产品没有这个机会呢？

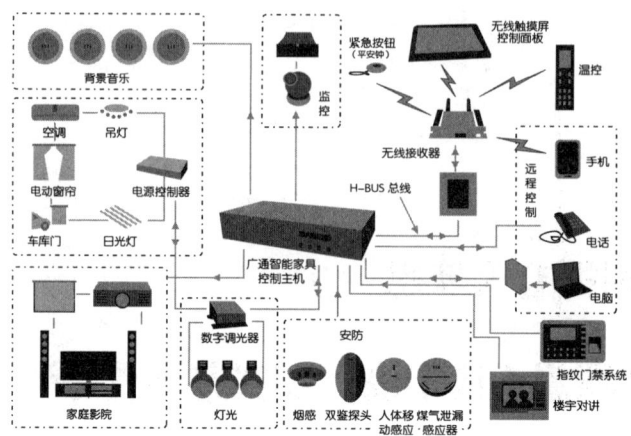

早期的智能家居的系统大致都像上面这张图，一个典型的自上而下建构起来的树状结构，是典型的机械体。机械组织是一种自上而下的指挥控制体系，优点是效率高，缺点是僵化，不能应对变化和发展。所以，机械式的智能家居系统，不管建成之初多么领先，三五年后就落伍。智能家居的早期用户应该是追求技术领先的，也愿意为此花钱，但不愿意购买难以更新的产品。类似极客的心态吧。

如果换成有机组织的思维，智能家居走的会是自下而上的演化路径。

比如智能灯泡。据说第一款智能灯泡在2009年初由Easybulb公司推向市场，可以通过手机APP遥控。智能灯泡这个智能家居的细胞，供应商们八年多来一直在持续地迭代。更重要的是，智能灯泡在发展中不断尝试与其他智能家居产品的连接。

上面左图中有个小方盒子，通过这个盒子，智能灯泡可以和右图中的众多设备连接起来。这些连接未来将如何演变，没人知道，也许只有一个存活下来，也许都

会被将来的某个设备替代。但这不重要，重要的是，这样的连接是系统进化的必要条件。

智能家居中央控制系统的"短命"和智能灯泡的"可持续发展"给我们的启发是：

（1）小公司可以拥有大梦想，比如智能家居方向，但入手点应该是细胞产品，而非大系统。实际上，不仅小公司搞不定大系统，大公司也基本搞不定。

（2）细胞产品必须在早期就能有独立的价值，哪怕价值看似不大。

（3）细胞产品始终在持续升级中（老词是推陈出新），并且要方便客户更新。比如换个智能灯泡容易，换智能家居系统很麻烦。

（4）要尽可能尝试与其他细胞的连接。

再看一个本行业的案例：北京阿普贝思景观设计公司 —— 从海绵细胞到海绵组织、海绵城市。

几年前，"海绵城市"概念开始火起来了。我问过一些业内人士，这个概念背后的理论体系和实施路径有共识吗？据他们说，没有。没有就意味着"一次规划，分步实施"的老套路不灵了。

历史上看，简单问题（问题和答案都清楚）可以自上而下由机械体方式解决，而复杂问题（问题清楚，解决方法不清楚）只能自下而上由有机体方式面对。

阿普贝思景观设计公司规模不大（只有几十人），他们先从几十平方米的雨水花园（细胞级产品）入手，再到社区、街区（器官级产品），再讨论城市级别的生态景观（系统级产品）。

最后，给读者推荐里德利的《自下而上》。人类可能是因为思维偏好，习惯于用自上而下的视角解释文明发展史。而里德利在书中从十六个方面 —— 宇宙、道德、生命、基因、文化、经济、技术、思想、性格、教育、人口、领导力、政府、宗教、金钱、互联网 —— 描述的是：文明不是领导出来的，而是演化而来的。

| 这些年设计圈飘过的那些词

11
有机 —— 一条设计公司管理的新路

陈阳 发布于 2017-06-15

话题背景：这是一家一百人左右的景观设计公司，原来有三个综合所，每个所下面有几个设计组，即公司—所—组三级管理。近两年，公司尝试有机型架构调整，撤销了所一级，公司下面直接是十个专业组。这样，组长有更多的管理和经营自主权。这种调整是为了激发出自下而上的活力，而不是搞那种本质上把公司化整为零的事业合伙人，设计组并不是自负盈亏的利润中心。现在看，效果是不错的。

那么，下一步需要如何完善机制、引导设计组的成长呢？

不少管理者追求的管理境界是：让员工按老板设定的目标、方法把活干了。也就是按照自上而下的逐级分解进行管理。这种思维的极致表达是伟大的亨利·福特的那句名言：我只需要他们的双手，可他们连脑袋也带来了。

这套自上而下的机械组织的玩法在 1.0 时代是有作用的，而在 2.0 时代，面对 80 后、90 后，这一套就越来越行不通了。

2.0 时代需要有机组织。

先说个小案例。

法国 FAVI 公司是一个 500 人的汽车变速箱制造商，客户包括大众、奥迪、沃尔沃等。在这个有机型的企业里，员工有工作的自主权。

弗兰克 18 岁时加入公司，在车间里干了几年后，他觉得："如果我们能更积极地出去搜索新设备、新材料、新供应商，我们就会有更多的创新。"获准后，弗兰克走遍全球，寻找新技术和供应商。

每月一次，弗兰克会在公司内部召集一个会议，分享他的新发现。如果人们愿意参加会议并吸收他的创意，就证明他的工作有价值。如果到了某一时候，同事们不再参加弗兰克的会议，他的职位就自然消失了。这时，弗兰克就要为自己在公司里再找一份新工作，比如加盟某个车间的团队。

如果把宏观经济视为一个生态系统，企业就是有机体。有机体在生态系统的进化中如何找到自己的位置并实现自成长呢？

规则很简单：基因突变，适者生存。

这八个字揭示了有机组织的成长之道：①有基层业务单元；②基层业务单元有自主权，表现为可变异性、可选择性、可遗传性。

基层业务单元 ——— 可变异性
　　　　　　　　 可选择性
　　　　　　　　 可遗传性

进化

| 这些年设计圈飘过的那些词

基层业务单元

机械组织的核心位于金字塔塔尖，制度、流程、体系都是围绕塔尖订立的。而有机组织的成长源自基层业务单元，以激发、保障基层业务单元的自主性为准则。

弗兰克在 FAVI 公司的角色是一个有自主权的基层业务单元，而不是亨利·福特需要的执行者。那家景观设计公司的十个设计组实际上扮演着有机组织的基层业务单元。

可变异性

在有机组织中，传统的管理者不再指导、审批、监督基层业务单元的各项工作，而是为基层业务单元的决策、实施提供建议、支持。基层业务单元可以根据内外部条件自主思考、决策、实施，比如研发课题、市场渠道、报价、技术管理、招聘，等等。

可选择性

可选择性是说基层业务单元直接面对客户，获得第一手信息，包括（弗兰克面对的）内部客户、（设计组面对的）外部客户。在机械组织里，为什么员工被称为打工的？因为员工按老板的指示工作，只需要对老板负责。换句话说，老板是员工们的客户。

可选择性是可变异性的前提条件，否则，变异就没了根本依据。

可遗传性

为什么一个项目中犯的错误一而再再而三地犯？

为什么有价值的经验不能在下一个项目中被汲取？

这个问题实际上是：要吸取经验、教训，将好的基因遗传下去，需要怎样的载体——基层业务单元？

FAVI 对外的基层业务单元是由 21 个团队组成，而不是弗兰克这样的个人。每个团队 15~35 人，分别服务于某一个或某一类客户，如大众团队、奥迪团队、沃尔沃团队，是根据客户维度定义的产品团队。

设计公司里，项目组是大家最熟悉的，但是因为项目的临时性特点，不能传承技术、品牌、渠道、人才、流程等基因。而常设机构——设计所、设计组在定义上是资源轴上的业务部门，而不是产品轴上的业务单元。所以，在项目之上，应该有产品团队这个层级，这才是设计公司的基层业务单元。

如此，那家景观公司下一步的大致方向就清楚了：
（1）设计组可以自发地通过扩大、合作、合并等方法往异质的产品团队转变，公司要为这种转变创造条件；
（2）非紧急情况下，管理层不要刻意"引导"设计组的成长。营造氛围、创造可能性即可，而不必直接干预。

看到这，或许你既觉得有机组织挺好玩，更有一大堆质疑和担忧吧。估计这些问题大多在 KK 二十多年前的《失控》一书中已有提及。有兴趣的话，可以留言给我，我们一起探讨。

| 这些年设计圈飘过的那些词

机械组织重在顶层设计,
有机组织重在底层组织。

——ADU咨询首席顾问
陈阳

12
设计与资本 —— 相亲易，结婚难

陈阳 发布于 2017-06-29

最近一年，不少业内朋友和我谈到资本与他们谈入股或收购。这些设计公司大的有几百上千人，小的只有三五十人。资本方主要有地产公司、施工企业、已上市或拟上市的工程公司，还有少量其他背景的。

早些年没听说资本市场对设计行业感兴趣，为何忽然间又这么火呢？我想，根子还是市场上钱多了，但好的投资方向并不多，而设计公司智力型、高毛利率、位居产业链前端的特征对资本方来说，是个"讲故事"的好题材。还有，设计公司盘子小、轻资产，操作起来相对容易，代价不大。

设计公司咋想呢？嘿嘿，首先应该暗自高兴一下吧，资本市场过去一直和老爷（甲方）携手赚大钱，师爷（设计师）一边看着眼热，一边数着自己辛苦挣来的一点小钱。现在有可能捞一票大的，落袋为安，嗯，挺好的选项！

不过，资本方在多数情况下，不会用现金直接购买股权，增资扩股、股权置换等非现金手段是常用的，还要再加上锁定期。

不能快速套现也罢，至少资本方承诺能给设计公司带来一些业务。虽然近一年来市场挺火，但接活还是挺辛苦的，更何况前景难料，如能傍上个真大款，应该有助于设计公司的稳定吧？

| 这些年设计圈飘过的那些词

可能还有一个交接班问题。第一代民营设计公司至今有 20 多年，创始人一般都 50 岁出头了，与资本市场对接也是解决这个问题的方案之一。

设计与资本，相亲时应该挺有眼缘的，但恋爱很难谈下去，真到谈婚论嫁的就很少了。

《麦肯锡传奇》中说了一则往事：20 世纪 60 年代末，华尔街资本市场与一些咨询公司眉来眼去，一些公司禁不住诱惑，公开上市，如博思咨询发售了 15% 的股票。麦肯锡的马文·鲍尔站出来反对行业的短视风潮，他认为专业机构的独立性不能受到经营业绩的压力，咨询顾问只应为客户价值负责，而不是为股东负责。因此专业机构不宜公开上市。后来，博思咨询上市两年后以两倍的价格回购并退市。

设计公司不是管理咨询公司，但有极大的相似性。马文·鲍尔以专业主义的视角反对咨询公司上市，很是高大上。我等平常人没有那么高的见地，但也必须面对"人合"与"资合"这两种性质的组织在本源上的差异。

有关"人合"与"资合"的介绍可参阅《最熟悉的陌生人 —— 合伙人》一文。

设计公司是人合的组织，想与资本市场对接，就要转型为资合的公司。大多数设计公司并不适合进行这种转型，就像谈恋爱谈到一半，男方才知道要当上门女婿。

那么，那些下决心对接资本的设计公司准备好转型了吗？或许没有，有的不仅没有做好准备，甚至还不知道需要转型。不仅大部分设计公司没做好准备，资本方也大多停留在一见钟情的认识阶段。

传统设计公司的盈利方式很简单，通俗地说，画图挣钱。投资方式也很简单，创业的时候不需要多少投资，发展过程中的资金需求靠自我滚动就可以了，没有天使、A 轮、B 轮那套戏码。而且，智力型组织的成长要适度，大资本投入不会加速设计公司的发展。换个角度说，一个不能靠自我滚动发展的传统设计公司不是什么好公司。

转型，就是要转这画图挣钱的模式，要在传统设计公司里找到"钱生钱"的支点。

我在《白话设计公司战略》中将设计公司分为五种类型——产品型、生产型、技术性、产业型、客户型。前两种是典型的传统设计公司，数量上最多，国内外实践中基本没有上市公司；后两种类型的公司，国内外有很多上市公司；中间的技术型公司是否适合上市，尚不明朗。

阿特金斯的转型是经典案例。八十多年前，阿特金斯创业时是个结构设计事务所，生产型公司。20世纪80年代，随撒切尔夫人的新自由主义新政，阿特金斯扩张为一个包括上下游产业的产业型公司，并成功上市，成为英国最大的工程公司。

需要重点强调的是，打通产业链不是把上下游若干环节拼凑起来，而是要有产业型产品。比如上海风语筑展示股份有限公司，是中国数字展示领域的领先者，设计施工一体化工程的产业型公司。它的上下游各环节是通过"城市规划展览馆"这个产业型产品体现出来的。国内有不少大而全的产业型工程公司，下属若干资源型子公司，如策划、设计、土建施工、市政施工、监理、投资、项目管理等等，各自为阵，自负盈亏，没有贯通各环节的产业型产品，算不上真正的产业型公司。

设计和资本间的联姻也有一些是出于双方业务发展的目的。那么，考虑的重点是业务方向的契合度和互补性。比如一个打算发展"火锅店设计"产品的室内设计公司，如果海底捞有兴趣注资，可能是不错的选择；专注于汽车4S店设计的公司可以和大型汽车销售公司联姻；发展文旅设计产品的公司可以和文旅投资、运营集团合作。

这类合作的关键是：投资方不控股，设计公司有经营自主权。

设计与资本的对接开始不久，很可能因为中国特色，中国设计公司入赘豪门或与资本联姻的比例会高于国外，而且确有轻资产带动重资产的机遇。要想有幸福的婚姻，必须参透内里的商业逻辑。

| 这些年设计圈飘过的那些词

13
设计界会爆裂吗

陈阳 发布于 2017-11-30

爆裂,一个很有口腔快感的词。为了销量,不少书都要取个爆破感十足的名。不过,以我的读书经验,过度追求眼球吸引力的书名内容往往不给力。外文书因为翻译的偏差更是如此。这类书可以看看,但不能太当真,更不能精读。当下商界的"燥热式恐慌"在一定程度上受这类热门书籍的影响。不过,虽有捕风捉影、言过其实之嫌,这类书也有十句话里有一句话有点靠谱的时候。读者如果能结合自己的背景知识,提取书中的概念,或许会有些收获。

《爆裂,未来社会的9大生存原则》(以下简称《爆裂》)的两位作者(伊藤穰一、杰夫·豪)来头都不小。伊藤穰一是麻省理工学院媒体实验室的负责人,杰夫·豪是《连线》杂志的特约撰稿人,曾著有《众包》一书。《爆裂》的主笔显然是杰夫·豪。媒体出身的作家见多识广,擅长大而化之地提炼出一些概念,再加上比较了解大众心理,写作风格往往是语不惊人死不休。

《爆裂》提到的9大原则实际上就是一句话:有机优于机械。

1. 涌现优于权威

如果一个公司希望表现出超越创始人个人能力的话,首先就要承认权威的能力是有限的。"自然界中,蚁后并不比最低级的工蚁拥有更多的能力。"

这个认识是建立有机组织的基础。否则，一切服从权威，那样的组织是机械组织。

设计公司因为智力型和项目型两个特征，决策权天然就是相对分散的，需要个体发挥主观能动性，已经具备了有机组织的基本条件。现在需要做的，是把潜在基因显性化，变成能感知到的企业文化。

2. 拉力优于推力

这是最重要的一点。拉力指的是公司发展方向，如产品战略、使命。解决了拉力问题，可以成事。

推力指的是客服当下的障碍，比如公司在财务、人力资源、运营管理等方面需要梳理、完善，否则举步维艰。解决了推力问题，不会坏事。

管理者的大部分精力被推力问题牵扯，所以往往误以为消灭了推力问题才能前进。实际上，对小微型设计公司来说，推力问题还不构成阻碍，拉力才是问题，要把全部精力投到拉力（也就是产品）上。等产品立足后，公司到了一定规模，推力问题才会浮现出来，我多次提到过 ADU 学员单位——北京的阿普贝思、天津的赛拉维——遵循的正是这个轨迹。

对大公司，推力和拉力都有问题。推力问题恼人，隐含的拉力问题更危险。我所了解的大型设计公司中，极少有对拉力问题有深刻认识的，更谈不上战略清晰的，最多有一些不知所云、大而化之的词。

3. 指南针优于地图

指南针的意思是方向、企业使命，是一种长远的拉力。地图的意思是行动路线。

ADU 的产品创新 Workshop 中有一项作业，要求制订未来 6~12 个月的短期行动计划。这个期限的计划是相对靠谱的，短于 6 个月没有多少价值，长于 12 个月变量太多，可操作性不强。

短期计划不等于目光短浅。在这个多变的时代，短期计划需要指向公司的使命方向才有意义。比如，ADU 的"促进设计行业管理进步"就是我们判断短期计划的指南针。

说不清使命的公司实际上原则只有一个：活着。这也没错，不过，"活着"是短期生死观，使命表达的是长期生死观。在这个计划赶不上变化的时代，指南针尤其重要。

4. 风险优于安全

人人都需要安全感，区别是解决方案不同。

管理上有个现象，越是成功的企业，受到的质疑就越多。我 2002—2007 年在 CCDI 工作过 5 年，恰处于 CCDI 的爆发式增长期，被业内议论得最多。就像有句老话说的：越危险的地方越安全。CCDI 在摇摇晃晃中变成了中国规模最大的民营设计公司。虽然规模大不说明一切，但当时没散了架实属不易。

往大里说，中国 40 年改革开放一直备受西方质疑，却有了今天的成就。现如今，西方的赞誉多过质疑，反倒是值得警惕。

上面两个例子中风险感都是拉力引发的，没有风险的拉力是不存在的。所以，如果质疑指向的是拉力，首先恭喜你，你的拉力起作用了。其次，要认真对待质疑，以纠偏。

5. 违抗优于服从

当企业内部氛围趋向宽松的时候，就可能出现边缘创新。

我在北京筑福集团担任企业战略管理顾问的时候，他们的福建分公司经理在当地发现了多层建筑加装电梯的市场机会。一开始，公司领导没太重视，我也并不看好这个产品。有意思的是，分公司经理坚持推进，完成了几个项目。2015 年 12 月，经过产品推演，大家一起总结出加梯产品的核心价值点和推进方法。现在，加梯已成为北京筑福的主推产品。

有些设计师和我说，公司的氛围阻碍了他们发挥创造力。我想说，我们不要把因果关系弄反了，在多数情况下，阻碍你的不是公司氛围，而是你的创造力本身就是个问题，因为你不敢违抗。

6. 实践优于理论

上面案例中，实践与理论的关系很清楚：先有实践探索，再经理论指导推演，上升到体系化发展。

7. 多样性优于能力

设计公司的人才同质化在 1.0 时代有助于提高效率，但要应对 2.0 时代的综合性跨界问题捉襟见肘了。甚至最需要多元化人才的规划设计单位，人才结构在专业背景、经历等方面的丰富程度也远远不够。

未来，那些产品战略清晰的设计公司会根据产品需要，充实人才资源。数学、物理、生物、社会学、心理学、经济学、历史、考古、物流等等很多专业人才可以在实践性很强的设计行业发挥作用。

8. 韧性优于力量

这是车轱辘话。本书以有机组织优于机械组织为前提，所以在作者的眼里，有机组织的适应性（柔性）当然优于机械组织的刚性（力量）。

9. 系统优于个体

无需多言，系统优于个体本来就是有机组织的价值所在。

实际上，有机概念的提出并不意味着机械的消亡。多数行业中，有机和机械会并存。就像工业 4.0 时代，工业 2.0 和工业 3.0 仍有大量的生存和发展的空间。试图

| 这些年设计圈飘过的那些词

用"爆裂"一词来表达有机的崛起，貌似惊人，可恰恰弄巧成拙，爆裂可以是机械组织的特性，有机组织是润物细无声的。

  设计界会爆裂吗？不会。

  设计公司会爆裂吗？有可能。

14
功利的时代，专业主义能坚持多久

陈阳 发布于 2018-01-25

这些年来，设计圈里最常见的建筑师有两种：一种是想做作品、执着于专业追求的，不妨称之为专业建筑师，他们挺有想法，公司一般规模不大，可能有点名气但挣钱不多；还有一种是更偏重于迎合市场需求的，更善于理解和顺应甲方的要求，按商业规则办事，公司规模相对大一些，可能没什么名气但挺会挣钱，可以称之为商业建筑师。

专业和商业似乎是顾此失彼的两头，不可兼得。我时常能碰见处于这种矛盾中的建筑师，他们的办法之一是用 20% 的时间干点有情怀的事，用 80% 的时间干能挣钱的项目。

两周前的《设计公司应该是一本书，一本纸质的书》一文中，我引用了犹太人的说法，本文再次重复：如果你面临两难的选择，一定要另辟蹊径。也就是说，要找到第三条路。第三条路不是捣糨糊、和稀泥式的简单折中，而是超越现有窘境的合理选择。

在现代社会中，建筑师、医生、会计师、律师等从业人员被称为专业人士，是中产阶层的重要组成部分。之所以被称为专业人士，除了这些职业需要的专业知识比较复杂高深之外，我想，更重要的原因是这些职业有更高的职业道德（底线，比如 2000 多年前医生的"希波克拉底誓言"）和专业追求（方向）。

另一方面，现代经济是市场经济，任何企业必须遵循商业游戏规则，否则无法生存。

所以，专业和商业之间，既不是二选一，也不是二八开，应该有第三选择。

不妨借用管理学的客户需求分析模型来理解专业和商业之间的关系。

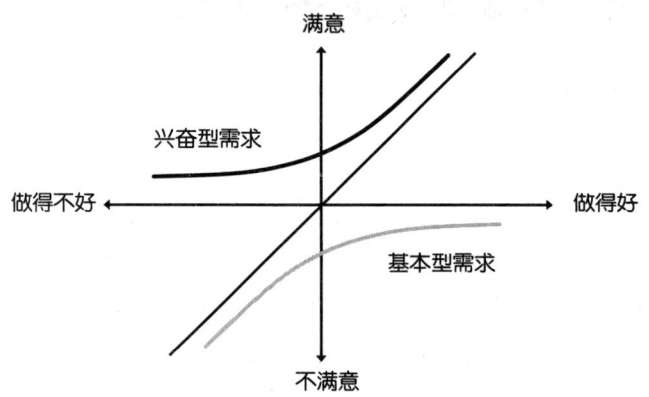

这张图上有两条曲线。灰色曲线是客户的基本型需求，即客户认为我们理应能做好的工作。这条曲线从左至右，表明我们干得越来越好，客户的不满意越来越少，但始终不能进入上半区。也就是说，干得再好，只能减少客户的不满意，而不能让客户满意。设计工作中，符合规范、减少错漏碰缺、按时交图、配合施工等均属此类。

黑色曲线是客户的兴奋型需求，即客户没想到我们能做到的事情。这条曲线从左到右，表明客户越来越满意。而且，黑色曲线始终在上半区，意思是只要我们做了，哪怕做得不太好，客户也满意，做得好，客户会非常满意。这部分工作才是打动客户的，有机会实现设计费溢价。比如，CCDI在体育建筑设计中考虑赛后运营、某设计公司在行政服务中心设计中帮助客户梳理行政工艺。

把基本型需求换成商业，把兴奋型需求换成专业，就清楚了。一个设计公司在商业上的成功是保障因素，否则就不可持续，没有立足之地；而专业追求是激励因素，没有专业追求，一个设计公司就不是专业公司，就没有专业价值，不能持续激励员工。

必须强调的是，专业追求既不是象牙塔里的纯理论研究，更不是孤芳自赏、自

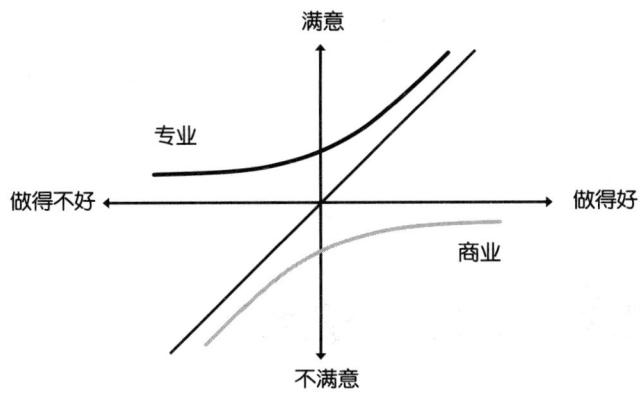

以为是,而应该表现为个人能力、个人意愿与外部需求的呼应。建筑学是应用性学科,与数理化之类的基础学科有很大区别,本质上不存在脱离市场需求的专业主义。

专业追求不仅限于大师。大师之所以是大师,一万个建筑师里面出一个。建筑设计不是赢者通吃的行业,没有一将功成万骨枯的残酷。大师之外的九千九百九十九位建筑师完全可以通过产品突破实现专业追求和商业成功。

能把专业和商业结合得很好,实现名利双收的建筑师现在虽然不多,相信以后会越来越多。

注:限于篇幅,本文提及的管理理论、产品概念只能简述,有兴趣的读者可参阅《白话设计公司战略》一书。

| 这些年设计圈飘过的那些词

15
生存还是发展，这是一个问题

陈阳 发布于 2018-05-09

十几天前，一位微信圈里的建筑师朋友给我留言：

"陈老师，请教一个问题：我工作室为了实现一些需要高投入的作品，是不是可以接点商业（比较挣钱的）项目甚至外包的项目来平衡一下。不知道那种坚持出作品的事务所是怎么做的？"

换句话说，一个有专业理想的建筑师如何平衡生存和发展。

这位建筑师朋友在北京开了一间工作室，提出了自己对工作和思考的态度，几年间完成了如立面改造、门厅改造、校门、一室户的三种布局等很多小型项目的设计。但是，类似的工作室大概都面临经济上的窘境。

今年1月份，我在"功利的时代，专业主义能坚持多久"一文中谈过专业与商业的关系，它们之间不是对立的，不是非此即彼的二选一，而应相辅相成地表达在设计产品中，既不是某个诉求压倒一切，也不是某些诉求委曲求全。

这不是说商业和专业在实际项目中没有矛盾，恰恰相反，商业和专业的冲突比比皆是。成熟建筑师的价值正体现在如何平衡、缓解、转化这些冲突。那么，项目设计中坚持专业和商业的结合，小型工作室经营上又该如何平衡生存和发展的矛盾呢？

1. 有机的两个角度，而不是机械的一对矛盾

商业和专业、生存和发展、名和利，生活中似乎有很多被视为对立的关系，或者是前后两个阶段（先商业后专业、先生存后发展、先谋利再求名），只能取舍不可兼得。

但是，如果换个角度，用有机思维来理解的话，这些对立关系的产生在很大程度上是因为我们从不同视角观察一个有机体，然后追求各个角度的最佳效果而导致的。就像读书的时候，每门课的老师都强调这门课是最重要的，要求学生多花时间学习。但总的学习时间是有限的，要追求门门课优秀就会在各门课之间造成学习时间分配的矛盾。而对考试总分前列的学生来说，他不追求门门课第一，所以这个矛盾根本不存在，重要的是如何根据自己的特点分配时间。再比如，在一个项目中如果过度追求经济效益，专业底线就可能守不住；一个设计公司过于看重眼前利益的话，生存似乎不是问题，但明眼人都能看到它的发展潜力堪忧。

所以，平衡感是很重要的。人体这个有机体的平衡性就很好。除了大脑，人类在各项机能上都比不上其他生物，但也不至于很差。如果把一个设计公司比做人的话，企业的核心能力、优势领域、产品特色等等相当于人的大脑，其他管理模块相当于人体的各种机能，不掉链子就可以了。

2. 有机体的底线条件

万一某个模块有掉链子的迹象，比如本文开头那位建筑师的现金流困难，那意味着什么呢？在人类进化历程中，那是有被淘汰的可能。对企业来说，那是在提醒你企业的平衡性出问题了。如果这个问题是过度追求优势所带来的，就说明你的步子迈得太大了。

不少有专业追求的建筑师和我说，我有一个梦想，或者我想做点事。但是这个世界不欠你一个梦想，也未必缺你想做的那点事，不会为你的梦想准备其他条件。因此，梦想者除了梦想之外，还要搞清楚开公司的底线条件，比如要能自己养活自己（现金流）、要守法合规、要有自己的品牌。经营过程中，如果这些底线都难以守住，你就该琢磨琢磨你的梦想是否有价值了。

还有一个问题，底线设定要适度。我曾碰到过一家设计机构，管理层都是80后的，应该是很有梦想的年纪，他们在和我交流的时候也始终把梦想挂在嘴边，但实践中又总是把经济收益放在第一位。细聊下来，发现原因可能是他们把基本生活标准设定得比较高，比如房贷压力很大，所以梦想只能说说罢了。而我的同学柳亦春在追求他的专业理想过程中，以我的观察，他的经济底线并不高。

3. 关于"贴补"

至于要不要接一些商业项目来贴补创品牌的作品，这个思路本身是有问题的。

如果用成熟设计公司的产品思维来考虑，品牌项目（支点项目）可能不大挣钱甚至赔钱，但是可以借此打开一个市场，通过这个产品系的其他项目挣钱，这是很正常的产品套路，谈不上补贴。

如果是小型设计工作室，指望不相关的商业项目挣到的钱来贴补创品牌的作品，那就有些想当然了。成熟的甲方很清楚自己要什么东西，需要什么样的设计供应商。他们可能会在某些项目要玩点新花样的时候，有针对性地找一些设计工作室。搞工作室的建筑师都有自己对专业的理解，那就需要先把自己的特色、能力展现出来，从小规模的项目入手。当你的风格、品位、技术逐渐被一些人接受之后，有些成熟甲方就在需要的时候来找你，工作室的项目规模就会慢慢提高，类型也会多样化。这时，挣钱的项目和不挣钱的项目都会有，但谈不上谁贴补谁。

我也碰到过一些商业上已经成功再追求专业成功的建筑师，表面上看，有相当的经济基础支持他们在专业上的发挥。但实际上，这两类建筑师在思维方式、专业视角、市场意识、工作方式等方面是有很大区别的，谁也无法轻松变轨。

生存还是发展，貌似是两个阶段或者一对矛盾，实则是有机体的两个视角而已，是"一个问题"。本文标题的这个梗，不知道我说清楚了没有。

16
建筑师创业，必须要明白的一件事

陈阳 发布于 2017-11-16

　　五天前是双十一。一直不明白这无厘头的节日是怎么火起来的，除了折扣多，应该还有点别的吧。

　　那天晚上，在朋友圈里看到一篇文章《建筑师血泪史，双十一，设计费绝不打折》。扫了一眼，两个字：比惨！

　　脑补一下星爷在《唐伯虎点秋香》中为进华府当佣人，与路人甲比惨的那场戏。

　　如果把服务业分为高附加值（医生、律师、建筑师等）和低附加值（家政、环卫、保安等）两大类，后者在某些特殊情况下，可以通过比惨获得一线生机，而前者是不可能的。所以星爷比惨可以当上佣人，而不可能当上华府的师爷。

　　不比惨比什么呢？比产品！

　　上周一位设计圈的朋友到我的书房聊天，谈到现在不少80后建筑师创业，但成功者寥寥，不少开业两三年就关张。如果问他们创业有哪些难处，大致有三类：

　　（1）接活难（等米下锅），摊子小不上相，不利于甲方考察；

| 这些年设计圈飘过的那些词

（2）缺人，小公司招人难；

（3）日常管理上的一些琐碎事，如行政、税务、财务等等，这些事不大，但占用时间、烦人、分神。

有办法解决这些困难吗？有，也没有。熬过创业阶段的设计公司都曾经面对过类似问题，所以办法肯定有。说没有，是因为二十多年前六零后们创业时、十几年前七零后们创业时，他们所处的是供不应求的 1.0 时代，而现在是供过于求的 2.0 时代。消费升级、新常态等词说的就是 2.0 时代。1.0 时代的经验在 2.0 时代不管用。

如果把 2.0 时代开设计公司比做登山的话，我们需要两个力：推力和拉力。

推力指的是克服当下的障碍，比如财务、运营、项目管理、绩效等等方面的问题。推力问题不解决，会坏事。

拉力指的是公司发展方向，如使命、产品战略。解决了拉力问题，可以成事。

对 1.0 时代走过来的大中型设计公司来说，推力问题和拉力问题都需要花力气解决。而对八零后创业的设计公司来说，规模小，推力上的问题算不上大事，应该把全部精力投到拉力，即产品上。

不少创业者 80% 的时间被推力问题占用，往往误以为只有搞定这些琐碎事，才能顾得上拉力问题。实际上，企业发展从来不是问题越来越少，而是高阶段的一组问题代替低阶段的一组问题。

2.0 时代之初，决定设计公司成败的是产品。

在 1.0 时代，因为供不应求，建筑师只要告诉客户我能做设计就可以了。2.0 时代，因为供过于求，建筑师必须告诉客户自己擅长做什么。有了能立足的产品，那些表面的问题慢慢就解决了。

北京的阿普贝思是景观设计圈里一家不大的设计公司，公司创始合伙人邹裕波是1979年生人。四年前我认识他的时候，阿普贝思大概不到20个人，项目倒是有一些，挣的是辛苦钱。当时邹裕波天天操心的正是上面三类推力问题，上ADU的课也是想找到解决办法。

而之后的四年，阿普贝思坚持探索自己的产品，现在景观设计圈有很多人知道阿普贝思的核心产品——雨水花园。公司也发展到50人。

天津的赛拉维室内设计公司，创始人王少青也是1979年生的。三年半前王少青带着同样的推力问题来上课，带着产品概念回去了。半年后，赛拉维与天津万科合作研发"无限系"室内模块化产品，2015年推向市场获得巨大成功。核心产品带动了赛拉维的品牌和传统业务，人员规模从三年半前的十多人增长到现在的50多人，产值增幅更高。

上面两个是小微型公司的案例，大公司同样如此。刚上市的上海风语筑展示公司，核心产品是城市规划展览馆整体解决方案；新三板挂牌的深圳华阳国际，核心产品是工业化建筑。

有个说法，敢创业的有两种人：一种是商人，一种是有情怀的人。建筑师创业大多是后者。但是，空喊情怀是没有意义的，情怀要通过一个载体才能表达出来，这个载体就是产品。产品可以是一种设计哲学，一种技术及其应用，对一类建筑的理解，对一类客户需要的洞察。

产品对设计公司来说是一种理想，理想的作用不在于马上就能实现，而在于指明公司的发展方向。风语筑、华阳国际、阿普贝思、赛拉维的产品之路都是坎坷曲折的。

| 这些年设计圈飘过的那些词

视野足够宽广，
做事足够专注。

——ADU咨询首席顾问
陈阳

2
产品

设计行业 \ 蓝海 \ 难处 \ 1.0时代 \ 2.0时代 \ 专业客户 \ 非专业客户 \ 衍生效应 \ 风口 \ 上市 \ 全球化 \ 全球同质化 \ 地方性 \ 机遇 \ EPC \ 融资 \ 细胞级产品 \ 挣钱 \ 复杂系统 \ 规模运营 \ 聚焦 \ 说人话

| 这些年设计圈飘过的那些词

17
2017，设计行业的蓝海

陈阳 发布于 2017-01-12

2016 的难处

2016 年，设计行业大致走了个 V 形。上半年延续 2014 年、2015 年的下行趋势，下半年行情反弹。不过，这一反弹被不少人理解为打鸡血式的反弹，而非趋势转变。因此，2017 年反而更加莫测。

当然，有两点是比较清晰的：

（1）体制上，曾经三足鼎立的国企、民企、外企，将继续分化。过去两三年里，外企在华业务持续大幅萎缩，未来外企在大陆将充其量保持象征性存在；因为行业特征，国进民退在设计行业不会像其他垄断性行业那么明显，民企不会消失，但要承担经济波动带来的大部分的市场总量下降；国企受益于体制内固定资产投资比重的增加，业绩相对稳定。

（2）规模上，越大的公司困难越大。在广义上说，设计行业不是靠规模取胜的行业，也就是说，大公司未必对小公司有边际成本优势。对大设计公司来说，必须随规模增长提升产品级别，这样才能符合市场经济规律。这一点，我在其他文章中多次论述，这里不再赘述。

大公司难，小公司也难，只是难处不同。如果说大公司难在产品级别低（大马拉小车），小公司则难在小马拉大车，资源与产品设想不匹配。当然，升级别难，降级别易,明白这个道理,小公司的产品出路还是相对容易一些的。

2017 年的蓝海——非专业客户

设计行业是随房地产业发展起来的,所以民用建筑设计公司的客户大多是房地产公司。甲方的设计总监一般是专业出身,不少就是设计公司被挖过去后反戈一击的,我们的底细他们一清二楚。这样的专业甲方对设计公司的唯一需求就是把图画好,沟通中用的是技术语言。

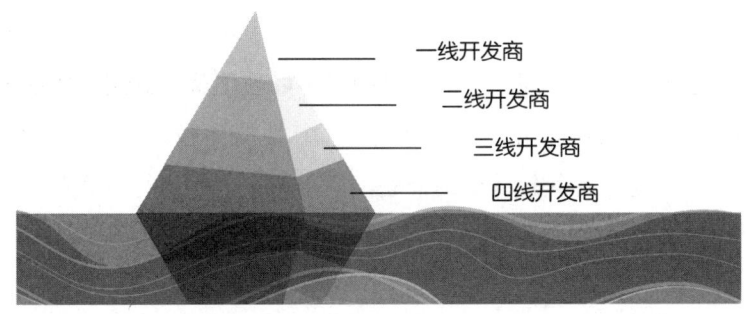

专业客户群

1.0 时代,专业客户群就像海面上的一座岛,从上到下依次是一二三四线开发商,有不同层次的专业服务需求,设计公司也可以据此分为一二三四线设计公司。

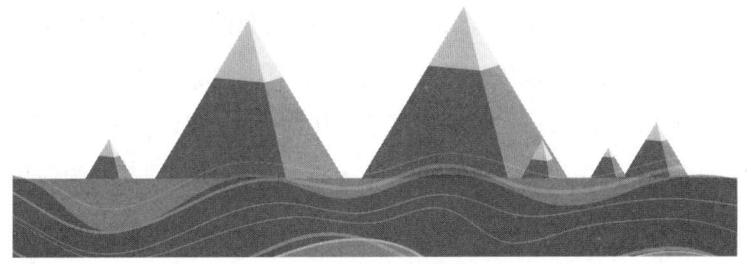

非专业客户群

2.0 时代,非专业客户涌现出来,就像海面上新出现很多岛屿。这些小岛原先就有,只不过没有露出海面,地壳变动(经济发展)使它们凸显出来。非专业客户中的佼佼者如华为、海尔、三一重工,它们是各自领域的翘楚,发展到如今这个规模,基础建设即使进入不了业务板块,也必然是主营业务的重要辅助部分。其实,1.0 时代中,并不是没有这类非专业客户,但那时的总量小,专业层次不高,收费低,所以设计公司不怎么上心。

| 这些年设计圈飘过的那些词

　　那么，设计公司如何与这些非专业客户打交道呢？说专业语言，人家听不懂。不妨换位思考，假如你是病人，去医院找医生，你不懂医学专业语言，如何判断医生是否合适呢？这时，你肯定希望医生能用你听得懂的话与你沟通，而不是你去学医学术语。搞明白这一点，就有了与非专业客户接触的敲门砖。

　　华为、海尔、三一重工等等是大型非专业客户，另外还有大量若隐若现的中小型非专业客户。搞清楚他们的需要，要先谈一个概念——跨界。

　　跨界不是这山望着那山高，自己锅里的饭不好吃了就跑到别人的锅里吃别人的饭。成功的跨界一般有两种方式：一是洞察本行业的问题，利用其他领域的技术、策略等来解决；二是理解其他行业的问题，用本领域的技术、策略帮助解决这个跨界的问题。

　　昨天（2017年1月7日）下午，几位ADU老学员约我到上海"厢·人文雅席"喝茶、吃饭。这是一个用集装箱改造的清雅幽静之处，设计师以娴熟的手法营建出轻奢的调性。据说整个项目投资成本为常规项目的三分之一，远低于常规同类项目的投资额，营业半年即收回投资。其实，持有型物业的运营有很多问题，问题之一就是初始投资太高。太高的投资甚至使后期运营即便成功也无法产生效益。"厢·人文雅席"的设计师用低于市场价的成本实现了100%的效果，据说他在另一个项目"优在集"中也是用了投资额的三分之一就完成了项目并得到了非常好的效果。

　　CCDI在体育建筑上的成功，原因之一是主动尝试用建筑设计帮助解决体育场馆赛后运营（亏损）的问题。

　　道格拉斯·布林克利在《福特传》中提到了建筑师艾伯特·卡恩，他1907年，38岁时在底特律开办自己的建筑师事务所。在为福特汽车公司设计工业史上具有划时代意义的高地工厂时，卡恩与老亨利·福特建立起了一种伙伴关系。"对建筑来说，90%是生意，10%是艺术。"他们花了大量时间研究流水线生产对厂房的需求，共同构想出一种大胆、富有活力，远比以前的厂房复杂的设计。高地工厂有独一无二的玻璃屋顶和墙面大玻璃窗，以保证尽可能充裕的自然光。以至于有水晶宫的美誉。

为什么要自然光充裕呢？因为光线足够亮堂，机器设备就可以更靠近一些。为什么设备要尽可能靠近？因为设备靠近了，流水线的生产效率就更高。

上面三个案例用的都是跨界的方式二——用本领域的技术、策略帮助解决跨界的问题。

四点提醒

（1）利用产品的衍生效应。产品的成功一方面体现在直接业务的增量上，也可能体现在品牌、技术的衍生、辐射效应上。前段时间阅读量极大的"不看后悔！万科无限系的设计干货，全都在这里了"，设计单位是 ADU 三年前的学员——天津赛拉维。据赛拉维王少青介绍，这个产品系的直接业务在公司的占比并不高，但由此带来的传统业务的量很大。

设计公司在产品研发和市场推广上要会抓有牵引作用的点。

（2）风口有毒。这几年设计行业"追风少年"挺多，现在大概少了吧。大风对恰好在风口上的人是好事，但是追风就有疑问了，没准正赶上风口上的人给你下的套。设计行业需要工匠精神，赶上风口大家就多挣点钱，没赶上也别去追，踏踏实实做点事。

（3）慎待上市。这几年上新三板的设计公司不少，不过，在我看来，他们大多没意识到上市要求产品升级和企业转型（主要是转型为产业型公司）。也有的指望拿到钱后再去转型，以为有了钱就能顺利转型。殊不知资本的作用是锦上添花而不是雪中送炭。生产型公司转型为产业型公司，要做的事情太多，资金仅是其中必要条件之一。真要准备上市的话，需要提前做好大量准备工作。否则，上市后可能被资本导向驱使，为业绩增长手忙脚乱，或者盲目投资风口产业。

（4）转变天天向上的思维，理解经济周期里的正常波动。只要主营产品的核心团队不散，竞争力不衰减，行情好就多招点人，行情不好就少点人。

| 这些年设计圈飘过的那些词

18
是全球化，而不是全球同质化
——地方性设计公司的机遇

陈阳 发布于 2016-11-03

有学员来听我的课，第一句话就是：陈老师，希望听了你的课之后，我们能找到发展之路，能从本地走向全省，从全省走向（华北）区域，再从地区走向全国。

我问：接下来是不是还打算走向全球？

地方—省—区域—全国—全球，似乎是一条不言而喻的企业发展轨迹。虽然实际上，每上一个台阶都要经历一次百里挑一，但是拥有大梦想错了吗？当然没错，只是得搞清楚这里面的商业逻辑。

先说全球化。全球化一般指的是全球在政治、经济、社群三个方面的联系不断加强，进而产生更高级别的全球意识和共同利益。互联网使这种连接变得更便捷、紧密、全方位。确实，在这个时代，个体（个人或组织）的重要性不仅表现在传统的核心能力上，还体现在互联互通的程度，即在地理、经济、数字层面是否参与更广泛的资源、资本、知识、数据、人才、技术和其他有价值资产的交互。

现在，人们对"连接"的重要性和必然性有基本认同，但为什么一谈到具体事情，争议又很多呢？我想，其中有一个原因是，大家在一个隐含的关键问题的答案上有分歧，即被连接起来的个体是同质的还是异质的？

在机械思维者看来，个体的理想状态应该是同质化的。如果互联互通之初不是同质化的，也要在全球化过程中被改造成同质化的。为什么他们如此执着于同化？因为同质化是实现全球社会化大生产的基础，才能实现社会化大生产的高效率，才能在供需两端为全人类提供生存、繁衍、发展的物质条件。比如福特的T型车。别忘了，在绝大多数时间里，人类一直处于温饱危机中。当然，全球化不能一步实现，得分步实施，怎么分步？一线城市学纽约，二线城市学北上广深，三四线城市学一二线城市。如果想步子迈大一点，口号高大上一点，就喊建设国际化大都市。

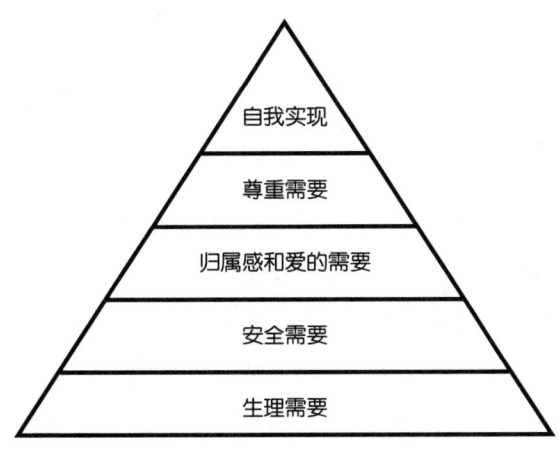

马斯洛需求层次论

而在有机思维者看来，个体的异质是先天存在的。即便是为解决温饱这个当时的最大公约数，追求效率，暂时接受机械组织的那套行之有效的做法，也是权宜之计。按照马斯洛需求层次理论，温饱解决之后，人们更高层次的需求不是吃得更多，而是归属、尊重、自我实现。这些需求都是个性化的，也就是说，在这个时候，个体的异质化表现出来了。这几年，没人再高喊建设国际化大都市了，倒是"特色小镇"这个异质化的词最近风行起来。不过，调门喊得越高、越齐，越可能是在用机械思维办有机思维的事。

回想过去20年，随着设计市场的开放，国企、民企、外企曾一度形成三足鼎立的格局，甚至假洋鬼子的设计公司也能借崇洋媚外之风获得一席之地。但实际上，细思量一下，国外设计公司做的最多的建筑类型是超高层、商务酒店、5A写字楼、

| 这些年设计圈飘过的那些词

Shopping MALL。这些建筑是现代社会的产物，没有也不需要有地域特色。而数量大的住宅、医疗、教育、政府、文化、交通建筑，因为民俗、人口、气候、政治、体制、历史等地域性因素，外企很少能涉足。

所以，全球化的连接是异质化连接，是有机体的连接，是一种自下而上产生更高级智慧的连接。比如人体，有 9 大系统（运动、消化、呼吸、泌尿、生殖、内分泌、免疫、神经、循环）、206 个器官，这些系统、器官各不相同，各有功能，连接起来产生更高级的有机体 —— 人。

与此相对的同质化连接是机械式连接，依赖自上而下的管控。比如乐高玩具，成千上万的个体完全同质、毫无意义，只有借助玩家之手，才有可能拼接出一个有些意思的形状。然而，现实中，有上帝吗？

个体的异质并不是百分之百的异质。有价值的异质恰恰是全球化技术、知识、方法、资本等资源与地方性需求、条件的连接。比如微信的发红包产品，算是新技术与中国民俗结合的一个绝佳案例吧。在建设领域，2.0 时代的产品更可能是地方性机构在深刻洞察地域情况后提出需求报告（包括设计任务书），之后再寻求解决方案。而不是像现在，落后地区误以为发达地区的表象即是自己的未来，于是一味照搬、模仿发达地区。

我钦佩的台湾建筑师姚仁喜，其作品"农禅寺"，第一眼看就是中国的，而手法、材料、工艺又是现代的。姚仁喜先生在这个项目上包办了需求报告和解决方案，但绝大多数建设项目没有这个条件。这里蕴藏了地方性设计公司的 2.0 转型机遇。二三线城市的地方性设计公司一般都会苦恼于相对于一线城市同行们的资源劣势，不明白自己手边的"地域"优势，更没有在地域研究上下功夫。不妨在项目和产品研发中寻求历史、民俗、考古等地域性专家的交流、合作。

自工业革命以来，一波又一波的全球化促进了发达地区和落后地区的连接。实践中，人们发现，发达地区在帮助、支持、投资落后地区时，常规方式是导入技术、生产方式、原材料，利用当地的土地、人力、资源进行生产，再把产品返销到发达地区。

比如中国改革开放之初的三来一补、两头在外、OEM。但是，这种方式最多能完成最基本的积累，真正能帮助落后地区走出贫困的，是选择性吸收外部的经验、知识、技术、资金，利用地方性资源和方法、满足地方性需要、解决地方性问题，即所谓在地性。

需求端的异质，供应端的连接（全球化与地方化资源的连接）应该是 2.0 时代的趋势吧。

写到这，我想起在美国参观过的一些小镇博物馆。小镇不大，也没有中国古镇动辄千年的历史，但小小的历史博物馆里，小镇的起源、大事件、人物、经济、自然地理都交代得很清楚。不知道当下中国一窝蜂的"特色小镇"潮中，有机构在做这样的研究吗？

| 这些年设计圈飘过的那些词

19
设计公司打开 EPC 的正确姿势

陈阳 发布于 2017-05-18

最近和三位设计公司的老总聊天,谈了一些管理上的话题,其中有三个焦点:设计公司能搞 EPC 吗?合伙人之间的沟通、有机的设计公司有什么特征?

本篇先说说设计 EPC。

话题背景:这是一家 40 人左右的景观设计公司,近一两年有机会承接了几个 EPC 项目。一个项目,设计费只有几十万元,如果能介入施工,就是上千万元的营业额,所以对设计公司的诱惑还是挺大的。但是,与专业的景观施工单位相比,设计出身的 EPC 在施工环节没有优势;而且据说专业施工单位的竞争很激烈,要垫资,毛利率并不高。

那么,设计公司延伸到施工环节会不会误入红海?

姿势正确,是蓝海;姿势错误,就是红海。

注:EPC(Engineering Procurement Construction)是指公司受业主委托,按照合同约定对工程建设项目的设计、采购、施工、试运行等实行全过程或若干阶段的承包。

当下，EPC 需求的大规模出现是 1.0 时代（解决有 / 无问题）到 2.0 时代（面对好 / 坏问题）的必然。2.0 时代浮现出大量的非专业客户（参考文章《2017，设计行业的蓝海》），这些非专业客户有自己的主营业务，他们盖房子是为了满足主业成长，并不是要成为建设领域的专家，所以对整体解决方案（如 EPC）有需求。这些非专业客户大的如华为、京东，小的如幼儿园、农庄，甚至还有更小的包子铺。这些客户在 1.0 时代基本是通过自力更生的方式解决基建问题的，到了 2.0 时代，一方面他们兜里有钱了，另一方面市场要求也提高了，自力更生搞不定了。

传统产业链中，设计和施工是上下游关系，设计专注于技术，施工专注于制造。现在有了 EPC 机遇，双方相互渗透是必然的，但并不会形成直接竞争。

举个例子：一个 50 万平方米的住宅小区的 EPC，甲方会交给谁？一个几千平方米的二甲医院的 EPC，甲方会交给谁？

施工单位发展设计，重点应该是为制造环节创造更大的利润空间，施工图是关键。制造环节的优化，需要大批量支撑，所以 50 万平方米的住宅 EPC，甲方应该交给施工 EPC。

设计公司发展施工，是要把高技术含量、高复杂度、高综合性的设计构想落地。一个几千平方米的二甲医院，规模不大，但麻雀虽小，五脏俱全，是高技术、高复杂度、高综合性项目。这种项目的 EPC，交给一个专业齐备的建筑设计公司，应该更合适。其实，大型施工单位对这类项目也不感兴趣，因为总额太低，不够塞牙缝。

设计出身的 EPC 和施工出身的 EPC 会不会直接竞争？这个问题本身是 1.0 时代供不应求时的供方思维。换成 2.0 时代的需方思维，应该这样问：设计 EPC 和施工 EPC 各有什么特点？怎样的客户需要设计 EPC？怎样的客户需要施工 EPC？

总结一下，施工单位擅长的是大规模、总额高、毛利率相对低的 EPC；设计公司可以发展的是小规模、总额低、高毛利率的高技术、高复杂度、多专业综合的

| 这些年设计圈飘过的那些词

EPC,可借鉴的企业——上海风语筑展示股份有限公司。

实际上,本文开头提到的那家小型景观公司承接的 EPC 项目是文创类的。一方面甲方不是专业开发商,另一方面,设计师在文创方面的独特构思最好自己去落实。这时,施工不仅是制造环节,也是二次设计过程。

2 · 产品

"不是因为我们只有一个地球,而是因为人类只有一次机会。"对企业来说,在每个转折点上也只有一次机会。

——ADU咨询首席顾问
陈阳

| 这些年设计圈飘过的那些词

20
设计公司融资应该用来做什么

陈阳 发布于 2018-02-08

前段时间，一位北京的 ADU 老学员和我谈到想上市。他说他公司的产品有点 EPC 的特征，如果有资金支持的话，他就可以拿下不少大工程，业绩可以很快增长几倍。

"有资金支持，业绩就能翻几倍。"这话我信，不过未必是这位学员想要的。几年前，我在上海遇见过一位做灯具工程的小老板。他能力很强，5 年时间把公司的年营业额从 500 万元提高到 5000 万元。但是，他说别看公司增长快，但一直没挣到现钱，利润都垫资到新的更大的工程里了。除非现在不干了，把尾款收回来，才算见着钱。不过，如果不接新工程，收尾款的难度变大了。雪球就这样滚着，越来越大，貌似鲜亮，实则步步维艰。

靠垫资翻业绩，对设计公司发展 EPC 更不合适。经过沟通，我发现这位学员完全有可能研发出自己的产品业务模式，根本不需要靠垫资追逐大工程来发展。

回到上市融资的话题。极有中国特色的股市使得上市似乎对所有企业来说，都是一个不证自明的公理。

近几年设计行业也有一波上市潮。我认为：对传统的设计公司来说，想上市必须想明白三个问题：

是否打算转型为产业型或客户型公司？
是否有产业型或客户型产品的支持？
募集的资金如何使用？

看看已上市的一些设计类公司的招股说明书，难有对这三个问题清晰思考的。

前两个问题我在《白话设计公司战略》一书中有涉及，本文谈谈第三个问题。

招股说明书中都有一节，谈募集资金的使用方向。有趣的是，多数公司似乎是一个老师教出来的，或者有考试作弊嫌疑，他们的资金投向太过类似，集中在信息化建设、区域业务拓展、设计中心和研发中心建设等等。当然，可以用同时代、同行业来解释。不过，就不能有点独立的思考吗？

智力型组织的成长有自身规律，增速不像一些资本型行业，靠加大资本投入就能快速增长。可以三五年建成一大片大学校园，但是学术、教育水准需要很长时间才可能达到高水平；可以三五年建成几十万平方米的国际硬件标准大医院，但医疗水平如何就难说了。

设计公司在中国式建设大跃进的 1.0 时代，已经有超速增长的黄金 20 年，但即便是成长性最高的设计公司，多年综合年复合增长率大概也就是百分之二三十，而多数公司不到百分之十。

欧美股市中，设计公司很少见，原因之一是故事不好编。募集资金用于投资信息化、业务拓展、设计中心，华尔街能信吗？不是说上面这些项目不需要投资，而是说一个运营良好的设计公司有能力挣到这笔钱。换句话说，一个好的设计公司在资金上可以，也应该自我滚动发展。超越其自身成长规律的过度投资是没有意义的。

那么，一个设计公司在企业转型和产品转型的情况下，上市融资应该怎么使用呢？

| 这些年设计圈飘过的那些词

几年前，中国的海航拟收购拥有 6 家国际机场股权的 Hochtief 机场有限公司。Hochtief 在德国的行业地位大致相当于中国的中建总公司（CSCEC），这家机场有限公司是它的子公司。机场公司不仅建机场，还长期持有一些机场的股权。就像前些年不少设计住宅的中国建筑设计公司老板，有中意的项目就不收或少收设计费，换成几套房子变成固定资产，这样挣的钱比这些年的利润还多。

我想，除了自有资金的投入，Hochtief 的技术优势应该能吸引到一些对机场感兴趣的投资人吧。这个案例给我们的启发是：设计公司不应该用传统业务的收益给资本市场回报，那样只会得不偿失，而应该在产品价值链中看看有没有资产增值的环节。

"上帝的归上帝，恺撒的归恺撒"，资本需要的不是设计产品的直接回报，而需要设计公司发现、构建、支撑资产增值点。

21
呼唤细胞级产品

陈阳 发布于 2015-09-22

圣经上说,上帝在第六日造了人。而生物进化论说人是从单细胞生物演变、进化来的。

李克强总理 2014 年 9 月提出要推动"大众创业,万众创新"。

管理大师亨利·明茨伯格在新作《社会再平衡》中写道:我们如何才能将高尚的理想落实到低俗的行动中,从而实现革新而不是革命。

2015 年初,印度政府宣布撤销已有 65 年历史的计划委员会。该委员会一直高高在上地掌控着国家的经济决策,迄今已制定了印度经济发展的十二个"五年计划"。

上面四段话貌似不相关,但实际上都在说宏观与微观的关系。

笔者在 4 月写的"为什么是产品"一文中,借用凯文·凯利在《失控》中描述的包容式结构说明了有机组织的自下而上的构成方式。比如人体,人体是由系统—器官—组织—细胞等四个层次构成的有机体。细胞是生物体的基本单位,一个人大约有 40 万亿到 60 万亿的细胞;细胞经过分化形成了许多形态、结构和功能不同的细胞群,即组织;组织之上是器官,由几种不同的组织按一定次序联合起来,具有一定功能;一些器官进一步有序地连接起来,共同完成一项或几项生理活动,就构成了系统；若干系统构建了人体。

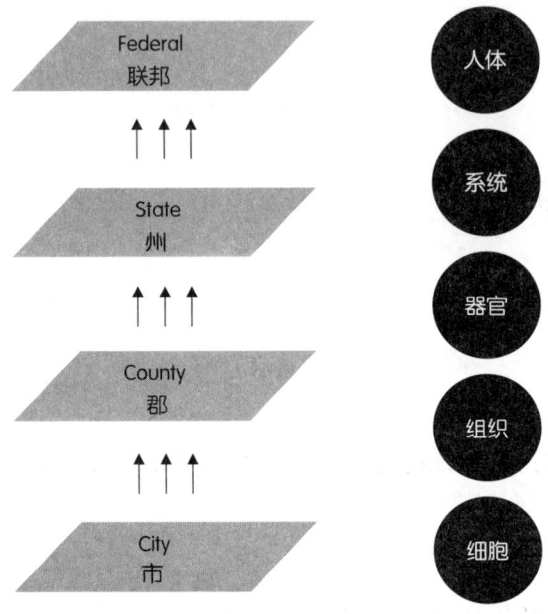

复杂有机体是从微观到宏观分层建构的，各层次的职能是不同的，高层级的出现是为了发展出更高级的智慧，应对更复杂、更高级或者更有效率的事。另外，从顺序上看，先有基层结构，再发展出高级结构，高层级的出现是建立在基层结构的丰满和逐渐完善之上的。

与有机组织相反，机械式结构是人类试图按照理想模型自上而下建构起来的。机械组织也有不同层次，但上层结构是为了对下实施监控而存在的，而不是为了发展更高级的智慧。机械组织是刚性的，只要破坏了中枢系统即可摧毁机械体，即擒贼先擒王。

自上而下的机械结构能让我们有安全感。如果圣经是对的，有那么一位万能的上帝，他先缔造了世间万物，再造了人安排在世界上生活，一切对人类来说的未知上帝都了如指掌，我们心里该多么踏实啊！这也许是宗教存在的必要性之一。遗憾的是，世界可能不是自上而下由上帝建立起来的，而是自下而上逐级建构，慢慢变得复杂起来的。

计划经济和市场经济在基本逻辑上的区别正在于此。现代经济的复杂性决定了大概不存在那么一位经济上帝，如果有的话，又何必改革开放呢。虽然如此，民众本能地期盼有一位圣明的经济上帝指挥我们避开危险，也有人喜欢讲宏大故事，于是计划经济的产物——五年规划延续至今。至于这些规划实现与否，亨利·明茨伯格在《社会再平衡》中有这么一句：你碰到过不能被玩弄的数据吗？

热衷于宏大叙事的人也许本意并不是想扮演上帝，忽悠听众，很多事情在宏观层面上确实有大问题。可解决之道并不是以一个宏大叙事替代前一个，这样不过是重复一次循环而已。回归到有机组织的视角，就会明白，沙滩上是不可能建起高楼大厦的；没有细胞，就不会有组织、器官，更不要奢谈系统。没有微观经济细胞的丰满，宏观层面的构想也是无米之炊。我想，提倡全民创业的"几个意思"里应该有一个发展微观（细胞级）经济的意思吧。

今年初，有位 ADU 的学员和我提到海绵城市，在各大中国城市纷纷"看海"的背景下，这个概念尤其热门。不少专家都能就此话题说个一二，但似乎没有人敢声称能把这个复杂系统自上而下搭建起来，然后一次规划，分期实施。当然，即便有人敢声称，估计也没多少人会信。那么，该怎么办呢？等概念成熟了，自上而下把计划定下来再行动？再说了，概念不会自然成熟，需要在实践中检验。三十多年前的那场大讨论主题就是"实践是检验真理的唯一标准"。

于是，我和那位学员探讨如何降低产品级别，在海绵城市这个大系统概念之下如何发展细胞级产品。最后，这个细胞级产品被命名为"雨水花园"。

还是在年初，一位 ADU 学员和我谈到中国教育建筑的问题，应试教育导致的封闭式建筑格局，与互联时代的需求相去甚远，不少教育界人士对此也深有感触。这位学员因此提出新教育建筑的概念。概念虽好，但无法落地，因为这是个系统性问题。上个月，我去他办公室，他提到正在做的一个小项目——校园绿道，属于细胞级产品。我建议他把校园绿道在基本功能之上赋予互联的属性，重新定义这个细胞级产品。

| 这些年设计圈飘过的那些词

若能成功，完全以此为出发点，在校园中再发现其他若干个细胞级产品。

在机械组织看来，必须先有宏观，再推导出微观，这样效率最高，损耗最小。对已知世界来说，这种方法是有效的。但在探寻未知世界的征途中，这种理想状态的唯一问题是：上帝在哪里？如果没有上帝，或者按尼采说的"上帝死了"，由宏观到微观的推演还可靠吗？

有机组织在面对未知世界时，往往是从微观上先做大量尝试，优胜劣汰后的细胞们为组织、器官、系统的出现奠定了基础。我想，海绵城市不会是某位大师突发奇想产生的，应该是在很多细胞级产品（项目）的尝试基础上提出的。概念提出后，又刺激了产品升级、完善、整合，以及更多新产品实验。这是一个自然的，持续性上下交互过程。

不论为了谁，为你自己、为行业进步、为经济转型，可以尝试从微观做起，发展细胞级产品。

22
靠什么挣钱——复杂系统与规模运营

陈阳 发布于 2015-10-29

设计公司很像小本生意的状态，初始投资不多，规模也不大，家庭式的文化氛围，员工凭本事吃饭，老板也没有官僚式组织里那种高高在上的威武。管理在这类小本生意中的作用不大，多数设计公司老总在达到一定规模后不得不抓管理，这些管理行为往往被大家理解为要把公司搞大。大多数情况下，折腾了半天，规模还是上不去；即便累得半死，真把公司搞大了，管理问题更多，而且很可能经营效益还不如从前。这是怎么回事呢？

商业上有很多种盈利模式，这些模式也可以大致归为两类：靠复杂度挣钱——复杂系统，靠数量挣钱——规模运营。这两种模式在文化、核心能力、组织架构、人才多元化、盈利方式等方面有极大差异。

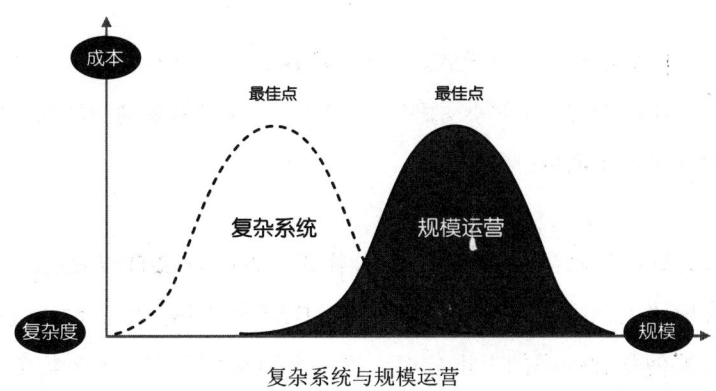

复杂系统与规模运营

| 这些年设计圈飘过的那些词

图中的纵轴表示盈利水平，横轴表示产品的复杂度或数量。这里，复杂度指的不仅是产品的技术复杂性、综合性，更包含客户需求的复杂性、独特性。因此，在商业实践中，追求产品的复杂度和以数量取胜发展成了两种差异很大的商业模式，效益曲线有很大区别。

规模运营的商业模式一般意味着产品初始投资比较高（租场地、买设备、投广告、建渠道等等），而产品的销售单价相对不高，所以必须达到一定的销售量（即盈亏平衡点）才能赚钱。比如苹果手机，卖一部、卖一万部肯定亏大了，可一旦销量超过盈亏平衡点，由于规模经济效应（如边际成本递减），利润大幅度上升，就是那种数钱数到手抽筋的感觉吧。当然，规模效应不会永远发挥作用，达到某个最佳盈利点后，销量增加带来的反而是利润迅速下滑。

复杂系统的商业模式一般初始投资不大，帮助客户解决个性化的、高技术含量、高复杂性的问题，这样的活往往被称为"项目"，而不是"产品"。项目不可能像标准化产品那样大规模生产（请注意，这里的大规模指的是海量规模，一般以百万、千万为计算单位），因此，客户数量有限。但是，高复杂度带来的好处是，客户愿意为此付出高额的费用，比如，一个建筑设计往往有几百万元的合同额，而我们家里任何一件标准化产品的单价都远远低于这个数（除了房子本身）。换句话说，复杂系统不靠薄利多销，应该每单都能挣钱，最佳盈利点对应的既不是海量，也不是唯一，而应该是一个有限的量，这个量能保证供应方在同类项目中的经验、品牌、技术、人才、管理等方面的有效积累。

大公司基本上都是规模运营模式，世界500强的榜单清晰地表明了这一点。不过，如三浦展的《第4消费时代》所揭示的，在第1、第2、第3消费时代一路高歌猛进的巨型企业们会在第4消费时代撞墙。

类建筑设计行业基本是复杂系统的商业模式，表现为B2B或B2G（G是政府）业务。因为中国的土地国有制，设计行业难有B2C的市场空间，也就是难得有规模运营的模式，即便是设计类的上市公司，除了个别家装企业，大多数企业还是靠项目的复杂度挣钱。融来的资本主要用于PPP、EPC等类型的项目，而不是规模运营的初始投资。

有意思的是，在设计行业难得的 B2C 市场，有路数正确的家装市场，也有很不对路的、用 B2B 模式做 B2C 业务的别墅庭院市场。

认清了这个两条效益曲线，我们就可以避免鱼和熊掌不可兼得的纠结。不能说完全没有既有海量又有高毛利的产品，但这等好事恐怕要靠非市场手段的保驾护航吧。那么，量小、低毛利的产品是什么呢？应该是小本生意，如小区门口的早点店、菜市场的小摊贩。笔者在一篇文章中指出，猪八戒网试图用低技术含量颠覆设计行业，路子错了。如果用本文的理论再次论证的话，就是说，猪八戒网原本构想把复杂系统模式的设计行业变为规模运营模式，结果却走向了小本生意模式。

笔者的另一篇文章《设计师为何拒绝产品概念》引发了不小的争议。前两天，有一位读者提出疑问：强调产品概念是不是走向标准化，而抹煞项目的个性？当然不是！为什么总是用非此即彼的极端化思维考虑问题呢？复杂系统模式的基本业务单元是项目，设计类产品是同类型项目的一种集合，是在项目层之上建立的一个层级，不是替代项目层级。产品层有利于品牌、业绩、经验、人才、管理等多方面的有效积累和发展，同时也是项目层与企业层之间的有效衔接。

规模运营的行业同样也在模仿复杂系统的一些概念，从大批量走向小批量、多批次，从传统的先生产后销售走向订制。两种模式的相互借鉴也是一种商业模式的创新。

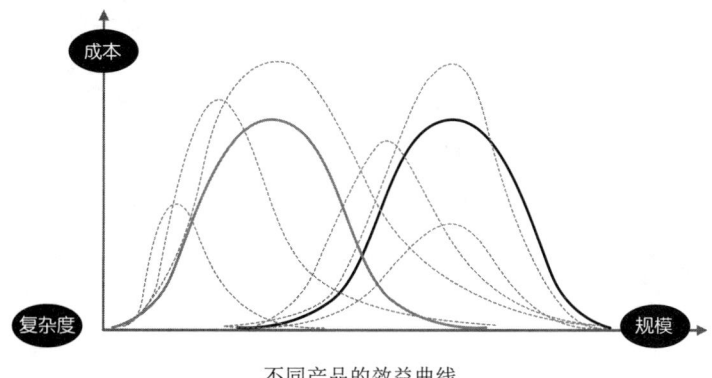

不同产品的效益曲线

| 这些年设计圈飘过的那些词

　　实践中，每个产品都有自己独有的效益曲线。同一品类的产品在不同时期、不同的公司，效益曲线也是动态变化的。

　　搞清楚自己赚的是什么钱，遵循其商业规律，并适度创新。

23
聚焦的力量

陈阳 发布于 2017-08-31

上周，一位前上海某设计院的老同事、小老乡，30多岁的结构设计师和他的事业伙伴来我的书房喝茶。

一年前，他一个人来过。他告诉我，2015年，设计行业低谷期的时候，他转行了，回到四线城市的老家，帮家里亲戚做事。这位亲戚就是他的事业伙伴。

几年前，亲戚在那个地级市开了一家作坊式培训公司，主要业务是幼师资格考试培训，在当地小有名气。2015年亲戚面临一个抉择：继续维持作坊式的格局还是下功夫做大一些？

从一线城市回归四线城市老家的小老乡的加盟显然是为了把作坊做成公司。按常规思维，小老乡想干几件大事：招人扩编、地域拓展（下至县城、上至省城）、产品拓展（引进高端培训课程）。

不过，上述举措并未达到预想效果。小老乡去年正是带着这些问题来找我的。

培训行业我不懂，但也是智力服务行业，管理上基本相通。

按我的理解，对这个微小级别的公司来说，核心问题就是产品，而产品的核心问题就是聚焦。聚焦的标准是什么？就是在你定义的细分市场中，你要有机会占据60%的份额！也就是小巨人，小小巨人。

所以，一年前我给小老乡的建议是：聚焦幼师考试培训这个优势产品，精准定义市场范围，在地级市先做到60%的份额，暂时放弃产品拓展，暂缓进省城。

上周，小老乡和他的伙伴告诉我，经过一年的奋斗，他们的幼师培训已超过60%的份额；而且，他们开发的一个高端子产品，价格比通常的培训高出一倍，却在几天内一售而空；公司现在有十名员工，像个企业的样了。

那么，下一步呢？

既然初战告捷，已算是小小巨人，拓展是必然的。问题是在产品定义的三个维度——产品、客户、地域——中，拓展哪个？

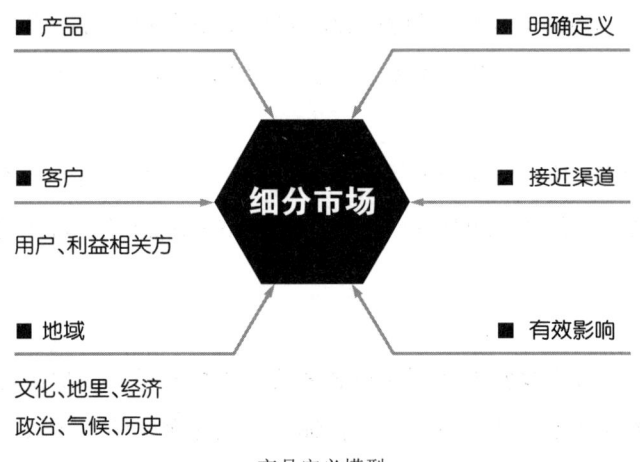

产品定义模型

在这里，有个情况，就是产品和客户这两个维度是关联的，即幼师客户不需要其他培训产品。所以，拓展产品就连带拓展客户群。但是，同时拓展两个维度风险较大。有个方法可以降低一些风险，即与原客户——已就业的幼师学员们——共同探讨新产品、新客户群。

还有第二条路，就是把成熟产品拓展到省城。这里的关键是要市场手段开路，而不是找一个能人单枪匹马去打天下。

这两条路可以先调研、尝试一下，再决定走哪条路。能不能同时走呢？最好不要，小小巨人的资源还是很有限的。

期待明年小老乡和他的伙伴再来喝茶！

ADU 的学员中，有一些靠产品聚焦得以立足的小巨人公司，更是走过一段曲折，才深刻理解了聚焦的力量。

老白和他的伙伴老谢是 ADU 的老学员。3 年前，他们终于耐不住寂寞，跳出国有大院的温室，创业了。创业伊始，正赶上 ADU 产品创新 Workshop 推出，老白和老谢分别上了第一期和第二期。课上和课后的交流中，我一直建议他们要聚焦，要占山头，否则小公司难立足。

敢在那个行业低谷的严冬创业，肯定是有两把刷子的。别人没活的时候，他们有活；别人有活的时候，他们活多。这些项目五花八门，选了又选，最后算下来，还是有六七个产品类别，可公司只有十个人。

上个月，老白告诉我，现在他们终于聚焦到一个优势产品上了。聚焦了之后，活的数量也没少，而且重要的是，自己心里踏实了。其实，放弃的那些不擅长的项目（产品）貌似有诱惑，实际上未必毛利率高。即便能赚钱，也只是赚了现钱，没有积累。在 2.0 时代做企业，重要的是每件事都在积累，小步快跑，而不是总想捞一票大的。

三周前，我拜访了非动力游乐行业的一家小巨人公司。他们聚焦在这个全中国市场规模不到百亿元的小市场中，再聚焦定义出一个设计为先导的子产品，一干七八年，已成行业领先企业。

我们 ADU，在 2008 年开办时，即把自己的产品系定义为中国、民营、建筑设

| 这些年设计圈飘过的那些词

计公司提供实战型、战略管理咨询。加了5个定语,界定出一个狭小的市场。实际上,9年来,ADU的客户已慢慢超出民营、建筑设计这两个定语,有国企、事业单位的客户,更有规划、景观、室内、灯光设计机构等等,甚至房地产公司。

之所以能拓展,最初的聚焦是关键。

有人担心产品聚焦是把鸡蛋放在一个篮子里,有风险。这话貌似没毛病,实则有三个误区:

(1)鸡蛋应该指的是有市场影响力的产品,拥有多个这样的产品才算是把鸡蛋放在不同的篮子里。多数有此担忧的人是杞人忧天,因为他们没有鸡蛋,充其量有的是鹌鹑蛋。

(2)应该在企业增量上做产品聚焦,而不是匆忙对存量下手。

(3)有力的产品不仅会在预想的市场中给企业带来收益,还会激发出衍生市场。

24
说人话

陈阳 发布于 2017-04-06

"提供重要文档的安全加密及处理功能,实现对文档阅读权限、打印权限的控制,防止文档被二次传播。包括在在线阅读与下载使用中,防止对电子文件的编辑修改、复制粘贴、屏幕打印及没有获得权限时的打印等操作;防止把电子文件复制到其他计算机上使用;对电子文件的使用时间进行控制,当签审和会审截止后,文件不能被继续使用。"

读上面这段话是不是懵圈了?这是一家 IT 公司的文档管理软件产品介绍,我第一次看的时候,逐字念了三遍,还是没懂。

(1)文档加密:盗走了拿走了没法用;
(2)权限控管:谁能看谁能印防篡改;
(3)时间期限:过期了离职了不能用;
(4)使用追踪:谁看过谁印过有记录。

这四点和前面那段话是一个意思,但多数人都能理解了。这里说的"人"是商业意义上的人,即客户。"说人话"的意思是在与客户的沟通中,要按客户的需求和语言来表达。

大概是硅谷的一位科技大佬(不好意思,忘记是哪位了)曾经说过这么一段话:

事物的复杂程度似乎是一个恒定的量，如果我们（供应方）便利了，客户就会在使用中感到复杂；如果我们给客户一个简洁方便的使用界面，那么我们就承担了所有的复杂工作。

每个人都希望自己的界面是友好便捷的，比如，自己是供方时，复杂度留给客户；自己是需方（客户）时，复杂度留给供方。

市场经济的基本原则之一是供求关系。在 1.0 时代供不应求时，供方有话语权，提高供方的生产效率是第一位的，所以有了福特汽车十几年如一日只产出一款 T 型车的神话。到了 2.0 时代供过于求，才有顾客是上帝的说法，供方要承担更多的复杂度。

说人话好像是 B2C 业务的特征，建筑设计大多是 B2B 业务，也要遵循这个原则吗？

今年 1 月，我写了那篇《2017，设计行业的蓝海》，提出 2.0 时代将出现大量非专业客户。这些非专业客户虽然是 B，但和专业的房地产公司不同，他们不懂建筑专业语言，需要我们理解他们的商业需要，提出专业解决方案。

即便是专业的房地产公司，在 2.0 时代的身份也变了，要从 B2 转型为 B3。转型后的核心能力是根据对 C 的需要的理解，定义产品。那么，设计公司能否从原来的 B1 往前进一步，变成 B2 呢？

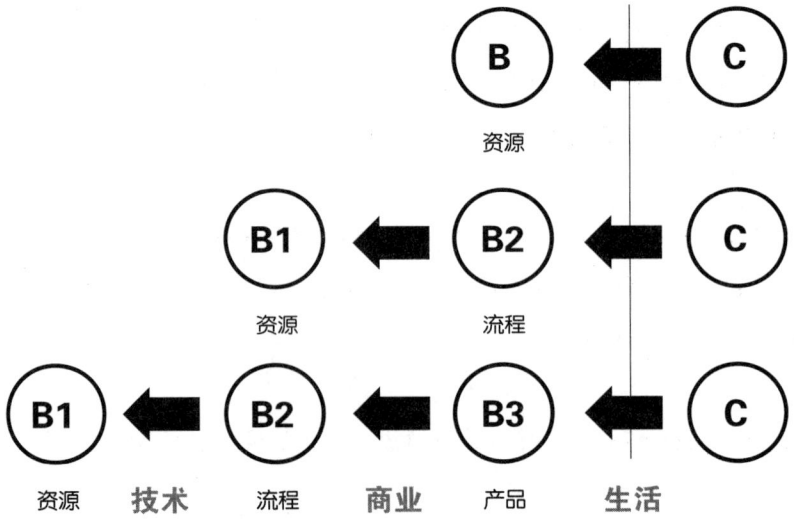

B2 与客户 B3 的沟通语言是商业语言。那么，好的 B2 应该怎么说话呢？

不能只告诉客户设备参数，要说热水系统能保证打开龙头8秒钟出热水；
不能只告诉客户电梯速度、轿厢尺寸，而要说上下班高峰时等候时间不超过45秒；
不能只告诉客户楼板荷载，而要说明能不能开party；
不能只告诉客户商场布局合理，还要估算运营方管理人员配比；
……

下一代建筑（工程）师不仅懂得技术，更知道如何运用技术帮助客户实现商业战略和解决社会问题。

在 ADU 已举办了 12 期"设计公司产品创新 Workshop"中，几乎所有团队在第一天都满口技术术语。经过三天两夜的演练，虽然各团队还谈不上学会客户语言，但至少明白学习客户语言是必修课。

说人话的原则在公司内部管理上也适用。不少公司的一二线部门协作很差，原因之一可能是二线部门不懂公司业务。如果财务、HR 等支持部门把员工当作内部客户，主动理解公司的业务模式，就能够运用财务、HR 的专业知识帮助业务部门解决问题。懂业务的财务是好财务，懂业务的 HR 是好 HR。

注意：用客户语言来沟通，并不是杜绝专业语言。实际上，沟通中时不时夹杂一点客户听不懂的专业术语，并适当解释一下，是体现专业度的一种技巧。

| 这些年设计圈飘过的那些词

对建筑师来说,对生活的观察能力可能比大数据更重要。

——ADU咨询首席顾问
陈阳

3
架构

阿米巴 \ 标准产品 \ 定制产品 \ 合伙人 \ 化整为零 \ 机械组织 \ 有机组织 \ 平台 \ 自负盈亏 \ 利润中心 \ 成本中心 \ 分层 \ 异质 \ 资源配置 \ 动态连接 \ 生态系统 \ 有机体 \ 转换 \ 方向 \ 连接 \ 规模 \ 异地 \ 分公司 \ 建筑师

| 这些年设计圈飘过的那些词

25
阿米巴？别忽悠设计师

陈阳 发布于 2017-08-17

1932年出生的日本企业家稻盛和夫先生因为创建了两家世界500强企业——京瓷公司、第二电信KDDI——而备受推崇，其基于牢固的经营哲学和精细的部门独立核算管理，被称为"阿米巴"经营管理模式。

"阿米巴"(Amoeba)在拉丁语中是单个原生体的意思，属原生动物变形虫科。变形虫最大的特性是适应性超强，因而在地球上存在了几十亿年，是地球上最古老、最具生命力和延续性的生物体。

印象中，阿米巴几年前在中国火过一阵，可能是因为当年的旗舰式企业"海尔"采用了阿米巴模式。现在再次火起来，或许是因为有人把标杆式企业"华为"这几年的管理变革贴上了阿米巴标签。

在具体措施上，阿米巴模式将一个公司分成若干个被称为阿米巴的小型组织，每个小型组织作为独立的业务单元，按照小企业、小商店的方式进行独立经营。比如，生产环节的每道工序都可以是一个阿米巴，销售部门也可以按照地区或产品分成若干个阿米巴。

显然，阿米巴模式针对的是大企业病。

不过，2017 年 5 月，全球市值排名最高的 10 家公司——苹果、Alphabet、微软、亚马逊、Facebook、伯克希尔·哈撒威（老大是著名的巴菲特）、埃克森美孚、强生、腾讯、阿里巴巴——够大吧，但没听说哪家采用阿米巴模式。按苹果公司的 CEO 库克的说法："我们没有财务独立核算的事业部，全公司统一核算。"

举例并不能说明阿米巴模式的对与错。京瓷和 KDDI 的成功不能说明阿米巴模式放之四海而皆准，适于所有公司；市值领先的十大公司不采用阿米巴模式，也不意味着阿米巴模式落伍了。实际上，管理学上的模式、方法、措施往往有一个适用区间，超出这个区间就未必靠谱了。

那么，适合阿米巴模式的区间有什么特征呢？

我想至少有两点值得注意：

1. 产品成熟度

阿米巴模式要把公司内部的生产链分成若干小业务单元，这就意味着越成熟的产品，生产环节之间的界面越清晰，越便于切分。而持续升级、完善中的产品，需要各环节、各模块紧密协同，分不清彼此贡献大小，或者说贡献率始终在动态变化中，怎么切？

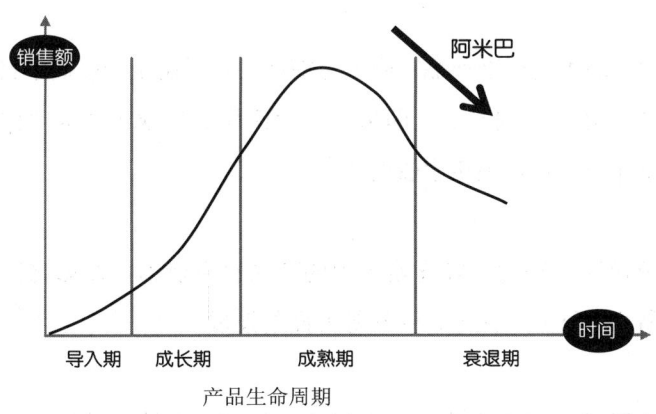

产品生命周期

换句话说，阿米巴模式或许适合成熟行业中的成熟公司，其产品没有多少升级空间，内部挖潜是主要竞争手段。阿米巴可以帮助这些公司挖好最后一桶金。京瓷

| 这些年设计圈飘过的那些词

公司早已不在500强之列了,KDDI虽仍在500强的中游,但离明日黄花应该不远了吧。

全球市值居前的公司,被资本市场认为代表未来的方向,他们的产品一直在创新、迭代、升级中,自然不可能用阿米巴模式。

回到我们的设计行业。现在是2.0时代伊始,一些先知先觉的设计公司刚开始有产品意识,处于早期产品的创新阶段。产品立足之后还有迭代、升级,离产品成熟还很远很远。

我也见过自认为把建筑设计看透了的管理者,他们有能力对各专业、各设计阶段、各设计岗位的责权利进行精细的量化切分,甚至每个员工每天在每个项目中的产值(工分)都能一目了然。可是,这种公司结局如何,大家心里都有数吧。

2. 标准产品与定制产品

所谓大企业病,有一个现象就是听得见炮火的人不多。尤其是生产标准产品的制造业,有机会与客户接触的员工很少。

阿米巴模式可以让更多的人听见炮声,这当然是好事。可对设计师来说,我们听得炮声还少吗?

设计公司的产品不是标准产品,而是定制产品。不仅是一般的小批量定制产品,而且是极端的单一客户定制产品,即项目。设计师是在炮声中成长的,项目是在炮声中完成的,设计费也是在炮声中收的。

中国设计公司现在缺的是隆隆炮声中的产品自主能力,即如何用产品思维引导同类型项目的品牌、技术、人才、管理等方面的发展。

其实,阿米巴模式的初衷是激发和保持组织的适应性、灵活性,用阿米巴这个名称也是看中了变形虫这个物种的生命力。可是,别忘了,阿米巴在几十亿年的生物历程中,始终是初级生物。有机组织同样追求适应性、灵活性,不仅为了生存,还为了进化。所以，不妨用有机思维想想 2.0 时代的发展路径吧。

在我看来，热衷谈论阿米巴模式的设计公司，核心问题往往不在组织架构，而是产品级别与企业规模不匹配。这个问题我谈过多次，这里不再赘述。

也许阿米巴模式是那些 20×50❶ 的公司给自己找的金字招牌吧。

---

❶ 这里陈老师说的 20×50，指的是貌似 1000 人的公司，实则是 20 个各自为阵、自负盈亏的小团队凑成的，每个团队 50 个人。这样的虚胖子公司在意识、人才、技术、品牌、架构等方面没有整体能力。20×50 的极端形式就是挂靠。

| 这些年设计圈飘过的那些词

26
事业合伙人

陈阳 发布于 2015-07-30

最近，事业合伙人这个概念很时尚。引入这个概念的，既有地产公司，也有设计公司；既有创业的，也有改制的。

事业合伙人这一说法大约是在 2013 年热映的《中国合伙人》之后开始流行的。显然，事业合伙人是由"事业"和"合伙人"这两个词组合而成的。我在《白话设计公司战略》中也有一章介绍"有限公司合伙制"的顶层机制。

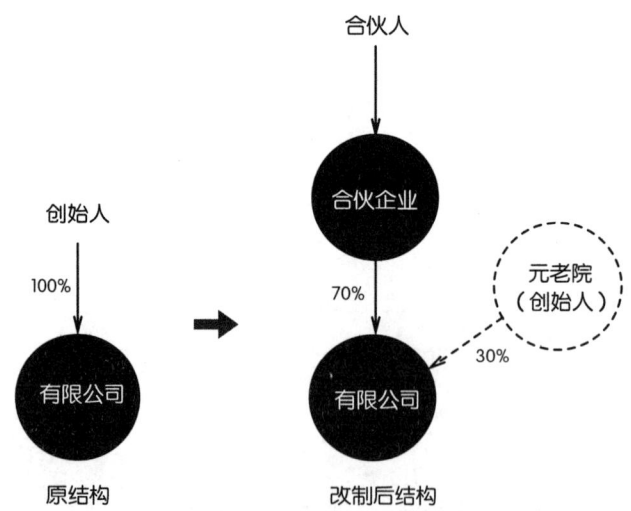

何谓事业？孔子曰：举而措之天下之民，谓之事业。文言文有点难懂，那就参照一个简单点的定义吧。百度百科：事业是指人们所从事的，具有一定目标、规模和系统的对社会发展有影响的经常活动。两个定义都挺高大上的，没说赚钱的事，这说明对于企业来说，赚钱和事业不是一回事。当然，以企业这种形式干事业必须赚钱才能可持续。按照马斯洛需求层次理论，赚钱是相对低层次的需求，干事业是相对高层次的需求。南怀瑾大师认为只会赚钱的是公司，干事业的才能叫企业。

合伙人是拥有共同的事业并为之携手努力，享有共同的权利和义务的伙伴。所以，合伙人是比股东要求高很多的一种合作关系，而不仅是经济上分享收益、共担风险的关系。

简单梳理完"事业"和"合伙人"这两个词的概念，大概就明白那些所谓的事业合伙人制度大多是带了个帽子而已，里面既不谈事业方向，也看不出合伙人的情投意合，基本上就是一个分账规则。

难道各相关方都不明白其中的问题？肯定不是。崔健的《新长征路上的摇滚》中有句歌词："不是我不明白，这世界变化快。"房地产和设计行业的20年好日子过去了，享受这一红利增长起来的公司大多是摊大饼模式。从产品角度看，产品级别与企业规模严重背离。这种扭曲的非市场化现象在涨潮时看不出来，收入的高增长率掩盖了更高的成本增长率。现在退潮了，高成本可就要命了，现金流难以为继。

咋办呢？两招：一是往上走，提高产品级别。可问题是涨潮时都没搞定的事，退潮的时候能办成吗？这一招实在成败难料，也不救急；还有一招是往下走，降低公司规模，以与产品级别匹配，也就是化整为零。目前中国市场上，绝大多数民用建筑设计的水平，一百多人小型公司的规模就能应对了。项目做不好，问题不在组织规模而在管理能力和设计水准低，更大的问题是没有产品思维。但是，降规模，脸面上可不好看，事业合伙人恰是一枚合适的招牌，一举多得：规避了挂靠之嫌、维护了企业形象、激活了团队士气、降低了管理成本。

对业务单元来说，化整为零就是从成本中心变为利润中心，从 1×1000 变成 20×50，各单元自负盈亏（或者变相的自负盈亏）。当然，不少大中型设计公司原本就是 20×50 的挂靠模式。至于利润中心的组织模式给中国设计行业带来的危害，

| 这些年设计圈飘过的那些词

这里就不赘述了,有兴趣的读者可参看我的其他论述。

　　做企业不易,有时拿概念说说事,过渡一下,面子上好过些,也情有可原,但千万不要把权宜之计做长久之策,把自己忽悠进去了。

　　中国是一个盛产概念的国度,网络时代更使概念传播得更多、更快、更广。这段时间闭关看书,感觉上挺好。

　　少些噱头,干点实事。

27
真假"化整为零"——事业合伙人(续)

陈阳 发布于 2015-08-13

两周前写的《事业合伙人?》一文引起不少朋友的关注,有赞成,有质疑,也有提问的,本文接上篇叙谈"化整为零"。

前文提出:大中型设计公司受当前市场形势所迫,产品级别与组织规模的背离矛盾凸现,突出表现为现金流危机。为解决这个问题,一些公司以事业合伙人的名义化整为零,把业务单元的性质从成本中心改为利润中心,这是冒牌的"化整为零"。

这里需要特别说明一下,在 ADU 的语言中,利润中心指的是独立核算且自负盈亏的业务单元,强调的是"自负盈亏",这与常规财务概念上说的独立核算但并非自负盈亏的利润中心概念有区别,后者强调的是"独立核算"。

真正的"化整为零"是常见的组织架构变革手段。杰克·韦尔奇在 GE、郭士纳在 IBM 的伟大变革中都含有化整为零的策略,硅谷的 IT 新贵企业更是以众多高效灵活的拥有自主权的小团队为运转核心。商学院的教学案例中,美国的全食超市、戈尔公司、巴西的塞氏企业、英国的维珍集团均以业务单元享有充分自治权为成功法宝之一。

为什么有这样的组织变革趋势呢?

| 这些年设计圈飘过的那些词

曾经，环境变量是以世纪为单位的，有一门手艺可以传承好几代人，徒弟跟着师傅学就可以了；后来，环境变量以代计，一个人学一门手艺可以用一辈子；再后来，环境变化速度加快，一个人必须一辈子持续学习，企业也要成为学习型组织才能跟上时代。

现在，环境变化速度已经超过我们的学习速度，天天学也跟不上了！就像郭德纲在相声里调侃于谦，说于谦游泳游得太快，裤衩都跟不上了。如果这是你第一次意识到这个现实，请不要被吓着。

这岂不意味着失控？企业该如何面对？

传统的自上而下管控的机械组织，宛如一架机器，按既定流程运作，物尽其用，生产效率高，相对成本低，适用于环境变化不大的情景。在供不应求的 1.0 时代，机械组织大行其道，至今仍在基础制造业有一席之地。但对设计公司这样的智力型企业来说，对环境的适应力是最重要的，尤其在供过于求的 2.0 时代。所以正确的应对措施是将机械组织转型为自下而上建构的有机组织，甚至生态组织。也就是说，要牺牲一些效率，把适应力放在第一位。需要说明的是，牺牲一些效率并不意味着中长期利润或利润率的降低。

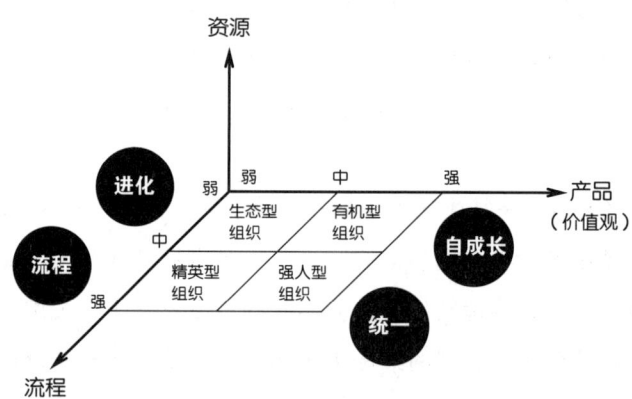

机械组织包括强人型和精英型，以效率见长；有机组织和生态组织以应变能力强为特点。对这方面有强烈兴趣的读者可以啃一啃 KK 七百多页的大作《失控》。至于有机组织和生态组织的差异，笔者将另文阐述。

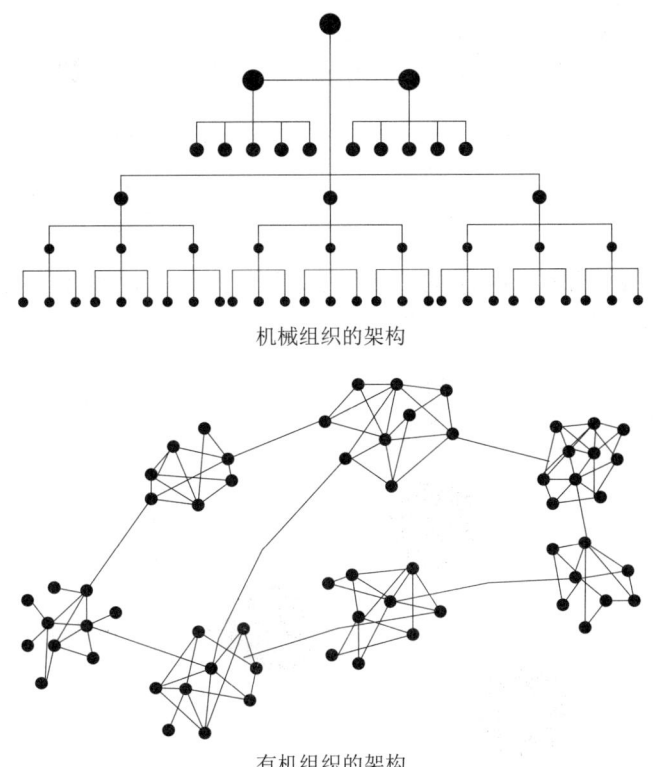

机械组织的架构

有机组织的架构

把机械组织转型为有机组织，拥有更多自治权的业务单元是整体的有机组成部分，性质仍然是成本中心，独立核算但非自负盈亏。这是真的"化整为零"，与前文所述的利润中心式的冒牌货有本质区别。

首先，真假化整为零的业务单元性质不同。成本中心是探索式战略的基础，使"大胆设想，小心求证"的自适应机制成为可能。

其次，真化整为零，企业总部不是无事可做了，而是要致力于平台建设。平台（可惜是一个被滥用了的词）把各业务单元联系成网络，这样它们才能相互协调工作，共享成果，提升企业的整体能力，平台是增进群体能力的支持架构，保障产品级别与企业规模匹配。而假的化整为零，相当于把公司拆散了。最终，业务单元各自为战，总部曲终人散。

| 这些年设计圈飘过的那些词

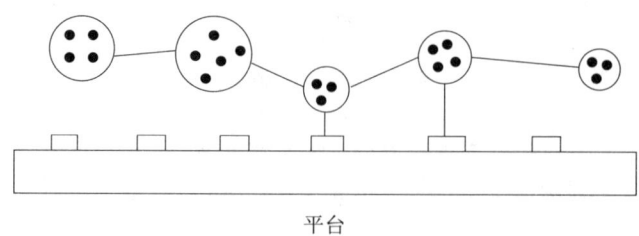

平台

笔者在《白话设计公司战略》的第十章论述了资源、流程、产品三种类型的平台，这里不再赘述。

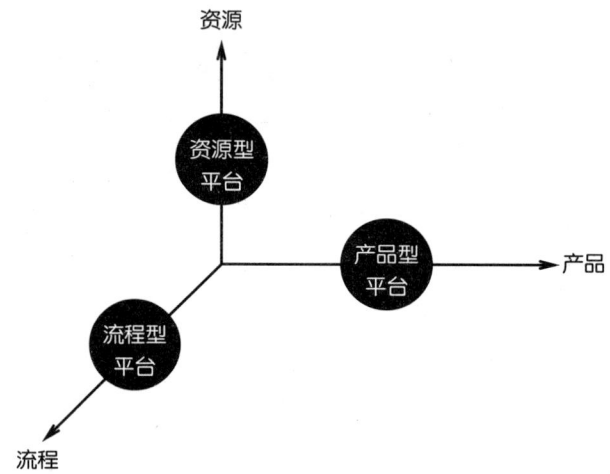

第三，总部与业务单元的关系上，假化整为零的利润中心几乎拥有完全的自主权，而真化整为零的成本中心享有有限的自治权。如果把集权式的机械组织（常用语"你必须"）和完全放任的利润中心看做这种关系的两个极端，有机组织的成本中心处于中间位置。我们总在重复从一个极端走向另一个极端的钟摆式轮回，要么一抓就死，要么撒手不管，不知道如何定义中间位置。

且慢，上面这句话"不知道如何定义中间位置"恰恰是机械组织的思维，一定要自上而下预设好流程才能开始行动。而对有机组织来说，中间位置只需要通过试错确定边界即可（常用语"你不能"），并不需要精准的定义和行为要求。这里，不妨借用美国大法官斯图尔特的一段话："我不打算进一步定义……而且也许我永远也不可能给出一个明确的定义。当我看到它的时候，我就能认出它。"

对本文话题有深入兴趣的读者可延伸阅读戴夫·格雷和托马斯·范德尔·沃尔合

著的《互联网思维的企业》（中文书名很俗，英文书名 *The Connected Company*，准确翻译应该是"互联式企业"）。

真假事业合伙人、真假"化整为零"也不需要明确定义，当你看到它时，就知道了。

| 这些年设计圈飘过的那些词

28
自负盈亏，是个好对策吗

陈阳 发布于 2016-09-22

"……我们院正在进行的机构改革……可以说不是很成功，甚至有些倒退。……站在一个普通设计人的角度……我只希望这种实质性的改革能对我院越来越好，而不是在这里趁着改革的东风捞钱捞业绩。"

上面这段摘录自一位国有大院的员工写给我的邮件。无独有偶，一家不到百人的一线城市的小型设计企业，今年也搞了机构调整，把设计资源编成几个自负盈亏的所，意图激发大家的主观能动性。结果如何？人心散了，队伍不好带了。

估计触发这些公司搞机构改革的因素之一是这两年行业形势不景气。但是，知道病症，未必搞对了病理，更怕搞错药方。比如说，这年头这行情，老板接不到活，换成利润中心模式，二级业务单元的所长就能接到活了？弄不好，会被大伙解读成"公司玩不下去了，兄弟们各寻生路吧"。

	第一轮	第二轮	第三轮
团队1	150	120	10
团队2	130	90	100
团队3	100	120	190
团队4	20	70	100

	第一轮	第二轮	第三轮
团队1	70	160	50
团队2	70	40	110
团队3	120	40	70
团队4	100	120	130

8月三轮投票分数（左）、9月三轮投票分数（右）

最近两期（8月、9月）的"设计公司产品创新Workshop"上，都出现了一个有趣的现象:有一个团队在产品建模环节颇受认可,在第二轮投票中排名第一;但在体系化环节受制于公司内部的利润中心模式,很难把产品扎实地推演下去,所以无法获得大家的信任,在第三轮投票中一落千丈,列倒数第一。看来,只要能敞开来谈,群众的眼睛还是雪亮的。

于是,9月12日,我在朋友圈里发了这么一条:"这几天,耳闻目睹业内几件事,都验证了在企业内部搞自负盈亏的利润中心模式是不行的。1.0时代行情好的时候,这种包产到户的小农经济的缺陷还不明显,大伙日子过得还不错,误以为这是设计公司发展之道;现在2.0时代,还搞利润中心,麻烦啦!"

看过拙作《白话设计公司战略》的读者对利润中心和成本中心这两个概念会有所了解。这里再简略介绍一下。

利润中心和成本中心是对企业二级业务单元(注意:不是二级业务部门)的定性。打个比方,一个1000人的设计公司,本质上是20×50的还是1×1000的?前者貌似一个大公司,实际上是20个各自为战、自负盈亏的小团伙的拼盘,总部(或者叫总院)以收管理费为主,有的也会提供些基本服务,如行政、HR、财务、审图等等;后者是一个整体的公司,力图达到1000人公司应该具备的产品和技术高度,其二级业务单元在财务上会有核算,但不是自负盈亏的。

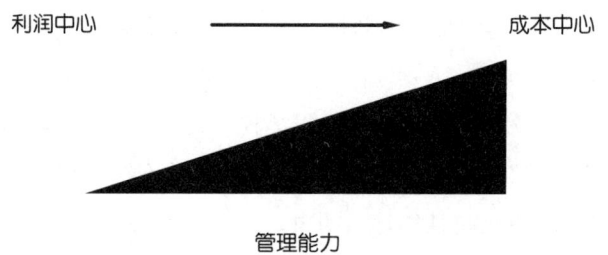

搞利润中心最大的好处是对总部的管理能力要求低。企业发展的基本逻辑是应该随着规模增长同步提升组织管理能力,但提高管理能力是个功夫活,做到很难,速成更难,智力型企业尤其不可能速成。利润中心模式貌似是个捷径,然而,如果1.0时代搞利润中心尚能得过且过的话,在2.0时代搞利润中心,无疑是饮鸩止渴。

| 这些年设计圈飘过的那些词

说明一下，这里谈的是在公司内部不应搞利润中心式的机构改革，与宏观经济层面的市场经济框架下，各企业自主经营、自负盈亏不是一回事。

化整为零的改革不灵的话，设计公司摆脱困境之道在哪里？我想，每家公司的情况不同，不存在一招制胜的秘籍。管理学能提供的经验、教训充其量是企业成功的必要条件，没有充分条件。目前设计公司普遍存在的问题之一是在产品上，有兴趣的读者可延伸阅读相关文章：

《设计公司多大规模合适》
《为什么是产品》
《设计师为何拒绝产品概念》

几年前，CCDI 提出了"规划森林，让树木自由成长"。在我的理解中，这句话意味着 CCDI 产品型平台公司的发展愿景。

这两年，我在若干场合听到一些业内人士探究这句话背后的管理之道。我想，有三点必须要清楚：

（1）这句话的意思不应该是搞利润中心。

（2）这句话是简略表述，完整表达应该是"规划森林……，让树木自由成长"。让树木自由成长是方向，是目的，规划森林（实际上是规划这个生态系统）是第一步，接下来有很多事要做。土壤、阳光、气候、水分等必要条件要到位，并且有效协作发挥作用，这样树木才能自由成长。不能犯那种"想了就当做了，做了就当做到了，做到了就当达成目的了"的错误。当然，树木和必要条件会在过程中有互动，那是在生态系统已经启动，进入良性循环后的事。

（3）这句话描绘的是一个理想状态。严格地说，这种理想状态在企业这样的资源有限的经济组织里可以是追求，但不大会实现。是用来表示方向，激励士气的（励志的），好比北京国安队的"永远争第一"。这里隐含着有机组织和生态组织的区别，本文不做赘述。

3・架构

真正的共享经济，应该共享面包，
而不是面包屑。

——《经济奇点》
陈阳书摘

| 这些年设计圈飘过的那些词

29
有机组织没有上帝

陈阳 发布于 2016-03-03

前几天,读沃尔特·艾萨克森的《富兰克林传》,书中有个话题:上帝到底在多大程度上影响了世间万物?

清教徒们认为上帝无处不在,无所不能。而大多数自然神论者则相信上帝是通过设定自然规律来体现自己的意志而不是插手人间的每件事。

富兰克林认为有四种可能性:
(1)上帝的确是预先安排好万事万物,消除了任何自由意志的可能;
(2)上帝让事情根据自然法则和他所创造的人类的自由意志而发展;
(3)某些事物是上帝预先安排的,有些是自由发展的,上帝并不干预;
(4)上帝有时会根据自己的意志对事物进行干预,并消除那些因顺其自然而产生的人类无法控制的后果及其影响。

上述观点套用到管理上,大致对应四类管理者和管理思维。第一类管理者的理想是把企业打造成一架完美、精密的仪器,有些 ADU 学员就是带着这样的期待来上课的;第二类管理者可以被称为制度派,认为企业必须有一套合理、有效地制度。设计制度框架应该考虑员工的主观能动性,而员工的主观能动性也必须在制度范围内才有意义;第三类管理者比较开明,认识到前两种方法的局限性,把事情分成两部分,一部分按前两类管理方法,另一部分交给员工自由发挥;第四类管理者更开明,表面上无为而治，只在关键时刻出手挽救公司于水火之中。

从第一类到第四类，理论上说各有优劣，实践中大致对应从小到大的企业规模和产品复杂度，倒也不存在哪类方法更高级。

但是，且慢！大家注意到一个关键的前提——上帝——了吗？

这四类思维都预设了一个无所不能的管理上的上帝（一般是企业的创始人），区别是上帝站在哪里，前台、中台还是后台，成为显性或隐形的中心。确实，在大多数的时候，能创业成功的老板除了运气好，能力确实比员工强，自然成为创业公司的中心。问题是：创业者的能力究竟有多强？

这和人类社会之初的氏族社会相仿。那时候，族长是最有智慧的，大小事务都由他裁决，基本没错。面对恶劣的自然环境，这种方式下的族群生存概率是最高的，族人们在事物（世俗）上和精神（信仰）上都依赖族长。渐渐地，群落规模越来越大，从几十人增长到了成千上万，有了部落、部落国家，社群复杂度越来越高，塔尖上的那位管理者（族长、酋长、国王）越来越不可能洞察所有的情况，也无法保证所有事务性决策的英明。于是，世俗和信仰分离了，二元论产生了。上帝存在于信仰里，永远正确，不会犯错。世俗的领导者比普通人能力强，但不是神，大家都知道他可能会犯错。

政教一旦分离，上帝对个人和社会的影响就止于文化、道德层面了，不再直接干预俗世。

成功的创业者们都明白自己并非无所不能，随着企业规模增长和自身的成熟，他们往往转型为企业文化的代言人。也就是从政教合一的上帝转型为精神领袖。这里就不举例了，微信、微博上太多了。

那么，企业管理交给谁呢？其实，交给谁都不靠谱。既然现实管理中没有上帝，上面四类机械组织式的思维或多或少都有隐忧。不妨换个思路：把金字塔形、自上

| 这些年设计圈飘过的那些词

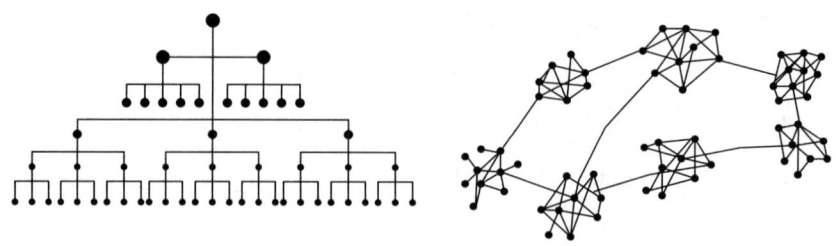

机械组织（左）、有机组织（右）

而下的单向机械组织转变为上下结合的双向有机组织。也有号称打造生态组织的，不过，我觉得这个词不太恰当。

实际上，这样的转变不仅是内部管理的需要，更是外部市场条件重大变化的需要。1.0 时代，供不应求的市场，企业面对问题清楚、答案也清楚的简单问题，机械组织的管理方式因为效率高成为最佳选择。2.0 时代，供过于求的市场，企业面对问题清楚、答案不清楚的复杂问题，适应性比效率更重要，这正是有机组织的特点。

未来几篇文章将聚焦有机·转型、发展、创业。

30
分层、异质

陈阳 发布于 2016-03-17

在两周前的"有机组织没有上帝"一文中，说明了在面对复杂经济问题时，我们不得不放弃对英雄人物——上帝的期待，把上阶段行之有效的机械组织转型为有机组织。本文要说明的是机械组织和有机组织在架构上的主要区别——分层、异质。

分层

"分层"中的层指的是组织达到一定规模后出现的管理层次（层级），常用的词如高层、中层、基层。中国政府组织有中央—省（自治区）—市—县—乡五个层次，大型房地产开发商有集团—区域公司—城市公司—项目公司四个层次。

但是，有机组织和机械组织的层在概念上有本质区别。

机械组织出现层次的出发点是管理幅度，依据的是资源维度。设计公司刚开始的时候，十几个人，七八条枪，都听老板的，老板是所有项目的项目经理，不需要中间层。发展到五六十人，还靠老板一个人指挥就不行了（个别精力超常的老板除外），解决方式有两个：一是找合伙人，横向分工，各管一摊，但是合伙人不好找，还有分家的隐患；二是设中间管理层，比如找三个所长，每个所长各领十几号人，老板顾不过来就只管所长，顾得过来就一杆子插到底，直接管项目。按第二种方式的思路，规模再大的话，就再加层级，所以大型设计院有总院—分院—所—室四个层次。如果有地域拓展，那么地方分支机构大致相当于分院或所一级的层次。

| 这些年设计圈飘过的那些词

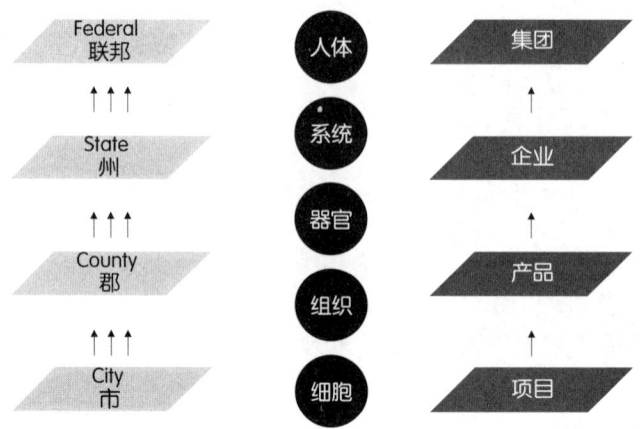

有机组织是自下而上发展起来的，依据的是业务成长维度。高层级的出现是为了发展出更高级的业务智慧，应对更复杂、更高级或者更有效率的事。如果发展不出更高级的智慧，有机组织无法扩大和维持规模。比如人体，由 40 万亿 ~60 万亿个细胞经细胞—组织—器官—系统—人等五个层级和智慧构成，也就是说，不经过这样的层级发展，那些细胞堆积不出"人"这样的高级生命。所以，有机组织的层级要应对不同层次的任务。这些任务大致有两类：一是业务的时间维度，短期—项目、中期—产品、长期—企业，二是支撑业务的流程和职能维度，如研发、市场、销售、运营、HR、财务、信息等等，这些职能需要依托不同的层级展开。显然，业务维度为主，职能维度为辅，因此自下而上应该是项目—产品—企业三个层级。更大的公司可能还需要集团层级，本文暂不讨论。从更大视野看，企业层之上是行业，行业之上是经济，经济之上是社会。

因为项目的短期特征，设计公司一般没有"项目"这个正式的组织层级（除特大特长项目），但并不妨碍项目是设计公司最基本业务活动的实质。而且，小微设计公司只有项目这个层级，也可以活得挺滋润。这些年，产品概念逐渐被设计公司接受，2016 年 3 月 6 日，在青岛的"企业有机转型和发展"论坛上，北洋设计的总经理郝彤按产品介绍公司，而不是按项目。CCDI 是第一个在设计公司引入产品层级的，"水立方"的成功不仅是项目层级的，也催生了体育事业部。不过，也有不少公司没太搞清楚"产品"和"资源"的区别，设立的所谓事业部是资源性质的，四不像，很难发展起来。笔者在咨询实践中已有这样的案例，纠正过来才有生机。

异质

分层的出发点不同，决定了有机组织和机械组织的层在构成上的差异。

机械组织是同质化的。一方面，同层的机构间是同质的，比如一个设计公司，下面有一、二、三、四所，接的活、干的活没什么区别，有时甚至所与所之间为一个项目掐架。现在市场形势不好，可能掐架的时候更多了。另一方面，不同层之间也大体同质。一些大院有个很有趣的现象，项目分为A、B、C三级，即院管项目、所管项目、常规项目，项目负责人由不同级别的领导担任。当然，多数设计公司老总是一线成长起来的，一等一的业务高手，干活没问题。表面上看，这些领导没有履行院长、所长应尽的管理职责，但实质上，因为机械组织的层级是为了解决领导们管理幅度的制约，并非为发展更高级的智慧，所以始终停留在项目层的思维。院管、所管、常规，终究是项目，哪怕再来个集团管，也是在螺丝壳里做道场。当然，这里的意思不是说当领导的完全不能参与项目，而是别忘了领导职务该干的事。

有机组织是异质的，表现在两个维度：竖向的层级之间，项目层、产品层、企业层面对不同的业务使命，并相互支撑；横向的同层机构之间也是异质的，而且应该是业务方向的异质。笔者在《白话设计公司战略》的 P57、P58 论述了为什么应以产品（而不是地域、客户，更不是资源管理幅度）为原则设立二级业务单元，这里不再赘述。

下篇文章谈大型机构有机转型的四步法。

| 这些年设计圈飘过的那些词

31
设计公司究竟是生态系统还是有机体

陈阳 发布于 2018-03-08

春节前发过一条微信——企业应该是有机体，而不是生态系统，这句没头没尾的话似乎把大伙搞糊涂了，所以写这篇文章表达一下我的想法。

生态和有机本是自然科学的概念，第一个系统性地用有机体的概念来说明人类社会的是 19 世纪英国哲学家斯宾塞。这里谈与企业管理相关的三点：转换、方向、连接。

1. 转换
生态系统和有机体在很多时候不是绝对概念，而是相对概念。相对大自然这个生态系统来说，人是有机体。但是，对于人体内的菌群来说，人体又是生态系统。在南美亚马逊河流域，一棵大树可能就是一个生态系统，一些动物终生不离开这棵树。

企业在经济圈中起起伏伏、生生死死，是典型的有机体，但对企业（尤其是大型企业）里的普通员工来说，组织内部就像一个生态圈，光有业务能力不行，还要懂企业政治，能建立多方位的有效连接，才有机会生存发展。

简言之，自上而下的视角看到的是各显神通的芸芸众生（有机体），自下而上的视角看到的是任凭风吹浪打、我自岿然不动的生态系统。

啊，这个感觉很爽哟！老板们应该都想要这种感觉吧。应了中国的那句老话"铁打的营盘,流水的兵"。问题是,一个企业能是铁打的营盘吗?

2. 方向

既然有机组织有可能转换成生态组织,为什么不试试呢?

若练此功,必先自宫!—— 葵花宝典的第一句。

且不说中国绝大多数企业是机械组织,离有机组织还很远;即便是有机组织,走向生态组织须革除掉欲念。

换句话说,生态系统是无欲无求的。生态系统是一种平衡,静静地呆在那里,没有"设计让生活更美好"之类的追求,有追求是有机体的事。一个想成为行业翘楚的公司怎么会是一个行业的生态系统呢?

"我想的不是行业生态系统,是想构建一个生态圈,能支持一帮专业上的牛人在我们这里发挥自己的才能。我做生态圈,别的公司也可以做生态圈,各生态圈之间相互竞争,看谁能吸引到更多的牛人。设计公司之间的竞争嘛,终究是人才竞争。"

兄弟,你想多了!读者们应该能看出,这位兄弟描述的充其量是披着生态圈外衣的有机组织(现实中,机械组织的可能性更大)。

"有机体应该有自己的理想、使命、追求,这一点没错,但是好难呐。尤其是设计公司,大家都有想法,要带领大家奔向一个有共识的方向,太难。如果能做成生态组织,公司不必提出使命、追求,内部各个团队各有想法、思路,发挥主观能动性,最后优胜劣汰,不是很好吗?"

嗯,想得挺美,不过有三点不知道这位兄弟想过没有?

第一,从生态系统内的有机体往上看,生态系统含有的资源近乎是无限的;反过来看,生态系统内的有机体数量也近乎是海量的。人体内的细菌有 1000 多个菌种,

| 这些年设计圈飘过的那些词

数量是人体细胞的 10 倍，而人体有 40 万亿~60 万亿个细胞；自然界中有数百万个物种，人类是其中最强大的；中国有上千万家工商注册的公司，小小的勘察设计行业也有几万家公司。一个企业能拥有的资源离生态系统很远、很远。

第二，就算企业够大、资源够丰富，就能构建生态系统吗？不能。IBM 有几十万员工，没听说 IBM 要构建生态系统；市值最高的苹果公司也不会把自己变成生态系统。为什么？

小企业羡慕大企业的资源优势，以为拥有这些资源就能从容淡定、稳坐泰山了。殊不知大有大的难处，大公司虽没有小公司的那些烦恼，但面临更大的问题。谁都想能利用更多的资源，但资源不是天生的，也不是天上掉下来的，而是企业在追求使命过程中吸引来的。因此，成功企业不得不持续挑战更高层次的使命。如果大公司放弃更高层次的追求，那么不仅吸引不到好资源（牛人），现有的资源也会渐渐消散。在设计行业，大公司应该挑战的是更有前瞻性、综合性、技术难度、复杂程度高的项目、产品，而不是抢小公司的饭碗。

2012 年初，Facebook 上市前，小扎给投资人发了一封公开信："让世界上每个人都相互联系，让每个人都能够发表自己的意见，为改造世界做出贡献是一个巨大的需求和机遇。" 2017 年初，小扎再次发表了六千字的宣言，阐述 Facebook 的新愿景——发展社会基础设施，让人们有能力建立一个为我们所有人服务的全球社区。

有机型的大公司里，有很多任务各异的团队，团队间有的是合作关系，有的是在尝试不同的产品。注意，有机组织的产品虽然各有特性，但都是为了同一个企业方向尝试不同的路径。也就是说，有路径差异，没有方向差异。

3. 连接
这第三点连接既重要也直观，所以单列出来说。
一个生态系统内，有海量的自主行为的有机体，以及由无机物构成的环境。有机体之间及有机体与环境间的物质和能量交换是维持生态系统动态平衡的关键。换个角度看,对有机体来说,如何解决与外部环境和其他有机体的交流是有机体成长发展的关键。

简言之,生态系统重在内部连接,有机体重在外部连接。

按照诺贝尔经济学奖得主科斯所言——企业存在的价值在于降低社会交易成本——来推演,企业的生命线是外部连接。这不是说企业的内部连接不重要,而是说内部的有效连接也是为了助力外部连接。

企业把自己当生态系统,难道是要自嗨?号称生态组织的公司没准就把功夫下错了地方,内部搞一堆复杂的流程、制度、表格,玩得挺嗨,客户不买账还是白搭。

能生存的企业都在一定程度上与外部环境进行了有效连接。为什么有些内部管理很烂的公司,也能活着,甚至活得还不错?因为它们的外部连接是有效的。而好企业的外部连接更有价值,影响面更广,内部也运转通畅。

ADU 这几年为什么强调产品对设计公司的重要性?因为产品是实现企业外部有效连接的最佳载体。

引申说一点,无论是生态系统的内部连接,还是有机体的外部连接,都是柔性连接,而不是机械体的刚性连接。比如流程,机械体的流程是自上而下规定的,基层员工必须严格执行;即便需要变更,也要把信息反馈给上级,上级决定是否变更,如何变更。生态组织和有机组织也有流程,但流程的作用不是指令,而是指导,是在员工不知道如何行动的时候给予指导;员工如果有更好的想法,可以按自己的想法尝试。

有朋友问,阿里、小米不是宣称建立生态系统吗?没错,淘宝这个产品是生态圈,但阿里是有机组织;小米生态圈算不算生态系统我没有研究过,但小米科技公司是有机组织是肯定的。

| 这些年设计圈飘过的那些词

　　还是谦卑一点吧,搞企业就尽自己的本份去做好。中国不缺热衷于错位给自己或他人戴高帽的。该是有机体的企业不必给自己穿生态的马甲,该是生态系统的社会也不必像有机组织一样提出对未来洞若观火的主张。

32
设计公司多大规模合适

陈阳 发布于 2016-08-04

能设计体育建筑的公司应该有多大规模？

能设计三甲医院的公司呢？

能设计 50 万平方米住宅区的设计公司的大致感觉是什么样？

那设计菜市场的公司呢？

这几个提问都是关于产品级别与企业规模是否匹配。

前些年一片红火的时候，常有人问我设计公司的最佳规模是多大。这两年问这个问题的人少了，大概是因为眼下日子不好过了，活下来都困难，更别提做大了。于是，有了另一个问题：设计公司最小规模是多小？

这两个问题都无法直接回答。好比问一个人应该多重？50 斤，100 斤，150 斤，还是 200 斤？没有答案，得看年龄、身高、性别、健康状况。同样道理，一个公司应该有什么规模，取决于它是干什么的。

1991 年诺贝尔经济学奖获得者科斯认为：企业存在的价值在于降低社会交易成本。这句话说明在市场经济条件下，产品级别与企业规模的匹配是经济规律。也就是大公司干大活，小公司干小活。2013 年我曾有机会旁听 AECOM 在香港召开的亚太区年度工作会议，这种规模企业的核心产品完全不是一般的民用建筑设计公司能接触到了。

企业规模大，指的是资源能力强，这当然是好事。不过，凡事往往有两面，资源能力强的另一面是管理成本高，或者说运营成本高。高成本必须有高收益来平衡，而高级别产品才能有高收益。

那么，如何判断设计行业的产品级别？

决定设计行业产品级别的主要因素有三个：

（1）技术的难度、复杂性、综合性。技术出身的设计师们最认可这一点。业内大家有基本共识的高级别产品（如超高层建筑、各类城市综合体、大型市政设施），要比低级别产品（如普通住宅、沿街商铺、标准厂房）在技术上要求高。

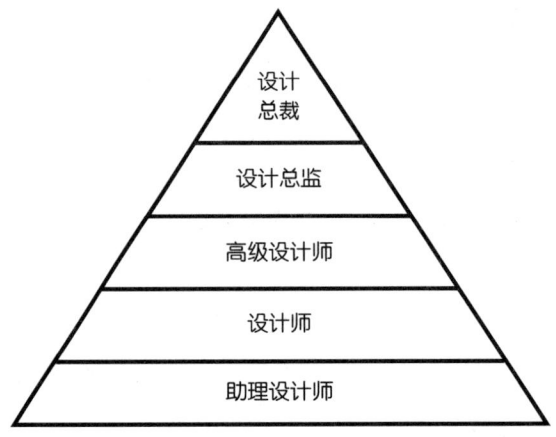

技术要求高，团队规模就要大。因为企业人才梯队基本都是金字塔型的，要想有高度，必须有宽度。

（2）边际成本。这一点可能设计师们没想过，但现实存在。这也是经济规律的特点，无时不在而你未必了解。

边际成本指的是同一产品系中，每一个新增项目带来的生产成本的增量。比如，仅生产 1 瓶矿泉水的成本是极高的，而生产第 1 万瓶的成本就很低了，生产第 1 亿瓶的成本近乎零。设计类产品的边际成本不可能趋于零，但也有边际成本随数量增

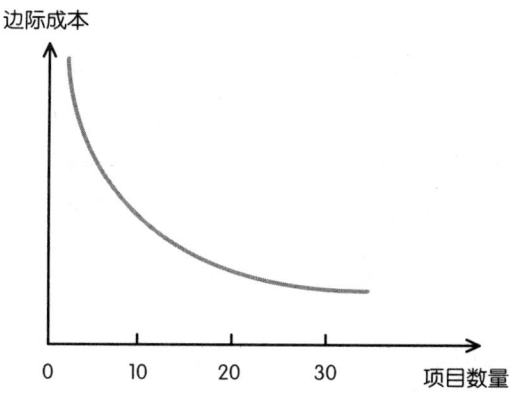

加逐渐下降的趋势。CCDI 的体育事业部在"水立方"这个项目上是亏本的,但积累了经验、技术、品牌等价值,使后续项目的边际成本越来越低。所以,一年设计 2 所医院和 20 所医院的业务模式应该有区别,前者是项目层级的模式,后者是产品层级的模式。

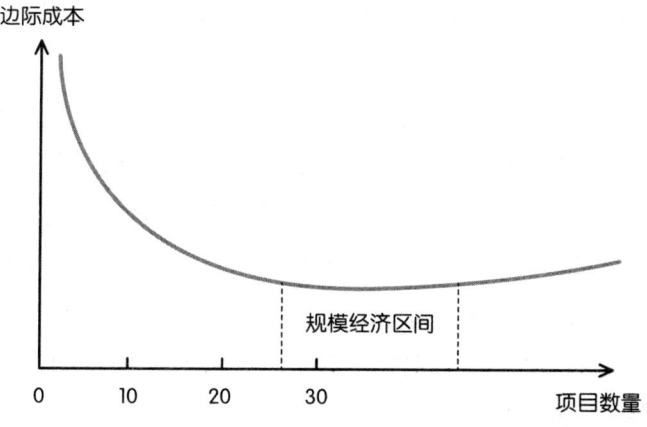

边际成本递减的规律不是无限的,项目数量达到一定量级之后,边际成本不再递减,甚至有可能上升。这就是该产品所对应的企业规模上限。高于或低于这个区间,企业都没有成本优势。

(3)供应链管理的效率。前两条适合 B2B 业务,这一条适用于 B2C 业务。B2C 业务的一般特征是单小量大,比如家装公司,一单活只有 10 万元,一年上千单。

产品级别与企业规模的关系是动态的。没办法,这年头搞企业就得一直折腾,和老祖宗一门手艺管几辈子不一样。动态的意思有两层,一是规模与产品之间必须

| 这些年设计圈飘过的那些词

保持动态平衡；二是不进则退，尤其在互联网时代，社会化平台支持小公司干原先大公司才能干的活。比如，美军前沿的三人战斗小组能完成以前连级，甚至营级战斗任务，因为有信息化条件下的强大作战后台支持。也就是说，现在一个200人公司的产品，未来可能只需要70人、30人就可以了。所以，维持现有规模也得提升产品级别！

那怎么提升产品级别呢？来听听课吧，哈哈。

举两个例子吧：

（1）还记得本篇第一个问题——能把体育建筑设计好的公司应该有多大规模？我的答案是一千人左右吧，支持这个规模的是技术高度和边际成本递减的规律，体育事业部应该是公司下属的一个业务单元。不知你的感觉和我的是否接近。

假设这个公司现在扩张到四五千人，体育场馆建筑设计这个产品的级别似乎有些低了，如何升级？以CCDI体育事业部为例，他们冲上这个山头的有效影响是在建筑设计中考虑赛后运营，因为中国大多数体育场馆亏损严重，硬件设施是问题之一。顺着这个思路，CCDI的体育事业部可以利用丰富的设计经验，涉足既有亏损场馆的改造，并进行产业链延伸，包括现状分析、商业策划、改造设计、施工管理、招商运营，甚至资本运作。这样的产业型产品既提升了级别，又符合CCDI上市，从生产型公司转型为产业型公司的需要。

最近听说，已有公司用这种玩法进军存量体育建筑的改造领域。

产业链延伸是产品升级的重要方法之一。不过，不是所有产品都能进行产业链延伸的。而且，产业链延伸不是让建筑师们变成策划师、施工经理或运营经理，而是要融合产业链上的其他团队，这个融合的过程很难，很难，很难！大多数公司是搞不定的。所以，多数人还是种好自己的一亩三分地为上，别把公司搞大过头了反而骑虎难下。

（2）泛建筑类公司中，园林类的上市公司数量最多，比如东方园林、棕榈园林等等。核心产品有楼盘景观、城市公园、文旅、生态技术等（这里且不谈技术型公司）。可以判定的是：楼盘景观和城市公园这类产品是这些公司早期发展、上市的基础，而现在，作为几十亿元、上百亿元市值的上市公司，这类产品的级别早已不够了。

咋办？前面刚谈过的产业链延伸的方法似乎不适用。

美国东部有条南北贯穿14个州的阿巴拉契亚小道，全长2150英里，业主是美国森林署。1922年10月，修筑阿巴拉契亚小道的建议刊登在《美国建筑师协会会刊》上，1937年8月14日正式竣工。1948年，第一位全程徒步者用时123天。截至20世纪末，约有4000人走完全程，最短的用时52天9小时，最长的用时46年（分段行走），其中最年长者80多岁。

阿巴拉契亚小道就是国家级绿道，美国的国家级绿道不止一条。另外还有州级、郡县级。我女儿曾经利用周末的时间走过一段加州的州级绿道。

绿道这个概念及相关需求在中国逐渐开始被接受，以徒步为主题的休闲体验场所非常稀缺。当然，中国式绿道不是照搬国外的，需要根据自己的文化、消费习惯、心理等因素来设计、开发。比如，美国绿道沿线的服务设施不多，徒步的人以露营为主，而中国可能需要每20公里设一个服务区（就像高速公路一样），既有露营地，也有客栈、医务所、餐厅等设施；美国的线路基本是非人工化的自然形态，中国的线路可以分三级，探险级（自然形态）、风光级（半自然、半人工）、舒适级（人工形态为主）。

我的家乡安徽合肥是国内唯一拥有五大淡水湖之一——巢湖的城市，我去过几次巢湖，显然，环湖的规划、建设还在初期阶段，很多资源没有有效利用起来，好在还没有被破坏。建设市一级的绿道系统是否是思路之一呢？如果按照市场化模式，什么规模的公司可以运作这样级别的项目呢？

再往大说，高铁有八纵八横，国家级绿道是不是也可以有八纵八横？当然，饭

| 这些年设计圈飘过的那些词

要一口一口地吃,绿道先从市一级起步,规划、建设、运营,比如环巢湖 200 公里休闲绿道;市一级绿道多了,连起来成省一级;有了省级绿道,国家级就不是问题了。

再回到园林类上市公司,是不是可以把绿道系统作为一个升级产品?这个产品如果成功的话,完全可以分拆出另一个上市公司。这个公司应该有多大规模呢?可能比现有的园林上市公司都要大。

3·架构

对美的追求是一种个性化的体验和感受,所以,大师(以及奔向大师)的设计工作室、事务所规模都不大,也没必要大。

规模越大的设计公司,越应该在产品的经济、技术、产业等要素上下功夫。

——ADU咨询首席顾问
陈阳

| 这些年设计圈飘过的那些词

33
异地怎么恋 —— 设计公司靠什么开分公司

陈阳 发布于 2017-07-27

前几年行情不好，设计公司大多是谨慎收缩的姿势。近一年市场转暖，一些公司又动了扩地盘的念头。

公司在本地立足后，寻求异地扩张是一种本能。我可以算是中国民营设计公司第一波异地拓展的亲历者，2003年春节刚过，按照当时CCDI总经理单增亮的说法：正月初八，陈阳开着他那辆两厢夏利从深圳出发奔向上海。

第一波设计公司异地拓展的起因一般有三：

（1）源于老客户需求。获得初步成功的设计公司都有长期合作的大客户（地产公司），当这些客户跨地域发展的时候，设计公司就有机会跟随他们的脚步去拓展地域。CCDI在上海设点的原因之一就是当时在深圳起家的万科、金地等大客户在上海的发展。GENSLER的全球发展也是遵循此道。

（2）源于设计资源。2002年底，CCDI在北京有了分支机构。CCDI的老板单增亮、赵晓军都是天大建筑系毕业的，他们的同学李志立当时在北京开着一家小设计公司，20多人。三人一商量，不如兵合一处，于是就有了CCDI北京公司。

（3）源于产品优势。正宗的外企打开中国（异地）市场，靠的是产品。KPF、

SOM、GENSLER、WATG等，都有自己明确的产品方向，不是什么活都接。

2004 年，CCDI 上海公司入围黄浦区体育中心设计招标，并最终中标。那时，上海公司刚刚设立，在客户和设计资源上远不如本地大院，如果没有以中标"水立方"为支点的 CCDI 体育建筑设计的产品影响力，我们连入围的资格都没有。

实战中，上述三个因素都会发挥不同程度的作用。

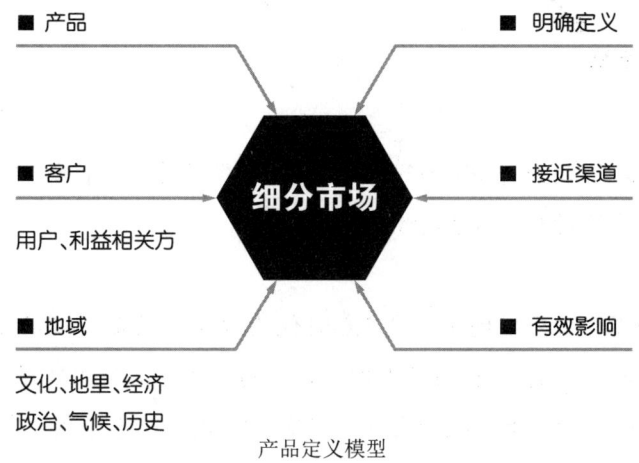

产品定义模型

上图是 ADU 的产品定义模型，左边的产品（狭义）、客户、地域是产品（广义）定义三要素。成功企业在这三要素上是有相对优势的。异地拓展，意味着放弃其中的本土地域优势，对新地方的政策、技术、人脉、历史、文化、气候等等都不了解。在这种情况下，靠什么和当地企业竞争呢？

没有地域优势，还有另外两个因素——产品、客户。前面总结的三个起因中，第一个是客户，第三个是产品。

那么，第二个的"设计资源"是啥情况？

| 这些年设计圈飘过的那些词

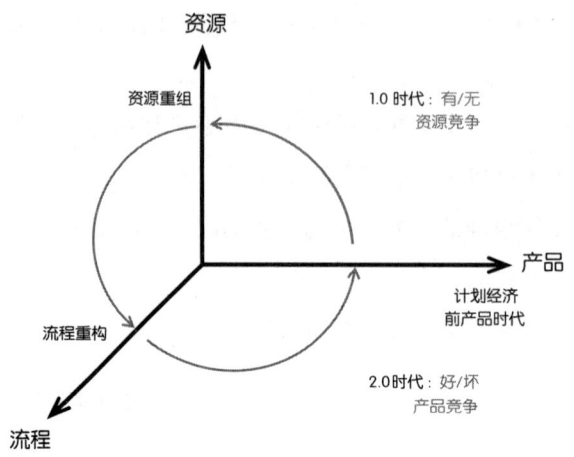

上图用 ADU 的资源—流程—产品三轴理论解释了过去三十多年的两个经济阶段（延伸阅读可参看笔者的《白话设计公司战略》）。

靠"设计资源"进行异地拓展是 1.0 时代的阶段性现象。1.0 时代，供不应求，面对的是有 / 无问题，资源竞争；2.0 时代，供过于求，面对的是好 / 坏问题，产品竞争。前面我列举了第一波异地拓展的三个起因，但实际上中国民营设计公司主要靠的是前两个——客户、设计资源，而客户也应该归为资源轴。也就是说，1.0 时代，设计公司靠资源优势支撑异地开拓。

靠资源起头可以，长期下去就危险了。老客户资源使分公司立足阶段有活源，是好事，但要站稳脚跟必须能拓展出当地的新客户；有设计资源在 1.0 时代更是好事，但是时间长了，天下是地方团队自己打下来的，没准他们就想闹独立，或者实质上慢慢变成挂靠。

中国有一二三四线城市之分，背后实际上是城市间资源能力的差异。所以，我们能看到一个现象：在 1.0 时代，有些在低级别城市获得成功的设计公司，比如浙江、江苏，甚至安徽的设计公司，为提升公司的行业地位，到上海设立分支机构或另创一个品牌，但成功率不高；而在一线城市知名的设计企业，到二线城市开分公司，成功率会高一些。为什么？高维城市对低维城市，有资源优势。

难道二三线城市的设计公司就没有机会了吗？

不是，在产品竞争的 2.0 时代，二三线设计公司是有机会的。机会不在资源，而在产品。所以，要先把产品锻造出来！

上个月在重庆，有幸认识了人称火锅王子的夏刚。他们公司累计设计了 4000 家重庆火锅店，业务遍及全球，每年在海外的项目有几十个，设计师们轮流出国。迪拜就有 13 家他们设计的火锅店。

2010 年，华东城建 ECUC 是一家不到 100 人的上海设计公司。虽然规模不大，但核心产品——文教建筑设计——是有一定知名度的。那年年底，ECUC 决定拓展北方市场，设立了北京公司。从上海派到北京的只是两个不到 30 岁的小伙子，但他们很快站稳了脚跟。成功的背后，除了他们的能力、奋斗，公司在文教产品的品牌、技术优势和营销、人力资源等管理平台的支持很重要。

ADU 的学员中，已有不少小公司靠产品强把业务扩展到全国，比如重庆的蓝调（山地景观）、北京的阿普贝思（雨水花园）、天津的赛拉维（模块化装修）、上海的力本（文教建筑）。他们现在还没有开异地分公司，将来，只要市场需要、资源匹配，他们设立分公司的成功率会高很多。

对设计公司来说，做强是第一位的。在 1.0 时代，规模大也算是一种强，因此摊大饼式的增长也有一席之地。在 2.0 时代，强是因，大是果。只强不大的设计公司很好，先强后大的公司走正道，一味求大的公司在狂想，先大后强是幻想。

| 这些年设计圈飘过的那些词

34
一场饭局上的建筑师

陈阳 发布于 2018-05-23

前段时间赶上了一场饭局，席间的几位建筑师颇有点代表性。

A 君
江湖建筑师

A 君，可谓是江湖建筑师。这场饭局因为有他，谈资的历史纵深和社会广度拉得相当开。江湖建筑师都是老江湖，至少 20 年以上的从业经验，什么事都经历过，什么人都认识，可谓 1.0 时代的特种兵。他们一般是方案枪手出身，早年行情好、干活顺的时候，挣了不少快钱。他们时不时会出些惊世骇俗的概念，类似"在喜马拉雅山炸开一个几十公里宽的山口，让温暖湿润的印度洋季风吹进青藏高原，把不毛之地变成鱼米之乡"。

不过，长期当快枪手使他们的职业认知和技术功底都落伍了，2.0 时代的到来使他们的短板越加凸显。有些江湖建筑师做过归队（到正规设计公司工作）的尝试，不过已经难以适应设计院的团队工作方式了。加盟某个平台型公司是否有助于江湖建筑师摆脱这一困境？

B君
西式职业建筑师

B君，西式职业建筑师。就读于欧美名牌大学建筑系，毕业后在大牌外企设计公司（事务所）工作，随着公司在中国项目越来越多，他被派到中国组建中国代表处。能在知名外企晋升到中层岗位的华裔建筑师们，都有很好的职业素养、气质、谈吐和专业功底，再加上没有文化理解上的障碍，他们是2.0时代中国市场颇有竞争力的一类建筑师。

不过对40岁上下的他们来说，下一步怎么走是个问题。继续在外企干没问题，可有点不甘心，一来几乎已没有上升空间了，二来跳出来可能多挣好几倍的钱。想跳出来的话，也有几种选择：自己（或者合伙）开事务所虽然有自主权，不过对市场似乎有点没底；到一家现有的设计公司当合伙人比较稳妥，但企业文化和工作方式的磨合也是有风险的；有没有可能既有自主权，又能得到一定的支持？比如加盟某个平台型公司。

C君
本土职业建筑师

C君，本土职业建筑师。在两家民营公司工作过，都是市场上有一定知名度的设计公司。十几年的从业经验，从"小土豆"到专业负责人再到项目经理，现在带着十几人的团队。席间的几位建筑师中，C君是最接中国市场地气的，上能搞定甲方，下能带好团队。

不过，打工终究不是长久之计，30多岁的C君的下一步该怎么走？好几家设计公司在高薪挖他；去地产公司也是一个选项；也有人鼓动C君创业，他似乎比A君、B君更有条件。不过，C君对技术之外的市场、管理还有点没底，如果没有合适的合伙人，他还是不敢迈出这一步。要是有办法规避这一点就好了，比如加盟某个平台型公司？

D君
海归

D君是年龄最小的，还不到30岁，海归。本科在国内读的建筑学，毕业后在民企设计公司干过几年，前两年去美国一个名校读了硕士，现在正是血气方刚、充满理想的状态。

D君正琢磨着开自己的工作室，但听说不少建筑工作室在生死线上挣扎，国内的资质管理、营商环境对小微企业也不怎么有利。D君倒不怕吃苦，也不求短期挣多少钱，反正光脚不怕穿鞋的，大不了干不下去再找家公司打工，D君怕的是没有机会施展自己。如果能有一个平台支持自己的工作室，情况会不会好些？

我参加过不少建筑师的聚会，但A、B、C、D四类建筑师能凑在一张桌子上的机会很少。看到这里，想必读者们都知道他们是为了那个"平台"来到这张餐桌的。

E 君
建筑公司创始人

组这场饭局的 E 君也是建筑师，年纪比上述四位都大。E 君是 60 后，20 年前和几位同学创业至今。公司现在有几百号人，算不上成功，但也不至于落伍，不上不下的位置。最近几年，内外部环境变幻莫测，再按 1.0 时代的玩法是搞不下去的，管理思维、顶层设计、组织架构、产品研究等等都是迫在眉睫的事。但是，几位创始人岁数都大了，拼不动了，二次创业不容易。

这两年，设计圈引进了不少其他行业的大词，比如转型升级、平台化、生态圈、事业合伙人、阿米巴等等。E 君考虑的是：是不是可以转变成平台型公司？这样既可以给自己辛苦创立的公司（以及几位创始人）有个交代，也可以扶持有志向的建筑师们。据说行业内已经有好几家公司在进行这样的尝试，E 君组这场局就是想听听 A、B、C、D 这四位有潜在加盟意向的事业合伙人的想法。

局中我没说什么话，因为实在不知道说什么好。能说的、该说的，我都在之前的几篇文章中说过了。

很多表面上看起来多赢的设想是因为我们没看透。对绝大多数设计公司来说，所谓商业模式创新不是捷径。商业上本也没有什么捷径，大多数戏剧化的商业成功故事是事后"总结"出来的。

最后声明，上述场景描述属于笔者构想，如有雷同纯属巧合。

| 这些年设计圈飘过的那些词

学习标杆企业是为了促进自己的思考,而不是照猫画虎。

——ADU咨询首席顾问
陈阳

4 合伙制

合伙人 \ 资合 \ 人合 \ 中式合伙 \ 合伙制改造 \ 过程 \ 结果 \ 标准 \ 评估 \ 转型 \ 有限公司合伙制 \ 框架 \ 取经 \ 分红 \ 资格 \ 改革 \ 自下而上 \ 自上而下

35
最熟悉的陌生人——合伙人

陈阳 发布于 2017-06-01

这些年和我探讨过合伙机制的公司不少,最典型的话题背景有三种:

(1)公司关键合伙人之间有矛盾,表现在战略、业务方向、文化、管理方式等方面,搞得员工有时无所适从。

这涉及合伙人的标准、沟通、决策机制等。

(2)公司的创始合伙人在发展过程中,把几位核心骨干提拔为分红合伙人(享有一定比例的分红权,但不出资)。接下来的几年,这几位分红合伙人的成长有快有慢,慢的甚至在技术上快要被三十岁左右的后起之秀追上了。这怎么办?

合伙人资格应该是动态而不是固化的。这一点也正是合伙制企业相对于有限责任公司的特点之一。

(3)第一代民营设计公司是二十年前创业的,创始人现在大多五十岁上下,还有五到十年就要退出管理一线,该如何交接?目前能看到两种顶层设计的外部化解决方案,一是上市,二是被收购。但显然,大家不可能都走这条路。合伙制会不会是一个有效的内部解决方案?

"资合"指的是资本的合作，出资人以出资为条件，个人的声望、信用与公司信用无关。资合的组织形式是有限责任公司或股份有限公司，法律上有《公司法》。而建筑师、律师、会计师事务所等合伙企业虽然也需要初始投资，但重要的是"人合"。人合是以个人为信用基础而组成的经济组织。重点不是组织自身的资本或资产状况，而是合伙人的信用状况。法律上有《合伙企业法》。

上面三个话题涉及到的合伙制基本运作及有限公司合伙制改造方案，可参阅拙作《白话设计公司战略》第三章"顶层设计"。

当然，还有人想通过合伙人机制吸纳新的骨干力量。我想，把前面三个问题搞明白了，吸纳新人自然不是问题。

早在公元前18世纪古巴比伦的《汉谟拉比法典》中，已有关于合伙的法律条文，所以合伙是非常古老的一种经济合作方式。那么，人与人之间究竟合的是什么？

参照 ADU 资源—流程—产品三轴理论，人合有三个层次。所谓什么样的人干什么样的事，一个企业是怎样的价值取向，自然通过产品这个载体表达出来，所以产品与价值观有对应关系。

最佳的人合显然是这三个层次都契合。可是，哪有那么多顺顺当当的事。能谈到合伙，相互间肯定已有一定了解，合伙人之间该如何求同存异？

资源层次的合作是初级阶段的合作，追求互补或强化。这方面的能力是显性的，考察也容易。比如一个建筑师的水平如何，上一两个项目就有数了。

| 这些年设计圈飘过的那些词

流程层次的合作在管理上表现为制度、体系、方法等内容，要的是理解和认可。这类合作是否合拍不是短时间就有答案的，很多公司聘用中高层的职业经理人就是希望他们能带来一种方法，梳理公司的流程。

产品层次的合作寻求的是共识。价值观往往给人说不清道不明的感觉，什么理想、文化、使命等等，大多是贴在墙上挂在嘴边又做不到的。但是正如乔布斯评论苹果曾经的 CEO 斯卡利时说的："动力来自产品，而不是利润。斯卡利本末倒置，把赚钱当成了目标。这只是个微妙的差别，但其结果却会影响每一件事：你聘用谁，提拔谁，会议上讨论什么事情。"价值观上有没有共识不是谈出来的，而是在日常的点滴中感知，然后通过沟通提炼出来，再映射到工作协同中，以达成更高的默契，如此循环往复。

这么说来，合伙人很难得。确实，幸福的家庭好找，默契的合伙人难得。

好在实践中，潜在的合伙人不是天上掉下来的，往往都是在公司一步步干起来的，资源、流程方面基本没有太大问题，关键是别忽视价值观。对那些能力很强但价值观有隔阂的员工，不妨多发工资、奖金，但不要轻易发展成合伙人。

中国文化也貌似是讲究人合的，熟人社会，人对了什么都好说。只不过，这个"对"是建立在诸如血缘、同学、同乡、种族、习俗等客观因素上，是集体主义的一种表达。而建立在个人价值观共识基础上的合伙，本质是个人主义。

最近看了一本书《文明的变迁：巴黎1896·寻找李鸿章》，作者边芹。当年李鸿章 70 多岁，在巴黎住酒店，有个仆人晚上就睡在中堂大人客房门口的走廊上，随时听令服侍。而法国人却误以为这仆人是奴隶。作者借此提到中国文化的"无界"特征，社会有等级而无界，横向纵向都无界。比如一人得道，鸡犬升天；只要关系好，你的是我的，我的也是你的；还有父债子偿。而在西方现代社会，每个人在各种（家庭、经济、政治等）关系中的责权利是有边界的。

无界应该是中国文化的基因之一（道金斯将文化基因称为"模因"），有不好的一面，比如利益相关方太多；也有好的一面，比如更有人情味。中式合伙不仅在事业上要志同道合、能力相当并相辅相成，还要超越事业边界。西方的合伙人可以把工作与生活分开，中式合伙人不行。

八卦一下，上周AlphaGo战胜柯洁，有报道说马云认为搞AlphaGo没多大意思，下棋本来的乐趣就是对方下一步臭棋，搞一把，现在对方臭棋也不下了，有什么意思呢。对此，聂卫平回应："马云是干什么的？他说说自己的行业还行，围棋他不懂。"有网友评论：有钱的以为自己什么都懂。这也是无界文化的表现吧。

有人说，哪有这么麻烦，事先把合伙协议谈清楚不就行了？还真就不行，合伙协议约束的是行为，不能保障共识。

合伙难，中式合伙更难。不过，换个角度看，机会就在这里了。

| 这些年设计圈飘过的那些词

36
合伙制改造——过程复杂、结果简单的事

陈阳 发布于 2018-03-29

最近三五个月,多家设计公司和我谈到合伙制改造方面的事。触发这些公司考虑合伙制改造的原因各不相同:有的是创始人年纪大了,管理层开始交接班;有的是为解决核心人才的薪酬、头衔问题;有的是为吸引新合伙人加盟;甚至有敢想的,指望合伙制能搞出一个平台型公司。

我在《白话设计公司战略》的第三章"顶层设计"中提出了适合中国设计公司的"有限公司合伙制"改造模式。重庆蓝调景观设计公司大概是按照这种模式第一个吃螃蟹的,我在去年7月的《隔壁大张的合伙制改造》一文中对这个案例有介绍。

既然是合伙制改造,就不是从0到1,而是为从1到N进行的公司顶层治理结构的重大调整。所以,改制的过程应该不简单。改制后,按新的游戏规则办,运转起来反倒简单。

不过,在我的咨询过程中,发现有三种心态居多。

1. 认为"过程简单,结果简单"

细聊下来,这些人说的合伙制是伪合伙制,实际上是创始人打算给几位核心骨干分享一些利润。有的以非正式的分红形式,有的以正式的股权转让方式(骨干们象征性地掏些钱,递个投名状)。总的来说,公司的决策机制没变,确实是件挺简

单的事。

那为啥要用合伙制的名义干股改之事呢？大概是合伙人这个词好听吧，就像以前见过一张副处长名片，后面注明正处级。

真正的合伙人，不仅是对内对外的身份认可，也不限于分享企业经济收益（风险），更重要的是分权。合伙制改造，要从有限公司的大股东说了算，转变成合伙人大会说了算。

为什么这些创始人愿意和大家分钱，但不打算分权呢？因为创始人心里清楚，这些骨干们还没有达到合伙人的能力。

既然如此，就别冒用合伙制改造的名分，以免各人理解不同，无端惹麻烦，还有可能给将来真正的合伙制改造制造障碍。

其实大家都不傻，心里有数，这就是为什么很多骨干只要分红不要股份的原因。

2. 认为"过程简单，结果复杂"

有这类想法的创始人不少。他们知道合伙制改造意味着公司治理结构的转变，对改制后的公司很是忧虑，对群体决策信心不足，担心合伙人大会把路带歪了。至于改制过程，他们认为很简单，请律师把法律文件做完善了，到相关部门备案就可以了。

先提个问题：合伙人数量与员工总数的比例多少合适？

一般而言，3%~5%为宜。如果公司处于高速增长期，比例可以适当放大到5%~8%。超过这个比例，有两种情况：一是合伙人准入门槛太低，二是创始人能力不足。

对有些公司来说，这个比例一下子就说明了改制过程的复杂性。设计公司的员

| 这些年设计圈飘过的那些词

工中,核心骨干大约有 15%~20%,从中选出 3%~5% 的合伙人,当然不容易。搞不好,会有没选上合伙人的骨干离职。关键是什么样的人可以是合伙人?

合伙人对企业的价值重在中长期,而不是短期。具体到个人,可以这样想一想:少了他(她),你觉得是长痛(缺胳膊少腿)还是短痛(高烧40℃)?短痛一般是钱能搞定的,多发点奖金,或者少接几个项目;长痛则意味着公司不得不进行一些战略性调整,如退出某一市场,调整组织架构。

能力之外,志同道合、价值观认同对合伙人团队更重要。设计圈里有些一起创业成功兄弟,几年乃至十几年后分道扬镳,不是硬件(能力)不够,而是软件(价值观)不匹配。当然,谁也不能保证一起走那么远,但三五年应该心里有底吧。

当然,选合伙人对有些公司不算太难,因为他们已经在多年的运作中形成了一个领导核心团队。但是,确定合伙人人选只是第一步,下一步要拿出与合伙制改造同步实施公司管理转型方案,如领导风格、业务思维、管理模式的转变。大多数创始人没有想到需要进行这样的调整,但交流下来就发现,旧瓶(原来的管理模式)未必能装新酒(合伙制)。

领导风格转变,指的是从强人(创始人)型领导转为合作型领导。有些事创始人能轻松搞定,而新上来的合伙人没有创始人那样的威望和影响力,可能就搞不定。设计公司也玩不起一朝天子一朝臣的把戏。合伙制支持的是合作型领导。为此,公司架构可能需要一些调整。

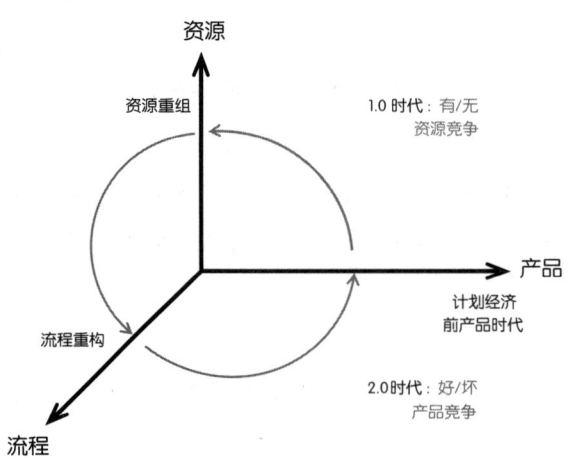

业务思维转变指的是从项目层思维提升到产品层思维。与这一思维转变呼应的是产品团队（事业部）的出现。

对有些公司来说，还需要有管理模式的转变，即从各自为战的利润中心模式转为协同作战的成本中心模式。

3．另类的"过程复杂，结果简单"

也有人把改制过程设想得挺复杂，不过，功夫下错了地方。

他们关注的是：合伙制管理会不会导致官僚化、决策效率低、合伙人吃大锅饭？如果能在改制的时候推出一个合伙人的量化评估机制（就像一个数学方程式），应该就能避免这个问题吧。

这个问题提得很好，但解题思路偏了。

合伙人资格不存在所谓量化的客观标准（达到某些指标就自动成为合伙人），就像夫妻一样，不存在另一半的客观标准。

当然，合伙人也必须达到一些基本条件，比如必须在公司工作若干年。我不建议为吸引高端人才加盟，直接将其吸纳为正式合伙人，这样没有恋爱过程磨合的闪婚，风险很大，在员工们看来也不严肃、不公平。

没有定量标准，定性要求还是有的，因为合伙人团队将带领公司走向未来。比如一家公司的 5 年愿景是成为华东地区某类设计产品的老大，那么其最高级别的合伙人应该是这个领域的权威（定性要求）。如果现在没有人能达到这个要求，不妨让最高级别的合伙人空缺，达到了再晋升。

对合伙人该如何评估？

与合伙人准入没有定量指标一样，合伙人评估也不能依赖量化指标。不是说不

| 这些年设计圈飘过的那些词

应该用一些数字来反映合伙人的成果与贡献,而是说仅有数字是不够的。比如如何对一位负责拓展新领域,预期将在未来几年带来收益的产品合伙人进行量化考核?如何量化评价一位在支点项目(十年后公司作品集的首页仍是这个项目)中发挥决定性作用的资源合伙人?量化指标的特点是短期导向,适于对初级员工的考核,难以评价对公司有中长期价值的合伙人行为。

对合伙人的评估有两个层次:短期的工作考核和长期的合伙人价值评价。两者高度相关但不可替代。

短期考核一般以年度为周期,是公司绩效管理体系的组成部分,考核结果影响的是各合伙人的年度绩效奖金;长期评价大致以两到四年为周期(小公司周期短,大公司周期长),评价的是合伙人的战略性贡献,评价结果与合伙人的等级升降相关。

用有机组织的视角来看的话,可以把合伙制改造视为从机械组织转型为有机组织的契机。

机械组织是刚性的,有机组织则刚柔并济。本文提到的领导风格、业务思维、管理模式的转变,以及非量化的合伙人评估,都是在试图给企业增加柔性。理解了这一点,就明白改制的结果为什么可以很简单。

37
隔壁大张的合伙制改造

陈阳 发布于 2017-07-13

大张总说的是重庆蓝调城市景观规划设计有限公司（后简称蓝调）的创始人张坪。之所以被称为大张总，是因为公司总经理也姓张——张勇，张勇被称为小张总。

近两年，蓝调的业绩增速极高。公司现有 120 多名员工，比 4 年前增加了 50%。2017 年上半年收入比 2013 年全年收入还多 50%，今年前 5 个月已经完成全年新签合同额计划，而且销售漏斗比例达到 1∶4（即在 4 个项目信息中选择 1 个项目签合同）。

业绩高涨的原因一方面有行情转好的外因，更有 4 年前启动的管理转型成功的内因。

转型的背景

2013 年，大张总面临一个哈姆雷特式的选择：蓝调公司继续开下去还是关门歇业。那年的市场行情一般，但也不至于使公司办不下去，触发大张总思考的是"人心散了，队伍不好带了"。甚至有核心骨干在外已自己注册了公司，随时可能另立山头。

对 60 后的大张总来说，公司不开也行。个人已实现财务自由；设计公司的高强度、快节奏对从业 30 年的大张总来说，也开始有点力不从心；再说，自己向往的休闲生活总不能到跑不动的时候才开始吧。

| 这些年设计圈飘过的那些词

当时的蓝调有 80 多人,底子很好,关门肯定不甘心,也太可惜。更重要的是,大家对公司有期待,希望能有一次管理转型。大张总心里清楚,转型的举措之一是把公司交给年轻人。但怎么交,并不好办。交班不顺利的话,公司还是办不下去。按照习惯思维,交班就是找个接班人,扶上马再送一程。总经理张勇(小张总)是那个接班人。头衔之外,小张总和几位核心骨干还能分享年终的分红。这样算交班了吗?

有限公司合伙制的框架

蓝调与 ADU 的交集始于 2013 年 8 月,蓝调的四位核心骨干参加的 ADU 第一期设计公司实战管理训练营。

之后,ADU 以顾问咨询的方式帮助蓝调进行管理转型,其中的关键内容之一是顶层架构的合伙制改造。

早在 2010 年,蓝调就考虑过合伙制改造。但既没有讨论透彻,也没有规范的措施,只是大张总口头上承诺一些条件并兑现。直到与 ADU 合作后,蓝调的合伙制改造才步入正轨,越来越规范,并确立了法律地位。

蓝调的合伙制改造,大致是参照笔者《白话设计公司战略》第三章"顶层设计"中有限公司合伙制的改造构想,有兴趣的读者可参阅。

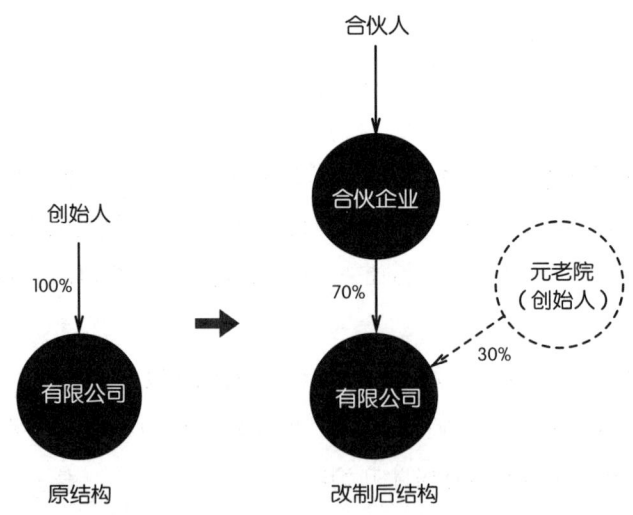

改制前，大张总几乎持有公司所有的股权；改制后，蓝调有两个股东：占70%股权的合伙企业及占30%股权的"元老院"。合伙企业里合伙人就是蓝调公司的合伙人，所以这个合伙企业的本质是持股机构。"元老院"是为创始人大张总特设的阶段性机构，为表达他为蓝调从0到1做出的特殊历史贡献。但这个股权不能继承，在大张总65岁时，这30%的股权将归合伙企业所有。

更重要的是，这个架构使公司的决策权从创始人一个人说了算，转变为合伙人集体决策。

"有限公司合伙制"在有限责任公司的框架里嵌入了合伙制的治理机制，既规避了合伙企业无限责任的经营风险，也保证了合伙制在人合的智力型组织的实施。

取经

2017年6月29日上午，一批ADU学员组团到蓝调取经。交流会上，大张总和他的合伙人团队毫无保留地介绍了他们的经验。

（1）设计公司应保持轻资产的特征。蓝调改制前在公司名下有一些资产（主要是房产），改制的时候剥离出去，归那时的股东（即大张总）所有。公司可以继续使用现在的办公场所，向房东支付办公室房租。

（2）合伙人的权益不可继承。人合的组织与资合的组织在这一点上有本质区别。蓝调的合伙人协议规定，合伙人（包括创始合伙人大张总）到65岁必须退出合伙人队伍。

（3）蓝调目前设四级合伙人，一、二、三级是正式合伙人，四级是准合伙人。现有一级合伙人1人，二、三、四级合伙人各2人。从一级到四级，合伙人的分红比例为4：3：2：1。假定某年度可分红总金额为640万元，则各级合伙人的分红情况如下：

合伙人等级	合伙人数量	分配点数（比例）	点数小计	分红金额（万元）（个人所得×合伙人数量）
一级	1	4	4	160 ×1
二级	2	3	6	120 ×2
三级	2	2	4	80 ×2
四级	2	1	2	40 ×2
合计	7		16	640

各级合伙人分红比例示意图

正式合伙人虽然分红比例有区别，但参与决策时的表决权是一样的，即一人一票。

（4）合伙人资格是动态的。合伙人的进入、退出、升降，要获得两名以上合伙人的提名并阐述理由，再经全体合伙人的讨论，一致通过方生效。

（5）成为合伙人，仅需象征性地出资。与此对应的是，合伙人在年终只能拿到60%的分红，40%留存在公司。合伙人在退出时，将分期拿到这40%的分红。合伙人最早可在55岁提出退出，最晚65岁必须退出。中途辞职或违法、违规的合伙人将丧失合伙人资格，并失去40%留存的权益。

本文说的仅是蓝调的合伙制改造，实际上蓝调的管理转型还包括产品战略、人力资源、运营管理等方面，这些模块的共同推进造就了今天的蓝调。而与这些举措的制定、落实交织在一起的是思维方式的深刻转变。

比如对大张总来说，改革改的就是他自己。自上而下是改革，自下而上是革命。大张总自己首先要拿得起，放得下。

再如对合伙人的评价，原先偏重专业能力这个单一维度，现在注重价值观、行业影响力、专业能力、性格等多维度。

大张总现在在公司的时间很少了，在外面跑的时间很多。他发现，抽离开一段时间，对蓝调的发展有了另一个视角，反倒更有价值。

| 这些年设计圈飘过的那些词

我判断一个设计公司有没有2.0时代的未来，先看三点：

（1）核心团队中，80后年轻有多少话语权；

（2）有没有与企业规模匹配的（潜在的）优势产品；

（3）是否有可能转型为有机组织。

——ADU咨询首席顾问
陈阳

5
人力资源

油腻腻\推广资料\办公室\管理\经营\绩效管理\经济人假设\量化\产值\失效\长期激励\期权\股票\利润\非上市\团队\特长\不足\高端设计师\薪酬\设计资源\品牌资源\销售资源\研发资源\人力资源\年薪制\提成制\付薪基础\薪酬水平\竞争力\公平性\支付能力\产品团队\销售提成\加薪\人力成本\裁员\降薪\设计费\公开

| 这些年设计圈飘过的那些词

38
同学们，留神那些油腻腻的设计公司

陈阳 发布于 2017-11-01

十月、十一月，对设计公司来说是校招季；对应届毕业生来说，是找工作的关键时候。

因为工作，我接触过的设计公司大大小小有几百家，拜访过的有上百家，专业主要是规划、建筑、室内、景观，体制有国企、民企、外企。

常有人问我，好设计公司长什么样？这个问题真不好回答，好公司在业务、文化、管理思维上各有特点。而且，对个人发展而言，好公司没有普适性，一个好公司并不是适合所有人。

反过来看，不好的（油腻腻的）设计公司倒有很多共性，同学们在初入职场的时候要尽可能规避。下面根据我 26 年的工作阅历，提炼一些简单、直观，从同学们的视角就可以观察到的 16 个要素，帮助大家甄别那些油腻腻的设计公司。

油腻指数：16 条中，满足 8 条以上算是比较油腻；达到 12 条以上就是相当油腻。

特别说明：
中年男才有资格被评价是否油腻腻，同样，本文讨论的设计公司也有一个范围，要同时满足下面三个标签：

创始人 40 岁以上（60 后或 70 后）；

公司十年以上；

规模百人以上（以建筑设计公司为例，规划、室内、景观设计公司人数规模酌减）。

所以，大师事务所和 80 后创办的小鲜肉设计公司均不在本文讨论范围，同学们切不可照搬下列要素来评价。

1. 推广资料

线上的网站、微信、微博，线下的海报、折页、杂志、书籍等媒体，我们能看到公司的很多资料。看这些资料不仅看个热闹，不妨研究研究门道。

（1）有 power，没有 point

油腻腻的公司为彰显实力（power），往往把所有的项目都堆砌在资料中，但没有重点项目（point）的解析。

（2）网站上的资料抽风式地更新

想起来的时候才更新一下资料，说明市场、品牌工作不成体系，业务模式处于初级阶段。

（3）效果图比实景照片多

这说明公司落地项目少，或者项目实际效果不佳。

2. 办公室

对有意向的设计公司，同学们最好抽时间去实地看看。办公室不像推广资料容易涂脂抹粉，所以更能看出门道。

（4）老板办公室面积很大很大

多大面积算很大呢？这个不好量化，但大致效果是：空间尺度或空间序列让你感觉有压力。

（5）开放交流空间严重缺乏

茶水间、休息区、洽谈桌、图书吧等开放空间几乎都没有，即使有也仅满足基本功能需求。有的公司甚至还是传统走廊式办公平面布局，没有公共办公区，一个部门一间独立办公室。

这反映公司内部各部门之间交流、协作不足，甚至各自为战。

（6）呆滞的告示栏

很多公司在门厅附近有一个公示栏，很值得观察。油腻腻公司的公示栏有两个特点：一是充斥着各项管理规定，重点在违反规定如何处罚；二是最近的一张通告是半年前的。

（7）办公室太乱

设计公司都很忙，适度杂乱是最佳状态。但是，太乱就有问题了，说明员工普遍对企业没有归属感、认同感。这些公司的员工流失率往往很高。

（8）多数员工面部表情木然，没有生机

设计公司虽然加班多，但并不是没有活力的理由，表情木然的背后是没有趣味、没有价值的工作。

如果有师兄、师姐、朋友在这家公司实习或工作了几个月，不妨向他（她）了解点公司的管理和经营。

3. 管理

（9）薪酬制度

每月发两三千元生活费，半年或一年结算一次奖金。

（10）行政流程复杂

比如一张派车单要 7 个人签字的。说明行政部门没有内部客户意识，在"监管"中刷存在感。

（11）一切与花钱相关的事宜都习惯性无理由推迟的

如报销、借款、发工资、发奖金、支付分包款等等。

（12）中层以上干部都是 40 岁以上

（13）管理者持续抱怨员工没有执行力，抱怨 90 后没有责任心

4. 经营

（14）一味强调服务，永远不和甲方说 NO

公司把所有精力和资源都投到挣现钱的项目中，没有面向未来的思考、研究和行动，所以只能服从甲方的一切要求。

（15）主要靠关系接项目

接项目，关系和技术都是需要的。但设计公司终究是靠技术吃饭的，应该以技术为主、关系为辅。

（16）设计上把 COPY 当创新

山寨是 1.0 时代设计圈的普遍做法，在 2.0 时代还用这种手法，路肯定越走越窄。

这 16 条的背后是产品战略、企业文化、运营体系、绩效管理等等高大上的管理术语，是"表"和"里"的关系，在我的经历中几乎屡试不爽。

欢迎对此话题有兴趣、有见解的同学们、朋友们留言交流。

39
绩效管理的 3 个坑,你掉入过哪个

陈阳 发布于 2017-09-28

本月初在重庆,两位 85 后的创业小伙子请我吃火锅。

火锅太诱人,不过本文不谈这个。他们一年前刚刚创业开了一家景观设计公司,现在业务慢慢有了起色,有七八个人了。问他们如何产生创业的念头,他们的回答颇有意思,既不是看好市场,也不是要闯一番自己的天地,而是要尝试自己的管理方式。

他们在原先打工的公司里都是业务骨干,但不太认可公司的绩效管理。其实那家公司以目标管理、专业分工、结构化流程为特征的一套运营系统挺有效率了,估计也是不少企业管理者希望能做到的。这几个 85 后创业者倒也不否则这一点,但是他们觉得在这样的体系下,个人的作用更像是螺丝钉,未来成长堪忧。

那么,他们想怎样呢?共同成长,这是他们的理念。他们几个人不过三十岁上下,各方面都谈不上成熟,他们希望创办的公司、他们自己、以及招来的员工们在这个过程中能一起共同成长。

他们和每个员工进行一对一的沟通,帮助员工的梳理成长方向,拟定阶段性目标,并确定公司能提供哪些支持。这样的沟通半年或一个季度进行一次。他们自己感觉团队氛围挺好的。

他们的未来能发展好吗？现在还很难说，因为决定成败的因素很多。不过，在共同成长这个管理理念上，可以给他们先点个赞。

设计公司的管理者们大概 80% 的时间是花在琐碎事务上的，这其中，绩效肯定是焦点词汇之一。

听说过一个故事：一家设计公司，原先没有什么管理，靠老板的个人能力发展起来。到了几十人的规模后，老板觉得不抓管理似乎不行了，于是下功夫搞了绩效体系，结果两年下来，差点把公司搞垮了。于是再回到无为而治的状态，没想到公司又活过来了。

玩笑归玩笑，这个案例比较极端，但不少设计公司抓绩效管理并没尝到甜头也是事实。

绩效是成绩和效果的意思。抓绩效本身没毛病，可绩效里面的坑太多了。这里说说三个常见的坑。

第一坑：经济人假设

企业是社会中的经济组织，老板、管理者、员工在企业运作中有各自的经济诉求是必然的。管理学早期的经济人假设是这么理解员工的：

- 多数人天生是懒惰的，他们都尽可能逃避工作；
- 多数人都没有雄心大志，不愿负任何责任，而心甘情愿受别人的指导；
- 多数人的个人目标都是与组织目标相矛盾的，必须用强制、惩罚的办法，才能使他们为达到组织的目标而工作；
- 多数人干工作都是为满足基本的生理需要和安全需要，因此，只有金钱和地位才能鼓励他们努力工作。

不过，人既然是复杂有机体，在工作中就不会仅有单一的经济诉求，还有归属感、成就感、尊重、社交等情感诉求。经济人假设在"形式追随功能"的 1.0 时代或许能

| 这些年设计圈飘过的那些词

管些用，在"形式追随情感"的 2.0 时代就离题越来越远。更何况设计师是靠脑子吃饭的，对情感的需要超过劳动密集型行业的工人。

第二坑：追求量化

十几年前，我刚开始学习管理学的时候，有个说法听起来很有道理——没有量化，就没有管理。

100 年前，基于经济人假设（这说明第一坑和第二坑高度相关），管理学家泰勒提出科学管理理论。科学管理的核心是标准化，一个标准技能的工人在标准的时间内利用标准工具按照标准流程完成标准工作获得标准报酬。这些标准意味着量化的数字。

数字对管理确实很重要，特别是大中型设计公司，靠感觉已经难以了解实际状况了，需要数据支持决策。2006 年，我在担任 CCDI 总部运营副总的时候，花了几个月的时间编制了一套适合设计公司的运营数据框架，有兴趣的读者可以参阅《白话设计公司管理》或《白话设计公司战略》。

不过，设计公司不像制造业，有不少工作难以标准化。而且恰恰是这些不好标准化的工作是高附加值的，比如方案设计、产品研发等等。即便是能适度标准化的工作，如住宅施工图设计，也不能是静态的，需要持续优化。优化工作本身如何标准化、量化呢？

几年前，房地产行情不太好的时候，听说过一件很搞笑的事：某房地产公司为优化户型设计，召集各设计供应商开会，要求每家设计公司代表必须提出 30 条以上优化意见。憋得参会人员相当难受。

标准化工作和创新工作，就像跳水运动中规定动作和自选动作，前者是基本功，后者是活力所在。两者相辅相成、不可偏废。可管理者们很难把握这个平衡，容易走向一抓就死的量化极端。

第三坑：唯产值论

有个朋友告诉我，这些年被产值指标驱使着天天累得要死，元旦那天才能喘口气，安心喝顿酒。元旦假一结束，一切归零，从头开始为产值而奋斗。年年如此，何时是个头呢？

有了前两个坑，第三坑基本就躲不开了。

产值是个好东西，既符合经济人假设，又符合量化管理的要求。还有一个好处，管理成本低。

据说马云有一次在访问谷歌时，问创始人 Larry Page，谁是谷歌的竞争对手？Larry Page 说，NASA（美国宇航局）、联邦政府是我的竞争对手。为什么？谁和我抢人，谁就是我的竞争对手。Facebook、苹果来抢我的工程师，我不怕。我们给更高的工资、更多的期权、股权就好了。可是我的工程师去 NASA，一年只有 7 万美元，只有我们这里的五分之一，我还抢不过。谷歌描绘了一个很大的梦想，而 NASA 的梦想更大，是整个宇宙，做的事更好玩，把我们最优秀的工程师，给吸引走了。

设计工作有多重属性，设计师、团队、公司在工作过程中的体验和收获也是多维的。唯产值论貌似客观、简单，却因为过度强化产值，抑制了设计师的自由、创造力、感知能力，把一个美妙的多向度体验过程简化为制造过程，把设计师变成单向度的人。

上面说了绩效的三个坑，连起来就是一句话：以经济人为基本假设，运用量化工具，追求短期产值最大化。你掉进坑里了吗？

| 这些年设计圈飘过的那些词

40
临近年末，您公司的绩效失效了吗

席成新 发布于 2015-12-17

企业中经常有这样的现象：一边是管理者强力推进绩效管理的决心，同时 HR 人员殚精竭虑制作考核工具、宣传解释、各部门的热情参与，另一边却是年末各方对于绩效考核的诸多不满与抱怨，甚至在很多人眼里绩效考核几近失灵。这样的现象确实让人困惑，按理说绩效管理的程序该走的都走了，需要参与的人员该涉及了都涉及了，宣传解释也到位了，至少可以达到合格水平吧，怎么结果还那么糟糕呢？结合近期对一些公司的拜访，个人认为，除了技术性和程序性的因素外，还有以下三个原因不容小觑。

一是，高层"高"期望。

主要现象有两个。一是绩效管理"万能化"。企业管理包含若干要素，假设对"人"的管理也是要素之一，那么很多管理者脑海里蹦出来的第一个词一定是：考核。没错，考核很重要，可以解决公司发展目标的实现问题，人员薪酬分配问题，留人用人问题，等等，仿佛绩效考核是一个万灵药，凡是觉得"人"不对劲了，比如，迟到了早退了，要离职了，最近加班少了，效率低了，都可以通过绩效考核予以解决。绩效管理万能化的想法在很多公司都不同程度地存在，其实也从另外一个角度说明设计公司的管理还处于相当原始的状态。二是不切实际的发展预期，体现在两个方面：第一，前些年爆发式的增长"激发"了管理者的斗志，期望这种局面还能继续维持下去，依然提出高增长要求，丝毫不顾，甚至无视市场形势的变化，这样拍脑袋式的发展目标，外没有理性的数据分析，内缺乏配套支撑体系，一旦发布给员工，引发的不单单是对目标的质疑，更可能是对公司的信任。第二，发展目标远远超出公司能力水平。比如，客观评估下来，公司综合实力只有 60 分，却一定要设立一个需要 90 分能力水平分才够得着的目标，这种情况下，下级的反应大抵是这样的，先反抗，反抗不成就缴械，你说你的大目标，我按我的小目标做。如此绩效管理，注定无效。

二是，中层"低"管理。

主要现象也有两个。一是无心之过，大多数中小设计公司，中层管理者基本都是从专业技术管理岗位提拔上来的，他们大部分的时间和精力还是在项目上（因此他们的收入分配构成上，项目是主要的收入来源），对于这部分人群而言，一方面主要兴趣点在于设计本身（即，关注于事），可能对于团队管理无甚兴趣（即，不太关注于人），用于人力资源管理的时间少之又少，即便有，可能大多也维持在吃吃饭、搞搞活动层面，一旦项目忙起来，也就顾不上"人"的事情了。二是有意为之，也有少部分中层，对从事管理工作有兴趣有热情，因此兼职了管理岗位，但他们的管理仅仅类似"票友"性质，当作业余爱好偶尔玩玩可以，若需直接面对错综复杂的人和事，缺乏必要的管理技能，更严重的是少了岗位应有的担当，因此做好人，和稀泥，对上拍胸脯，对下打太极，与岗位职责相对照是相当不称职的，绩效管理的效果自然不佳。

三是，HR 难为无米之炊。

人力资源部门是绩效管理的推动与执行者，承担体系建设和上下左右联动的巨大责任，但客观说在很多公司他们的工作举步为艰，影响不了高层，带动不了中层，说服不了员工，最后还必须背负绩效失灵的责任。当然人力资源部门首先需要自我检讨，对业务的了解不深、支持不够，专业化程度有限，因而没有搭建适合企业发展的绩效管理体系并予以实施；同时也必须意识到，绩效管理是一个严肃的管理体系，贯穿几乎所有人的工作，缺乏来自于其他部门、其他人员应有的帮助和支持，落地推进的有效性就像买彩票，运气好皆大欢喜，运气不好人人喊打，完全没有保证。

| 这些年设计圈飘过的那些词

　　了解了上述状况,对于怎么改善相信都有了各自的答案。其实绩效管理本身有相对成熟的理论框架,也有很多成功实践的企业,当然行业不同,设计公司不能完全照搬沿用,但在引入绩效管理体系时,还是需要认真回答,为什么要做绩效管理,希望解决什么样的问题,达到哪些目标。

41
设计公司之长期激励工具

席成新 发布于 2015-09-10

长期激励是很多设计公司关注的话题,事业合伙人概念的引入以及近几年设计公司上市数量的不断增加无疑又进一步引起了大家对于长期激励的兴趣。这里对长期激励的目的以及常用工具做简单介绍。

长期激励的目的

长期激励以企业未来业绩为依据对员工实施的远期激励,目的是通过长远激励的效应,寻求企业未来发展和成长。长期激励机制能优化资源配置、提高竞争实力,从而提升公司业绩。而对于设计公司而言,长期激励还有着更为现实的意义,一是设计资源,尤其是高端设计师,一直处于相当稀缺的状态,其作用与价值直接影响企业的整体价值,也在一定程度上决定这企业的生存和发展,对于他们需要有长期激励的手段予以吸引和保留;二是智力型行业,激发员工创造活力,调动积极性是增强企业竞争力的有效方式之一,若解决了员工的长期收益和激励,使员工全身心投入工作与创造,会给企业带来极大的价值增值;三是,结束了行业高速和跨越式增长,设计行业的外部环境持续变化,设计企业需要沉下心来思考发展定位和管理转型,以产品为牵引,加大创新和投入,积蓄可持续发展的能力,因而从对眼下的利益关注转变为对长远利益的关注,这需要借助长期激励工具,给予员工以信心和支持。

长期激励当然也有一定的缺点,比如,激励与企业未来业绩紧密挂钩,对激励对象而言，存在一定的不确定性，等等。

长期激励工具的类型
传统意义上的长期激励工具主要有三种类型：期权类、股票类和利润分享类。

1. 期权类
包括股票期权和虚拟期权（股票增值权）。

股票期权是指在一定时间内，以约定价格购买一定数量公司股份的权利。股票期权是面向公司中高层级人员的一种长期激励计划，其基本假设是，企业的股票价格（亦既是企业的市场价值）受企业获利能力的影响，而公司中高层级人员在相当程度上可以影响这些因素。

虚拟期权（股票增值权）是指员工有权在某一特定时期，得到公司一定数量的股票的升值价值。

无论股票期权或虚拟期权，均可附加授让条件，如连续雇佣等，不再受雇时即自动丧失相应权利，从而实现激励和约束的平衡。

2. 股票类
包括股票购买计划和虚拟股票（影子股票）。

股票购买计划是员工可以以特定价格购买公司股票的权利。购买股票的资金可由员工自行筹集，或公司提供借款，允许分期返还。为鼓励员工购买公司股票，公司还可提供购买股票的折扣，或给予相应的股票红利等奖励措施。对于上市公司而言，股票购买计划对鼓励长期持股无效，因为股票也许会立刻被卖掉兑现。

虚拟股票（影子股票）是指，员工拥有虚拟股票，即有权按市场价格获得公司股票的现金价值（用现金支付）；绩效单元是影子股票的一个变化形式，在这种情况下，是按绩效目标的完成情况奖励货币单元（现金，而非股票）。

3. 利润分享类

利润分享计划目前运用较广泛的一种奖金支付方法，企业在其税后利润中提取一部分作为奖金池，依据每一员工的绩效贡献进行分配。利润分享计划使员工关注公司的利润，公司利润的大小直接影响员工的收益。

非上市设计公司可应用的长期激励工具

非上市设计公司可应用的长期激励工具主要是：股权购买计划、虚拟股票计划、利润分享计划等。

股权购买计划。由员工出资或利用知识产权、技术入股购买公司的股权。根据公司法的相关规定，有限责任公司的股东人数是有限制的，因此可购买股权的人群范围应当是特定的（如，主要是中高层级人员）。购买股权后，员工将更加关注公司的发展，其经济利益也与公司的长远效益紧密相连。退出机制主要包括股权协议转让、公司回购或上市后卖出。

虚拟股票期权计划。将公司的股权模拟成为一定数量的股票，向计划参与人员授予"期权"。公司依据整体效益向计划参与人员支付相关收益。与股权购买计划相比，虚拟股权计划参与人员不需要出资即可享受公司价值增长，也不存在退出机制。

利润分享计划。公司将税后利润的一部分（比例通常已事先约定）拿出来供公司管理层和核心人员分配，其表现形式主要包括以下两种：即期的现金分配（与奖金性质相同）；递延支付，即分期支付给员工。

以下是三者的相互比较：

工具	股权购买计划	虚拟股票期权计划	利润分享计划
特点	参与人员需出资或知识产权获得股份。参与人员不但具有利润分配权，而且还有投票权。对于非上市公司而言,购买股份的价格可以是买卖双方认可的任何价格	参与人员不需出资享受公司价值的增长。利益的获得需要公司支付,不需要股权的退出机制	参与人员不需出资,拥有利润（收益）分享权,但不具有投票权,利益的获得不需要股权的退出机制

(续表)

工具	股权购买计划	虚拟股票期权计划	利润分享计划
激励机制、风险及约束机制	股权增值；参加利润分配；参与公司决策（投票权）；归属感和成就感；可以实现激励、约束和角色转换的目的	受益公司价值的增长；离开公司将失去继续分享公司价值的增长	分享利润；有一定的激励效果
约束机制	卖出（转让）股份受到限制	绩效考评结果不佳将影响到虚拟期权的授予和生效	离开公司将失去利润分配权；绩效考评结果不佳将影响到利润分享
风险	股份价值下降投资人受到财务损失；战略转型带来众多不确定性；可能要经历长期的投资阶段；收益制约的外部因素变得更大	公司价值下降，得不到收益；战略转型带来众多不确定性；可能要经历长期的投资阶段 收益制约的外部因素变得更大	约束效果主要是通过与利润分享计划实现，不能达到角色转换的目的，与公司当期收益直接挂钩，长期激励作用有限
适合对象	所有正式员工	所有正式员工	所有正式员工
股东价值关注性	高	一般	一般
股权摊薄作用	有摊薄作用	无	无

一些建议：

（1）关键员工和全体员工的长期激励措施应有所区别；关键员工在一定程度上需要获得足够的激励，全体员工更多是建立稳定的长期发展愿望，重点是前者，而前者的重点又在于关键员工的甄别（可借助设计公司管理的三轴理论，识别资源、流程、产品三个维度各自的关键员工）。

（2）长期激励需要结合设计行业的特点进行操作，且需要在公司和个人之间达成平衡与共识；比如，如何给智力进行定价并没有成熟可借鉴的模式，这就需要通过反复的交流和沟通达成相互认可，不能单向、简单一刀切的方式统一、标准化处理。

（3）长期激励是利益分配的工具之一，需要和其他激励方式有机结合才能发挥最大价值；它能在一定程度上促进设计企业发展，但若要解决企业长期发展的源泉和动力，重点还在于企业使命、愿景和价值观的牵引上做文章。

| 这些年设计圈飘过的那些词

42
平庸的团队改正缺点，出色的团队发挥长处

陈阳 发布于 2017-09-14

几周前，我换了一副眼镜，问小女儿有何评价，这 00 后扑哧一乐，送了两个字"呆萌"。

呆萌指的是我在家里的状态，一种日常生活中反射弧比较长的状态。比如，我一直不太懂人情世故，过年一大家子亲戚一起吃饭，敬个酒说个吉祥话是常情，可我应付不来，好在时间长了，亲戚们原谅我了。朋友间的礼尚往来对我来说更是难解之谜。类似的低情商故事有很多。工作后，情商低给我造成了很大困扰，好在过去 20 多年设计行业的井喷行情使我还能养家糊口。某年我一个人住的时候，家里的地板一年没打扫过。家里人说我能活着，没病没灾就已经是奇迹了。

呆萌的另一面是坐得住，可以专注地做一件事。小时候，我父亲在大学里的图书馆工作。20 世纪 80 年代初，我上初中，下午放学后经常在图书馆的书库里泡着，囫囵吞枣地看了很多书。这习惯延续到现在，我常常一天在书房呆上十来个小时。

读书的时候，我还有一个特长，就是理科成绩远远好于文科成绩。比如，大学有门建筑学学生特别头疼的课——高等数学，期末考试我考了 100 分。实际上，考前我只花了一周把课本看了一遍，重点是理清了所有公式、定理之间的结构关系。所以，我的理性结构化能力比较突出。可是这套方法在建筑学专业学习上行不通，毕业的时候我的专业成绩在班上是倒数的。有朋友说我是不是入错行了，也有人说

我如果晚十几年，可以专攻数字化建筑设计。

我现在的这份工作——管理咨询——要经常和人打交道的，按说情商高才行。怎么办？不妨换一种玩法，ADU 的训练营、顾问式咨询等产品发挥了我的特长，回避了我的缺点。这些产品有短时间、高强度、高信息量、高频交互等特点，重在授人以渔，以实战性的形式启发学员们思考，而不是给答案。

ADU 三天两夜的训练营课程的第一天上午，20 个学员每人有一个三分钟的自我介绍，其中包括兴趣爱好、特长、不足。

对特长的要求是要比常人的水准拉开显著差距。

四年来，30 多期、六七百个学员的回答五花八门。谈及兴趣爱好，大家能提到不少；但对自己的特长和不足，就很难有什么深刻认识。不少人直接说没啥特长，不足倒是不少。但若追问一下具体有什么不足，又说不出所以然了。这里面应该有中国人比较内敛的原因，但显然不仅如此。

特长通常被理解为技能上的，其实还可以从思维方式、经历、性格等多维度看待特长。三年前，有个 80 后的学员在课堂上提出一个设计产品——菜市场设计。之所以选择这个小众产品，是因为他母亲曾经是老家县城里菜市场的商户，他可以说是在菜市场长大的，妈妈卖菜，他在摊位后面做作业。这种独特的经历在设计师中是极罕见的，使他对菜市场有独特的理解情感。我想，他在与客户沟通的时候，一个儿时的菜市场故事就能让甲方增添很大的信任感。

团队合作中，成员们首先要理清自己的特长和不足。

前段时间看过本书《维多利亚时代的互联网》，说的是 19 世纪后半叶，电报的普及第一次将人类社会及时地连接在一起。就连接而言，如果电报是从 0 到 1 的技术，那么互联网是从 1 到 N 的技术吧。那么，连接什么呢？是要把同质的东西连接在一起，还是把异质的东西连接在一起？

| 这些年设计圈飘过的那些词

左边是乐高玩具车，有很多零部件是一样的；右边是特斯拉的 SUV，零部件少有雷同。把异质的东西连接在一起可能创造出更高的价值。

团队和团伙，这两个词隐含了成员构成的区别。团队成员之间是异质的，各有所长，能力互补，相互协作；团伙的构成更像是同质化的叠加。特长是我们在团队中发挥作用的地方，缺点说明我们需要怎样的伙伴。

两百多年前，亚当·斯密发表《国富论》，第一章谈的是劳动分工。分工就是在团队内部追求异质化合作，这样能提高效率。在我们这个行业，建筑、结构、水、暖、电是基本的专业分工。1.0 时代，有些以住宅设计见长的大中型公司再进一步，有厨卫、楼（电）梯、立面、总图、地库等工种划分。超高层建筑设计可以有形体、核心筒、外表皮、裙楼、地下室等分工。

2.0 时代，企业要效率，更要追求适应性。因此，团队不仅在专业背景上多元化，还要在思维模式、性格、经历上多元化。虽然多元化会使合作中的协调难度加大，但唯有如此，才有可能创新。

实在没有特长怎么办呢？

如果把前面说的特长称为绝对优势的话，确实未必每个人都有显著的优势。200 年前的 1817 年，英国经济学家大卫·李嘉图发表了《政治经济学及赋税原理》，提出了比较优势的概念。也就是说，每个人都有机会利用比较优势，通过合作在团队中发挥作用。以这种视角，团队管理者可以激发出成员们的潜能。

与其用功改善缺点，不如把精力放在发挥特长上。

与其诟病他人，不如想想自己能干点什么。
这样才有可能赢得未来的一些自主权。

——ADU咨询首席顾问
陈阳

43
高端设计师的薪酬与绩效如何挂钩

席成新 发布于 2015-03-26

高端设计师一般是达到一定级别以上的高层级员工,大多带有"总"或者"副总"的头衔(如总建、总工、总监等等)。从资源维度看,高端设计师的专业水准往往了代表了公司整体水准,而且由于资源稀缺,因此成为众多设计公司竞相追逐的对象;从企业成本维度而言,高端设计师又占了较大的人力成本比例,因此也存在投入产出的问题需要考虑。那么,高端设计师的薪酬如何与绩效挂钩呢?

回答这个问题,首先得明确,高端设计师一般都干些什么。总体而言,设计公司的高端设计师大致有以下几种角色或者相互的组合:

(1)"设计资源"。此种情形下,高端设计师参与项目工作,在项目中承担项目经理或者其他重要角色,完成项目指定任务,接受项目组的考核。当然,由于高端设计师数量有限,未必能参与公司所有项目,因此,有些重大或复杂项目由高端设计师主导完成,其他项目则只是配合或在必要时给予把关、支持。

(2)"品牌资源"。高端设计师具有一定的行业知名度,在业界也有着良好关系,参与公司品牌推广容易获得较好的效果,因此高端设计师可能会成为公司"品牌代言人",利用各种场合和渠道宣传公司形象,建立外部市场关系,提高公司的社会知名度,扩大公司的影响力。

（3）"销售资源"。高端设计师具有较强的客户需求把握能力，能够凭借专业知识及口碑赢得客户认可，并常常在重大或关键的销售环节中发挥至关重要甚至不可或缺的作用，帮助公司赢得项目机会，支持销售目标的达成。

（4）"研发资源"。高端设计师具有较强的专业能力、丰富的实践经验、前瞻的思维意识，无论在产品研发、流程研发还是技术研究上，均可以发挥引导或支持作用。另外，高端设计师在知识沉淀、促进技术成果的总结及推广等方面，也常常扮演非常重要的角色。

（5）"人力资源"。高端设计师的行业地位能和自身影响力能为公司吸引更多的人才资源，有利于公司人员招聘和补充；同时，高端设计师能作为内部讲师，协助技术部门、人力资源部门开设相关培训课程，提高员工能力，帮助员工成长。

还有其他的角色，不再一一列举。由此可见，高端设计师每个人的特点特长和背景都不太一样，很难用相同的绩效标准去要求他们，也难以有固定的薪酬绩效挂钩模式；而在另一方面，虽然高端设计师未必有固化的岗位职责，但他们的绩效同样需要一些框架和目标去引导，从这个意义而言，高端设计师需要的不是考核，而是信息的沟通和反馈。设计公司需要找到合适的"经纪人"，一方面为高端设计师承担起沟通和反馈职能，另一方面旨在帮助高端设计师合理安排时间和精力，发挥其最大的价值；这个经纪人，需要熟悉高端设计师的禀赋、特长所在，同时要了解公司的业务运作规则，找到高端设计师与其他团队协同工作的有效方式，减少无谓的内部损耗，为高端设计师创造高效的工作环境。因此，这个经纪人可能是资源团队的负责人，也可能是运营的负责人，或者，是总经理自己。

44
设计师用年薪制好还是提成制好

席成新 发布于 2014-10-3

设计师是用年薪制好还是提成制好，一直以来都是具有较大的争论。而一个有趣却有令人深思的现象是，外企（尤其是方案型公司），普遍使用年薪制；而国内设计企业，不管国有大院还是民营设计公司，大部分采用提成制。那么，年薪制和提成制的实质是什么，为什么外企和国内企业设计企业的选择会有这么大差异呢？

设计公司的所谓年薪制，大致定义是，设计师的年收入相对固定、明确。年薪制的假设前提是，作为设计公司核心资源的设计师，以及附属在设计师身上的能力，本身是有价值的，企业使用设计师，实际是在使用设计师的能力，为能力买单。年薪制下，能力越强，年薪越高。

设计公司的所谓提成制，大致是说，设计师的收入是根据其完成的工作量（通常的表现形式是产值）按一定比例计算而来。提成制的假设前提是，人只有通过劳动才能产生价值，付出才有回报，按劳（按结果）分配是基本原则。提成制下，工作量越多，收入越高，反之，则没有或少有回报。

前已述及，大部分国内设计公司采用提成制，除了相应的管理能力、职业化程度较外企低这两个因素外，我认为还有以下三个"错位"因素：

一是，认识错位，即依然把设计师当作"劳力"而不是"脑力"来看待，对设计师的能力以及能力的价值没有足够的尊重和认可。设计师是智力工作者，智力产出必须依赖于专业技能作为先决条件，如果没有意识到设计师的能力所隐含的巨大价值，依然还通过管"手"的方式管"脑"，把设计师当画图匠看，显然是极其不可取的。

二是，方法错位，即本希望创造按劳取酬的薪酬公平性，却使用了不合适的方法。传统劳动密集型行业，计件、计量的方式简单、直接、高效，因此可直接反映绩效结果，但有个基本前提：结果可计量、过程可重复；而在设计行业，过程和结果均难以有效管理和度量，甚至可能还不需要计量，而且"劳"本身包含的因素很多，因此，产值提成，看似体现了多劳多得的公平性，实则潜藏着伤害创造活力的副作用，比如，谁还愿意去做那些没有产值收入的创意、研发、知识总结等工作呢？

三是，责任错位，即陷入"管理即绩效，绩效即量化"的思维误区，试图通过简单的、量化的绩效模式一劳永逸地解决薪酬分配甚至企业管理的全部问题，而忽略了推进企业成长的其他责任。设计公司的核心竞争力来自资源、流程、价值观，创造开放式的文化、激发员工无穷尽的创造活力是每个设计公司管理者最主要的管理责任，在这个意义上，如果不能从文化、价值观层面有所突破，那么，任何薪酬制度都无法深层次解决员工内心深处的动力问题。

当然，这里并不是彻底否定提成制。年薪制也好、提成制也罢，都是薪酬工具，都有其使用的条件和范围，同时需要结合企业发展阶段适当平衡，更重要的是，我们需要认识到任何工具的选择，都需要回到最原始的目的和根源，正所谓，不忘初心，方得始终。

| 这些年设计圈飘过的那些词

45
年薪制还是提成制,该选哪个(续)

陈阳 发布于 2017-03-09

两周前的文章"年薪制还是提成制,该选哪个"发表后,不少朋友——有老板,也有员工——读后与我交流。因为薪酬制度事关重大,涉及每个人的切身利益,有必要把有些概念、思路再捋清楚些,所以写这篇续。

先回应两位朋友的留言:

(1)"活多的时候搞年薪,活少的时候搞提成。"甚至不点名指出某公司尤善此道。

呵呵,业内确有公司玩这种把戏,但也不应得出天下乌鸦一般黑的结论。讲真的,如果横向比较一下,在薪酬方面,很多行业比设计行业黑多了。当然,我们不该和差的比。那些把薪酬制度当把戏玩的设计公司自然被大家诟病,更说明健康发展的公司应从业务战略层面认识并选择合理、相对稳定的薪酬制度。

(2)"大部分公司两种情况都有。比如基层员工提成制,中高层员工年薪制。"

嗯,这话大致没错,需要商榷的是比例,是不是"大部分"公司。当然,比例与圈定的范围有关,没有约定范围就不好较真了,也没必要较真,嘿嘿。

回到主题,如果一家设计公司在基层实行提成制,中高层实行年薪制,那么,你认为公司的薪酬制度是混合的吗？我认为，表面上看是混合制，实际上其核心是年薪制。首先从资源角度看，中高层员工的占比虽然只有 20% 左右，但按照管理学的二八原则，他们构成了公司的主要智力资本，也贡献了大部分产出。其次，基层员工往往应对的是清晰明确的任务包，便于短期评估工作成效，有实行提成制的条件。

薪酬制度是对工作成效的重要反馈之一，对不少人来说甚至是最重要的反馈。从信息反馈角度而言，反馈越及时越好，这样越能避免犯错误。提成制相对于年薪制，是一种短期反馈，在时效上是好的。业内有家大型设计院把提成算账细化到极致，每个人有自己的产值账户，每一段工作产值都可以及时计算并计入个人账户。也许，每天下班前，看看自己账户上的产值增加了多少挺爽的吧。

但是，信息反馈不能仅仅及时，还得有效，否则弄不好会指引你在错误的方向上越滑越远。提成制的有效性问题主要有两个方面：

1. 产值未必合理

合同有肥瘦，到款有先后，所以直接按合同额或到账来界定产值不合理。1.0 时代，很多公司都探讨过产值修正办法，即每个项目对外不管签多少金额，到账多少，在内部根据一个标准评定一个生产产值，再根据项目完成好坏确定一个系数。这些改良版的提成制在某些程度上能解决起点公平问题，就像约翰·罗尔斯在《正义论》中提出的无知之幕一样。

但是，不管是何种改良，产值标准都是基于大家对过往项目的总结，那么对过去是合理的，对未来会合理吗？答案显然是 NO。所以，实践中很少有公司若干年如一日遵照一套产值标准不变，要么隔几年把产值标准修订一下，要么在提成制和年薪制之间反复。

2. 导向问题

两年前，我去某银行办事，客户经理推荐我办一张公司卡，我说用不上；她说可以办了不用，不收费的。她是为了完成业绩指标请我帮帮忙。银行的指标只考核办卡数量，不考核是否使用。

| 这些年设计圈飘过的那些词

"年薪制还是提成制,该选哪个"中,我提出在解决有/无问题的 1.0 时代,需要的是短期思维,项目层次的业务视角是恰当的,对应的薪酬制度是提成制;现在是解决好/坏问题的 2.0 时代,简单易得的短期钱挣不到了,我们不得不用产品层次的思维去挣中期的钱,薪酬制度也不得不顺势逐渐调整为年薪制。身处 2.0 时代,继续沿用 1.0 时代行之有效的提成制,想转身,难!

上面这段话会有些朋友不认同。不认同是好事,可以探讨。不过有些不认同可能是因为对产品一词的定义有误会。

不少设计师一想到产品就想到建材。我在甲方和设计院工作的时候,经常有材料商来推销产品,久而久之,一说到产品,脑子里就会出现建材销售代表的形象。"马克思政治经济学"中,对产品有如下定义:国民经济中,通过劳动使物质转化为在社会中可以流动,有独立使用价值的物品。菲利普·科特勒博士在《营销管理》中这样定义产品:产品是指能够提供给市场,被人们使用和消费,并能满足人们某种需求的任何东西,包括有形的物品、无形的服务、组织、观念或它们的组合。

显然,马克思把产品限定为有形的物品,比如建材。而现代经济中,产品概念早已超越有形物品的范畴。当然,马克思他老人家在一百多年前对产品有如此定义已很有见地,只是我们不应束缚住自己的认识吧。

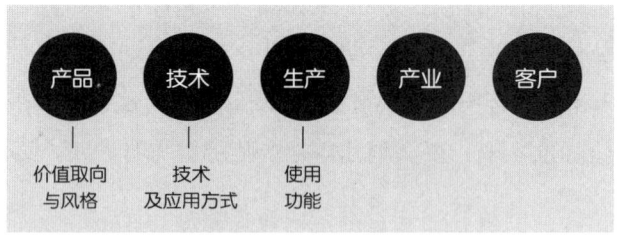

泛建筑设计的业务也有产品层次,以项目为表现形式的产品层次。五种类型——产品型、技术型、生产型、产业型、客户型——的设计公司对界定产品的维度有区别,产品型公司以价值取向与风格来界定产品,比如解构主义、新中式;技术型公司以技术及应用方式来界定产品,比如 LEED、合同能源管理;生产型公司以使用功能来

界定产品，比如养老建筑、儿童阅读空间。

最后提醒一句，搞年薪制不能仓促行事，更不能误以为年薪制可解管理上的千愁。实际上，年薪制的弊端也是显而易见的，但在战略上是与 2.0 产品时代匹配的。

| 这些年设计圈飘过的那些词

46
员工付薪基础是什么

席成新 发布于 2014-06-1

薪酬给付的基础有三种：岗位（Position）、能力（Person）、绩效（Performance），这就是所谓的"3P"理论。

1. 按岗位付薪

多适用于岗位相对固定、职责分工较为明确的组织。设计公司的业务环节是市场、经营、运营、研发的有效组合，市场类岗位、经营类岗位相对固定，而运营、生产、研发等工作一般是通过项目形式运作的，在项目中的岗位是项目角色，项目角色因项目而存在，因项目结束而消失，因此项目岗位是临时的，并非固定。同时，即便同一个项目角色（比如，项目经理），其在不同难易程度、复杂程度的项目中承担的职责、完成的工作内容也是不一样的，因此，至少对于项目类岗位而言，按岗位付薪并不合适。另外，按岗位付薪的基本前提是岗位价值评估，通过数值分析得到岗位排序，过程较为复杂，且需要专业的工具，因此管理要求较高。

2. 按能力付薪

任何一项工作的完成都是基于一定的能力组合。劳动密集型行业偏重于"手"的作用，即通过体能和重复劳动创造价值，因此技能门槛较低，可替代性强，因此不合适按能力付薪。智力型行业偏重于"脑"的产出，即在掌握一定知识、技能基础上的加工、创造、发挥，且技术、知识需要不断学习，因此能力门槛较高、成长周期长、培养成本高，尊重员工个人能力才能获得相应的智力创造。从这个角度而言，设计公司按员工个人能力付薪具有天生的必要性，这也是建立职级体系的意义之一。

3. 按绩效付薪

顾名思义，就是按员工绩效产出给付相应报酬。这里的产出，既包括完成的设计工作量、项目中标等，也包括市场品牌推广、质量体系建设、知识总结与分享、研发等工作成果。所以，合理的绩效牵引，应该体现这样的思想，即不同层级员工有不同的绩效指标，比如，对于设计师而言，低层级设计师偏重于"干活"，即设计、生产为主；中层级设计师干活的比重逐步降低，知识总结、研发的比重有所上升；高层级设计师更多偏重于重点项目的关注、市场品牌推广、研发指引等面向未来的工作。这样，每个层级的设计师都能在其所对应的能力范围内发挥最大价值，在获得自身成长的同时，也推动了公司的各项发展。

实际上，设计公司的薪酬给付可以是上述三种方式的组合：一般而言，以岗位（管理类）、能力（职级体系）为基础支付基本薪酬（保障部分），以绩效产出确定浮动薪酬（激励部分），这样就实现了保障机制和激励机制的有机结合。

47
如何确定公司的薪酬水平

席成新 发布于 2014-10-20

作为企业组织的设计公司,总是希望在员工的薪酬收入和公司的人力成本支出两个方面取得相对平衡,因此会格外重视公司的薪酬水平,这就涉及一个话题:给员工发多少钱合适。一般而言,可以从下述三个方面加以思考:

1. 外部竞争力

所谓外部竞争力,就是公司给付的薪酬在外部市场上具有多少竞争力。设计公司是"智和"组织,一方面,作为智力资源的设计师在相当长时间内都处于相对稀缺的状态,流动风险大、留住成本高,另一方面,智力工作者渴望自身价值被认可,而相应的薪酬待遇就是心理上获得这种认可最重要的因素之一。因此,如果公司支付给员工的薪酬水平让员工感觉没有竞争力,那么员工的心理冲击就会极大地动摇员工与公司长远发展的信心。那么,是不是竞争力越强越好呢?这也未必。前些年有设计公司以比其他设计公司高 1~2 倍的年薪招聘应届毕业生,虽然在短期内确实吸引了一批优秀学生入职,但如何培养他们、如何使用好这批成本相对较高的职场新人、如何解决新老员工之间的薪酬差异等问题,使企业的各层管理者困惑不已。显然,这牵涉企业发展、管理牵引等方方面面,也触及另外一个话题,即薪酬公平性。

2. 内部公平性

所谓内部公平性,就是在同等贡献的情况下,给付同等的薪酬待遇。"不患寡、而患不均",这是人之普遍心态,"均"不是平均,而是投入产出的比率。但在设计行业，因各业务环节的过程和结果都难以被直接管理，因此无法准确衡量投入与产出之比。比如，度量投入的，既有有形的（时间和精力等），也有无形的（情感和过程）；度量产出的，当然可以通过产值转化的方式予以体现，但凝结其中的智力创造（比如社会责任、艺术性等等），岂是完全可以通过产值可以代表的。因此，设计公司的薪酬公平理念，应该倡导的是达成共识、相互认可的相对公平，这需要企业文化和价值观的支撑。

3. 支付能力

公司的支付能力，指的是公司能拿出多少"钱"作为员工报酬。公司的支付能力考虑因素较多（如财务指标的要求等）。从管理层面上而言，支付能力有显性和隐性两个层次。显性的层面很能理解，那就是公司的盈利能力，盈利状况好，支付能力强，反之则弱。隐性的支付能力，指就是公司的组织价值可以带给员工价值多少的增值（如职业发展机会、能力提升通道等、职业素养提升等），组织能力越强，组织价值给员工的增值作用越大，也间接是提高了组织的支付能力。目前有不少设计公司已经开始意识到通过资源、流程、产品的管理，提升公司的盈利能力以提高员工的薪酬待遇，但对于隐性能力，尤其是意识、文化价值观层面的思考还非常欠缺。

在不同发展阶段，薪酬水平应该有策略上的变化，背后隐含的是战略目标下的管理需要；在日趋理性和市场化的今天，设计公司应该摒除不合理的财务预期，在人力成本支出上，量力而行，努力实现企业发展和员工发展的双赢。

48
小议设计公司产品团队的薪酬策略

席成新 发布于 2015-07-23

不少设计公司已建立产品团队,并尝试探索产品团队的薪酬策略。这里从产品生命周期角度,对设计公司建立产品团队薪酬策略需要考量的因素给出一些建议。

任何产品都会经历孕育、诞生、成长、成熟、衰亡的过程,设计公司的产品也不例外。作为产品的最高责任人,产品团队因产品而生,也因产品而亡,其工作重点和职责在产品发展不同阶段千差万别,价值体现形式也有所区别,因此,产品团队的薪酬策略也因产品发展不同阶段有所不同。

孕育至诞生阶段。这阶段主要是提出产品概念,对依据客户、属性、构成等对产品进行建模;该阶段的工作特点是,由于没有成熟的产品开发方式方法可借鉴,摸着石头过河,不确定性因素大,大量时间用于试错,不断尝试,不断否定甚至夭折;工作进展缓慢或没有进展。该阶段产品团队的主要任务包括两部分,一部分和产品相关,即产品概念和建模;另一部门和人相关,即搭建/调整产品团队,建立工作机制,订立工作计划,制订预算等。该阶段工作可能会相当无序和混乱。从支持产品创新的角度而言,对于此阶段产品团队的薪酬策略是高保障,一方面解除产品团队的后顾之忧,使其能全身心扑到产品研发中,另一方面也是建立和强化企业推崇创新的形象。

成长阶段。这阶段主要是产品试推和体系化。试推意味着小范围测试客户接受度，客户接受程度高则产品有继续发展的可能，接受度低，则产品依然面临被腰斩的风险；通过了试推，有一定数量的项目落地了，则可以对产品进行体系化演进，建立相关的市场、经营、运营生产等流程。经历了孕育和诞生阶段，产品团队有了一定的磨合，工作机制逐步建立；产品相关工作依然存在一定的风险，但程度较前一阶段减轻许多；产品工作的重心从研发转到了市场推广和流程化建设，等等。因此，从绩效的有效性看，该阶段产品经理的薪酬策略是中保障、中激励，即对其工作有风险的部分依然施以较高程度的保障，而对产品适应市场、满足客户需求，以及支撑产品后续流程化的部分则保持一定激励和牵引作用，以加速产品的成长过程。

成熟阶段。这阶段主要是产品的优化和迭代，即前瞻性地洞察客户需要，预测市场变化，通过相关手段，不断调整、升级产品。在成熟阶段，产品的各项工作机制已经完整且有效，产品本身也有了稳定的收益并反哺其他种子业务的发展，因此，该项产品的"收益"会作为考量的关键绩效指标，如，尽量多的客户，尽量大的市场占有率，尽量高的利润率，尽量低的运作成本，等等。对产品团队而言，由于产品的风险相对很低，其薪酬策略是低保障、高激励，即：产品团队获得报酬需要和产品市场收益密切相关，产品收益愈好，产品团队报酬愈高，反之则报酬低，主要目的是推动产品效率和效益的极大化。

衰亡阶段。这阶段市场需求趋于饱和或逐渐减少，产品行将进入衰落阶段，其对公司的贡献度在下降，在该产品上，研发、品牌、市场推广等投入会逐步较少到零，销售环节依然会维持，但其功能更多是争夺剩下的市场与客户，而不再是深度挖掘；生产运营环节仅仅是维持该产品必要的生产资源，不再投入流程优化等效率提升工作，因此产品团队在该阶段没有特别重要的工作，他们会慢慢淡出该产品的管理，转到其他产品上。此阶段产品团队的薪酬策略同成熟阶段类似，即低保障、高激励，尽可能实现产品收益的末期最大化。

由此看来，产品团队的薪酬策略可根据产品的发展阶段，结合产品管理的价值一并考虑；另外，由于产品团队（尤其是合格的产品经理）是稀缺资源，可能需要同时管理若干个产品或产品线（当然这些产品处于不同的发展阶段，有的是成熟产品，

| 这些年设计圈飘过的那些词

有的是初创，有些则可能刚刚萌芽），因此其薪酬构成也应该是对这些产品管理效果的综合体现。

设计公司的产品团队肩负双重使命，一是引进并强化产品概念，提升产品层次，改变当下困局，推进行业整体水平和社会认可；二是在公司内部，从产品方向上发力，找到合适的产品以及建立产品管理工作模式，走出行业窘境下的被动局面，获得企业新生，但显然说起来容易做起来难，大家都在摸索，没有现成答案，因此，现阶段建议对产品团队的薪酬策略（以及工作模式等）需要保持相当的柔性，甚至是特区。

另外，个人认为设计公司的产品创新至少需要三个基本条件：一是找到合适的产品（如，一个很现实而有效的方法是从既往的项目中进行提炼）；二是找对合格的产品经理（可参考相关产品经理的能力模型，构建设计公司产品团队）；三是对产品创新的无比支持，持续而坚定的投入。从这个角度而言，现阶段很多设计公司推崇的内部创业，若不是从产品出发、同时也缺乏上述三个条件的支撑，则很可能沦为风险转移（从公司转移到个人）的工具或另一种形式的挂靠，对企业整体能力的提升有限，此为题外话。

5·人力资源

能力不足和努力不够是两回事。很多情况下,能力不足是借口,努力不够是现实。

——ADU咨询首席顾问
陈阳

49
如何给销售员计算销售提成

席成新 发布于 2014-12-04

基于销量计算提成,是很多行业对于销售员的薪酬分配模式。这种方式是否也适用于设计行业?如果答案是肯定的,又该如何计算销售员的提成呢?对于此问题的回答有很多维度,今天不妨从承担销售责任的主角——设计公司,谁在从事销售这个话题尝试做一些梳理。

在设计公司,从事销售工作的一般有以下几种角色或相互的组合。

第一种:老板销售,即老板兼职充当了销售员的角色,跑市场,找项目,搞关系,谈商务,签合同,催款项,等等。老板的个人能力决定了销售能否成交,款项能否收回。这在创业初期或者小型公司中最为常见(国有大院或者利润中心模式下的各个业务单元实际也是如此),老板是设计专业出身,一般具有较强的设计能力,是最大的销售员。

当业务机会多了,老板忙不过来的时候,可能会再配几个销售助理,帮忙协调销售工作,形成老板加销售员的结构,但起主导作用的,依然是老板,助理们的工作更多是一些辅助和打杂,不能起决定性作用。此种模式的变种是增加设计师这个角色,即部分具有市场能力的设计师参与销售业务,帮助老板解决销售过程中的专业技术问题,但即便如此,在销售环节,老板、设计师的作用依然远远大于销售员的。

第二种：设计师销售，即设计师主导销售，并且利用设计师的专业技术水准、甚至个人魅力直接推动销售进程，达成交易。这种情况在产品型公司较为突出，因为有大师光环和效应，使得买卖关系在一定程度上发生了逆转：与其说设计公司在做推销工作，还不如说是客户在向大师推荐自己，在此情形下，作为设计公司的销售员，其作用已弱化为大师对外联络的渠道或窗口，干的不是真正的贩卖工作。

国内很多设计公司也在建立个人工作室，打造明星建筑师，这些明星设计师所具有的影响力还未达到大师的程度，所以在销售环节还需要配备销售员（因此演变为变成设计师加销售员的结构）协同工作，但即便如此，理性的客户最看中的，依然是设计师的水准，而不是销售员的努力程度。其实从另一维度而言，基于知识和创意的行业，销售行为大致均是如此：创意和知识是促成交易达成最重要的因素，对于销售员的个人能力和行为的依赖性降到相对次要的位置。

第三种：组织销售，即公司具有组织营销能力，从产品、定价到渠道、促销各环节，均由不同人群各司其职、分工协作。第一种和第二种模式下，承担销售责任的主体是个人，而此种模式下，销售的主责已经演变为组织，而不再依赖于某个个人；对销售有直接或间接贡献的，至少还包括研发人员、产品人员、品牌推广人员，以及对应的工作机制。

按照冰山原理，水面之上容易被看到、认可和量化的是销售合同的签订行为，

| 这些年设计圈飘过的那些词

水面之下、间接推动合同签订的研发、产品管理、品牌推广、渠道建设，以及建立这种工作机制等等贡献，常常有被忽略之嫌，而对于设计公司而言，这些隐藏在水面下的恰恰是组织赖以生存和发展的根基。

  回顾上述三种模式或者相互的组合，可以发现一个共同的现象，即在设计公司，承担销售主责、对销售带来主要和直接贡献的，并非纯粹的销售员，因此，对销售员采用销售提成的方式计量薪酬达不到有效激励的目的，也不是推动公司业务增长的有效途径。有鉴于此，销售人员的薪酬结构，可以参照一般的职能管理人员设定，即：固定部分薪酬源于岗位职责、业务管辖范围，其浮动部分薪酬源于工作计划的完成情况、个人能力及态度等的综合评估，和销量不是线性的比例关系。

50
如何看待员工的加薪要求

席成新 发布于 2015-01-08

员工提出加薪，让很多管理者面临两难的选择，加吧，其他人要不要一起加，公司的人力成本会不会上升很多；不加吧，该员工的士气会受影响，甚至还可能会离职，本来人手就不够，人一走就更加捉襟见肘。那么，应该如何看待员工的加薪要求呢？

梳理员工提出的加薪理由，大致有两类：第一类，自己干得多，贡献大，拿到的薪酬却没有匹配；第二类，和同行、和外部比起来，自己挣得少，因此不满意。这两类情况，前者涉及薪酬的内部公平性，后者则与薪酬的外部竞争力有关系，关于这个话题，可参考"设计公司薪酬漫谈二：怎么确定公司的薪酬水平"。今天不妨结合员工加薪的事再略作补充。

首先看看内部公平性。在设计公司，对员工薪酬支付的依据一般是基于能力和绩效表现的综合评估，前者的收入表现形式是固定薪酬，保障日常生活所需；后者的收入表现形式是浮动薪酬（奖金），主要为激励之用。当员工提出加薪要求时，我们需要甄别的是，对这个员工的能力评估是否存在偏颇，从而导致固定薪酬部分不尽合理；或者，对他的绩效评估未尽客观公正，以至于奖金核发有所偏离。知道原因所在，才能对症下药，而不是简单地加薪或者不加薪。但遗憾的是，有一些已经迈过生存期的设计企业，由于并没有适时建立和实施有效的能力和绩效评估系统，薪酬管理相对粗放，薪酬政策朝令夕改，随意性大，使得员工产生强烈的收入不公平感。

　　再来看看外部竞争力。对设计公司而言，需要根据企业发展的不同阶段和未来发展需要，确定合理的人力薪酬总成本，这个总成本也决定了本公司员工的收入在行业中的整体水平和竞争力。需要特别说明的是，薪酬的外部竞争力强调的公司整体、而非某个个体或岗位；实际上，同样的岗位名称，在不同的公司，其职责内容、能力要求、绩效管理方式可能千差万别，因此并不适合进行薪酬水平的对比，当员工以外部对比来提出加薪要求时，管理者一方面需要感谢员工提供的相关行业薪酬信息，同时也有义务坦诚地向员工进行分析和澄清（但绝非掩饰）。当然，若回到问题的本质核心，要提高员工薪酬的外部竞争力，显然前提条件是提高公司的盈利能力，公司盈利能力强，员工收入自然水涨船高，公司盈利能状况不佳，则无法支撑过高的人力成本。

　　综上，当员工提出加薪要求时，我们可以从公司（内部）、行业（外部）对其加薪要求的合理性进行评估，做到有的放矢；同时也可以利用这样的时机，检视现有的薪酬绩效理念以及操作的有效性，思考提高公司盈利能力的策略和方法；从这个角度而言，每一次来自员工的加薪要求，可能都是公司管理改进的机会。

51
削减人力成本，裁员还是降薪

席成新 发布于 2015-06-1

裁员和降薪是企业面临经营困难时常用的两种削减人力成本的手段，两者的目的一致，那就是缩减开支以度过难关，来日再图发展壮大。设计企业人力成本所占比重很大，一旦需要在节省成本上做大文章，首先就是可能削减人力成本。那么，裁员和降薪，哪个更好？

从算账的角度而言，裁员对成本降低的力度要远远大于降薪，道理不难理解：在正规的企业运作中，员工的综合成本除了工资奖金外，还有相当大比例的社保、福利及培训等开销，这还不包括为员工支付的各种管理成本。而减薪除了能把工资奖金及非法定的福利适当拉低外，其余部分无法显著降低，因此减薪对于人力成本的下降贡献有限。

从涉及人群范围看，裁员只涉及部分人，降薪覆盖的人群范围则大得多，这是因为，若是降薪，就得大家一起降，而且减少的比例要差不多，不然易给人不公平之感，但集体降薪的麻烦在于，有能力的核心员工可能会离开，而留下来的员工能力相对有限，这会导致企业整体能力水平的降低。即便核心员工因为情感或忠诚度而勉强留下来，也可能面对缩水的收入而降低积极性，带来公司整体效率的降低。若采用裁员，核心员工依然可以保持甚至会提升薪酬水平。

再从操作维度上看，无论裁员或是降薪，都需要履行劳动合同约定的必须程序，

| 这些年设计圈飘过的那些词

而即便这些环节都顺利地通过了，让管理者或人力资源部门对员工开口仍是极为痛苦的事。裁员针对的是相对小的人群范围，而且是短期的、一次性行为，以后也无需重新面对，降薪却是面对所有以后还要时刻相处的员工，从情感而言，难以客观对待。

但这并非是在论证裁员比降薪更有效。实际上，裁员也会损伤员工的信心，给留下来的员工带来恐慌和不安全感，降低公司的效率，而采用降薪有时也具有某些优势。比如，行业衰退或低迷时，人力资源供大于求，相应的资源价格会下降（对现实的设计行业而言，或许目前正处于人力资源定价回归理性的过程），在此情形下，给员工保留一份工作也许显得更有人情味。另一方面，无论裁员或降薪，无论程序多么合情合理合法，都会对企业带来极大的负面影响，而如果再夹杂不规范的操作手段（比如，该补偿的不补偿），甚至可能会牵涉法律层面的纠纷，损伤企业外部形象。由此看来，裁员与降薪，哪个更好，并非是单纯的选择题。

另外，当裁员或降薪成为不得不时，还有个重要话题需要回答，那就是：裁员，裁什么人；降薪，降谁的薪。借助设计公司管理的三轴模型（资源轴 - 流程轴 - 产品轴），对这个话题再稍微做一些补充。

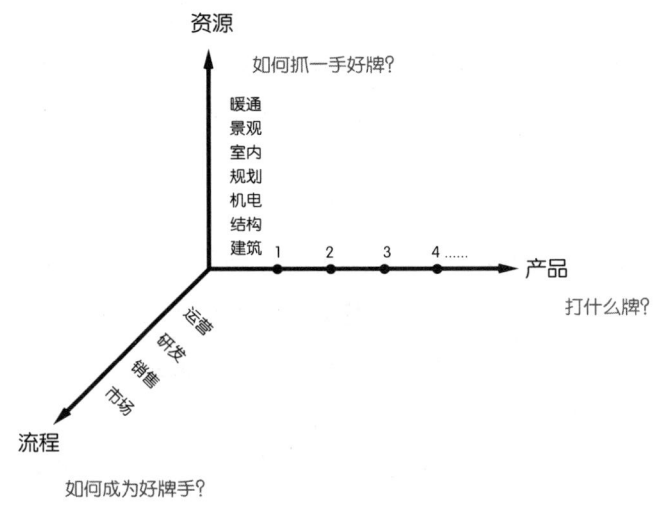

产品轴。设计行业引入产品概念的时间还不长，能够从产品角度去思考和工作的优秀产品经理的人员数量也非常有限，甚至很多设计公司还没有明确的产品，自

然也就没有产品管理团队。显然，在产品轴上，设计公司要做人力资源的加法，加大对产品管理团队的培育和投入，而不是裁员或者降薪（即便要裁员或降薪，那可能只是针对伪产品经理或没有真正引发产品价值的冗余人员）。

资源轴。从性价比角度而言，性价比不高的员工，很可能会首先成为裁员或降薪的对象。性价比高，至少有两层含义：一是高绩效，相对其他人有更高效的产出，更有价值的贡献；二是高能力，具备其他人不可替代或难以企及的能力，从职级体系的能力模型而言，这些能力包括专业能力（从事专业工作所需的特定知识、技能、行为和观念）、领导力（自我管理、协同他人、管理团队等能力）和核心能力（践行企业文化和核心价值观的能力）。

流程轴。设计公司业务的高效运转来自研发、市场、销售、运营有效组合，以及人力资源、信息、财务、行政等管理和服务职能的有力支撑。不同的企业，战略定位、发展阶段均有所不同，管理重点不一，因此很难有统一的标准来确定流程轴上的哪些职能人员可以裁掉或者降薪，建议从职能整合（如，部门合并，一岗多角色）、减少层级（如，将总部部分职能转移至分支机构）、提高服务范围（如，提高人均服务人数）等思路出发，寻求合理的人力成本削减之道。

| 这些年设计圈飘过的那些词

52
设计费不涨，人力成本不断上升，怎么办

席成新 发布于 2015-11-05

记得上半年有段时间一则短文引起很多人的关注，那就是相对于其他行业（比如，肉夹馍）不断上涨的售价，设计行业的收费单价不但没怎么涨，反倒陷入价格战，活越来越难接，甚至有吃不饱肚子的危险；而另一方面，人力成本——设计公司的主要成本——却随着各种因素不断飙升，让很多企业直呼吃不消。面临收费不变和成本上升的双重挤压，设计企业该怎么办？

首先，设计费不涨，表面上看，这是个普遍现象，但若仔细观察，这其实是个伪现象，至少不是那么具有普遍意义：事实上，当某些公司的收费单价在某个区间徘徊时，殊不知同样的业务，另一个同行的报价高了许多，而客户依然选择了它。这样的例子并不少见。这个同行是什么样子的呢？可能它不是设计思想超前的国外大师、明星事务所，也不是有行政资源背景、地位超然的体制内设计院，换言之，它是一个普通民营设计企业。只是当某些设计公司还沉醉于从测绘所到厕所样样精通、处处开花之时，它选择的是一条不一样的发展模式，即专业化、产品化之路：对外，研究客户、理解客户；对内，优化作业流程，提高效率。经过一段时间的持续纵深发展，形成这些领域的相对竞争优势，即便它的报价高，但由于更懂客户，更有效率，客户也愿意买单。和这样类似专卖店的设计公司相比，大部分全能的、杂货铺似的设计企业在客户面前没有议价优势，收费单价自然上不去。

其次，也需要理性的看待人力成本的上升现象。

一是，需要了解人力成本上升有相对和绝对两个概念。前者需要考虑业务规模的变化，后者则无需考虑（显然，不考虑业务规模的变化没有任何意义），人力成本上升隐含的背景是，相对于业务增长而言，人力成本增加得更多。这主要是两种因素引发的：一是消耗型因素，如企业内部效率低下，活力不足，成本被消耗而没有转化为产出；二是投资型因素，如为培育新业务而开展的必要的投资行为（如产品研发，市场推广，管理改进等等），钱花出去了，但还没有实现财务意义上的收益。显然在人力成本问题上，我们更需要关注的是前者，而不必在后者上过多纠结，为了明天有饭吃，今天总要播种吧。

二是，从经济发展规律上，经济增长总是伴随工资福利等的增长，从而带来企业人力成本的上升，这是任何行业都需要面对的客观现实，可能也推动行业不断发展、进化。而从设计行业来看，行业快速发展阶段人力成本的上升还有另外一个原因，那就是两个供不应求：一是业务市场上供方不足，因此设计公司占据主导地位，可以获取相对高额的费用，与收益相比，人力成本"感觉"没那么高，而一旦光景不好，人力成本似乎一下子变成了沉重的压力。表面上看，这是一种"感觉"的细微变化，而实际上反映了设计企业成本管理逐步摆脱拍脑袋、回归精细化的需要。二是人力资源市场上，行业的井喷带来人才的大量需求，而人才供给跟不上这种需要，物以稀为贵，人才定价高，企业的人力成本自然水涨船高。在目前环境下对企业管理者的好消息是，人才的过高定价或将不复存在。

三是，设计公司需要摒弃高利润率思维。在黄金发展时期，设计企业的利润率相对较高（据说部分企业的利润率一直维持在30%～40%的水平），高于同期银行存款利率（5%上下）、制造业（10%左右利润率）或其他智力行业，即便这样，部分管理者仍然认为设计行业有其特殊性，因而认为高利润率"存在即合理"。而与此形成对比的是，相对于设计公司不断鼓起的荷包而言，至少在很多建筑师的眼中，设计行业的社会地位和大众评价并没有明显提升，这确实值得反思。经济发展新常态下，依赖于传统设计业务而维持较高的利润率已经不那么切合实际，这对于很多管理者而言首先要改变自身的思维。而对于以利润中心思维模式管理的企业这是非常大的挑战：处于顶端的"总部"怎能轻易降低旗下业务单元的收益指标要求。

| 这些年设计圈飘过的那些词

　　四是，提高单位人力成本的产出是根本。这可能涉及很多方面，一是产品导向，即以产品切入，深化产品概念，建立客户的产品认知，提高议价能力等，这是"做正确的事"；二是在内部管理上，通过标准化流程、质量体系、优化技术标准等措施，以及运用设计新工具和新方法，提高生产效率等，这是"把事做正确"；三是从文化、思维、制度流程上，仔细研究作为"人"的设计师，他们所思、所想、所需、所要，发挥创造力，激发内在动力等，这是"激发人的事"。一言以蔽之，激发人的力量，把正确的事做正确。

53
薪酬分配是否应该公开

席成新 发布于 2015-04-30

员工的薪酬分配是否应该公开是一个有争议的话题，无论企业管理者还是员工都在此问题上表现出相当矛盾的态度：对管理者而言，薪酬分配公开的可以给员工一个更清晰的收入奋斗目标，避免员工间无谓的议论和误解，但同时也对薪酬分配公开带来的负面影响非常担忧；对员工而言，有的员工希望薪酬分配透明，有的员工却不希望自己的薪酬分配被知晓，但他们都想知道他人的薪酬收入。那么，薪酬分配是否应该公开呢？

一般而言，薪酬分配公开包含两个维度：程序公开和结果公开。

所谓程序公开，指的是薪酬分配的规则和流程是公开的，透明的。一个简单例子是，对于以产值计算提成的设计公司而言，产值核定标准、阶段比例、角色比例等是事先约定好的，明确、可查询，且在一个分配周期内（通常为一年）相对固定，每个设计师都可以通过正式渠道清晰地知道产值核算规则和流程，提供的数据也可以支持设计师相对容易地验证分配的结果是否属实，因此可以理解为产值分配的程序是公开的。

所谓结果公开，指的是薪酬分配的结果的是公开的，员工能相互知道彼此的分配情况。同样以项目产值分配为例，由于相关的分配比例关系是事先确定的，员工一旦进入某个项目组、承担相应的项目角色职责时，其完成这个项目后所分配的产值已经基本确定，项目实际结算时可能会根据员工的表现略作调整，但总体出入不大，因此可以理解为分配结果在项目组中是公开的。当然员工会参与不同的项目，会和不同的人群组成项目小组，因此所有的项目分配总和未必为他人所周知。

程序公开是结果公开的基础，但二者均指向薪酬的内部公平性，从行业实际看，大多数设计公司认为程序公开非常必要，目前已经做到且在不断完善中，但对于结果公开，几乎没有先例，而我个人也对结果公开的必要性存疑，主要原因如下：

首先，几乎所有行业都把薪酬视为企业极度重要的商业机密，薪酬分配可能也是形成企业核心竞争力的组成要素之一，一旦在内部公开，也一定会被同行和竞争对手获取，这必然会让企业在市场竞争中处于不利的地位，给企业带来潜在的损失；再回到设计行业来，即便薪酬不是企业的商业秘密，由于人才相对稀缺，作为设计资源的"人"在市场中的定价本身存在一定的不合理性，当企业内部的薪酬分配信息扩散到同业公司时，很可能带来恶性的、以薪酬为主要手段的人才恶性竞争，给本来就还未完成职业化管理进程的设计行业带来极大的不利影响。

其次，薪酬结果公开的出发点是体现内部公平性，但一个事件的公平性，除了事件本身是公平的外，还有一点也很重要，那就是利益相关方能够以职业化、成熟而客观的态度看待这种公平。具体到薪酬分配的结果公开上，就算管理者尽到了最大的努力实现结果公平，但如果员工的职业素养并未达到一定的程度。如：对自我的认知存在不足，对管理者缺乏信任，相互攀比、不合理的薪酬预期，等等。那么公开薪酬分配结果可能适得其反。一个简单例子是，设计公司除了生产人员（如设计师）之外，还有其他职能人员（如行政、财务等），如果生产人员认为，他们是在创造效益，在为公司挣钱，职能人员是在消耗，是在花钱，薪酬分配公开后，当他们看到个别职能人员的薪酬比他们高时，一定存有很多不满的，这种不满可能带来效率的下降，而为解决效率问题而付出额外的管理成本，会拖累企业的正常发展。

最后，设计公司依赖于智力创造带来价值，而智力创造所需要的能力、过程和结果均难于度量，对于价值和成果的评判也往往仁者见仁、智者见智，带有强烈的主观色彩和个人偏好，因此并不存在唯一而客观的评价体系，更难以用薪酬分配结果作为直接评价依据，这是设计公司薪酬分配的难题，但从行业来看，这也恰恰体现了设计行业的独特魅力，我们没有必要为了追求薪酬分配结果的公平性、公开性而忘了对这个魅力的追求，同时也应知道，公平、公开，也是相对的。

| 这些年设计圈飘过的那些词

爱因斯坦说：我们不能指望用制造问题的意识水平来解决问题。

6 财务

懂业务 \ 风险 \ 解决方案 \ 股东 \ 税务 \ 信用评级 \ 税收 \ 优惠政策 \ 变更 \ 账户 \ 财务部门 \ 条款 \ 审核 \ 合同台账 \ 合规性 \ 现金 \ 奖金 \ 分红 \ 个税 \ 省钱 \ 现象 \ 资金 \ 制度 \ 财务核算 \ 资产管理 \ 绩效 \ 量化 \ 特征 \ 成本 \ 管理思维 \ 面试 \ 翻译

| 这些年设计圈飘过的那些词

54
懂业务的财务才是设计公司的好财务

周毓华 发布于 2018-9-27

上一篇是"如何面试财务岗位的人",我们进一步聊聊在设计公司,面试结束进入正式工作阶段,如何判断他是否是一个好的财务人员呢?

先说说我自己第一次去设计公司参与面试的经历。

当时我在培训/咨询业已经从业了8年,接触了形形色色优秀的人。有一天接到了陈阳老师的电话,他当时刚去该集团公司任总经理。集团计划在北京开设区域公司,问我有没有兴趣。大概跟我介绍了一下公司战略规划、行业地位、目前的规模、薪资待遇等。最后我问了一个很现实的问题,我去上海面试的差旅费公司是否承担?陈老师告诉我,按规定我这个职位是没有的(设计行业只给技术大咖们这待遇哈),但希望我能去谈谈,谈完了再商量。

找了个周五,安排好工作就去了上海。8月份夏天的上海,很热!

见完集团的HR,又去见集团董事长,陈老师又给我介绍了一遍公司战略……描述完问我有什么想问的?

我:集团成立北京区域公司,有可行性研究报告吗?
陈:没有!

我：有没有一个大概两到三年的一个预测？

陈：也没有！

我：那有什么？

陈：集团会指派一名总经理和一名技术总监与你一起组建北京公司，集团公司是成本中心的模式，对北京公司的部署是一种战略行为。财务指标方面，在18个月之内，可以没有现金收入，重要的是打开局面，根据预测有4000万元的合同额就可以完成第一个阶段在北京立足的任务。我们现在在天津已经有2000多万元合同额的项目在跟进了，这个会计算作北京区域，再新增2000万元合同额就行了。而非财务指标，诸如把团队组建起来，达到80人左右的规模。

我：哦！那我知道了！

董事长：你刚才问陈总的那些，北京公司的预算？你能做吗？

我愣了一下，说，当然能！

董事长：你要多长时间能做出来？

我：我不熟悉咱们这个行业，我需要调研基础数据，大概一个月左右吧。

董事长：OK！

正式入职后，开启了人生中最苦的一个多月的职业生涯！也是收获最大，成长最快的一段时间。

白天参加各个项目组的会议旁听、运营会议旁听，甚至是招聘都参与旁听，从各个渠道搜集我需要的资讯。熟悉了解项目流程、项目成本构成、供应商的报价、各种结算流程等。期间，因为北京公司马上涉及大批量的采购，集团没有采购制度，还把集团公司的采购制度做了出来。很辛苦地熬了一段时间，终于把最近6个月之内的资金预算需求按月度做了出来。为了把资金管控做好，每个月的办公设备采购，都是根据新招聘到岗的人数去配置，尽可能的减少资源浪费。很幸运，我的工作成果得到了认可，不光面试的差旅费给报销了，年底奖金还增加了不少。

再讲一个例子，是我的一个很优秀的学员的面试经历。一直在外企工作，注册会计师，接到了一家瑞典公司的面试邀请，给我来电话讨论如何准备面试。

| 这些年设计圈飘过的那些词

　　我给她的建议是：登录该公司的网站，查阅跟业务相关的信息、最近几年的主打产品、承接的项目、客户、供应商的情况等，都要一一去了解。准备得越充分越好，做笔记，记不住照着念都行。让对方知道还没入职的情况下，已经提前了解到了企业的诸多信息。这些信息，也大致能梳理出公司的盈利模式、市场区域、收入构成和成本构成，这些都是一个合格的财务管理人员应该具备的职业素养。她很顺利地通过了面试，在这家企业任职至今。

　　很多企业的财务人员，更多的是关心自己的一亩三分地，关上门来做核算。这样是不可能熟悉业务的。一定要走进业务的前端，走出财务办公室，走进业务、走进流程、走进数据、走进项目，这才是熟悉设计进度的关键点。

　　对设计公司来说，财务应该融入公司所有业务活动之中：从投标过程中的制定报价、合同概算到项目回款、从研发的产品规划到市场分析、从出差申请到费用报销、从资产管理到资金管理、税务筹划⋯⋯

　　目前好多财务人员仅仅局限于单纯的财务核算，由于市场与业务的快速变化，日常的账务核算已经越来越与企业的经营目标偏离了，进而导致财务人员离老板的距离越来越远，这就是目前好多财务人员经常抱怨的：老板不重视财务、财务的工资最低、开会从来不让财务参加（有的时候是财务觉得和自己无关，躲着不参加；甚至会开一半，自己溜掉等）现象的出现。殊不知，这一系列问题的出现究其原因是在财务人员本身，自己把财务与业务人为的隔离开来。就从财务部的办公室区域设置就可以看出来，大多数在公司最里面最深处的地方，动不动就紧闭大门。工作上财务部门为了合规而合规，为了制度而制度，但是没有考虑合规和制度到底是为了什么？

　　当然，我们前一篇文章中列举的关于战略和产品部分的问题，如果面试的时候连公司老板都说不清道不明的话，这种公司我们财务人员就别去蹚浑水了。这是整个公司没有战略规划和产品思维导致的。在行业发展进入到 2.0 时代，还在用 1.0 时代接活干活的套路来经营，是没办法可持续发展的，日子会越来越艰难。这样的企业，很难留住有业务思维和管理思维的好财务人员。即使你去了，短期内就会失望。

我在以往的课堂上也给学员分享过，如果你处在这种企业，可以考虑换下家了。年纪越大，找工作越难，如果经过一系列的分析，你自己都不看好这个企业和行业的话，早点抽身，选一个有长远发展的企业，和其一起成长，工作到退休，职业生涯就圆满了。我也遇到过很多学员，退休以后又被企业返聘，在这种人身上，从来没有放弃过学习，学习专业知识、行业特性、钻研公司业务。财务是需要终身学习的专业。

财务是要走向业务，为业务部门服务，解决问题的。一味低头搞核算的人肯定不是合格的财务高级管理人员。好的财务人员，要把财务思维带到业务中去，财务与业务有机融合才能创造更大价值，才可以最终成长为出色的高端财务人员。

高附加值的财务人会根据公司战略目标，配合公司高层，协同业务部门及相关职能部门，对公司各项工作提供服务、保障、管理及支撑作用，合理分配好现有的资源。

人生只有两季，努力是旺季，不努力就是淡季。希望所有的财务同行们都能成长为高端财务人员，找到可以奋斗终身的职位。

| 这些年设计圈飘过的那些词

55
设计公司如鲠在喉，又不明就里的一些财务事

周毓华 发布于 2018-7-19

财税方面的"奇葩事"年年都有，不仅上市公司，各行各业也都有。做了这么些年的培训师和财务顾问，在实际工作中着实遇到了不少奇奇怪怪的事情，不得不说设计行业的财务问题尤为突出，设计公司的财务水平整体偏低。今天我就与大家聊聊让设计公司如鲠在喉又不明就里的一些财务事。

1. 财务只告诉老板风险，不提具体解决方案给决策层做选择

风险：很多财务人员一看到有关政策性的公众号文章，不仔细研读，就直接转发给老板。只告诉老板这样那样不行，会有什么风险，很少告诉老板有没有什么解决方案。

措施：财务人员要为老板做好政策法规的翻译，对于与自己行业和产业相关的政策性变化，要提前做好应对方案，甚至是 2 到 3 种方案，分析清楚利弊，供管理层做决策。

2. 老板和股东对于税务信用评级的意义和影响不太清楚

风险：对于 B 级（含）以下的企业，在参与大型项目投标或者进入大型企业的集采供应库时，很容易被淘汰。若被评为 D 级（含 D 级）以下，增值税专用发票的领用按辅导期（限量限额）一般纳税人政策办理，普通发票的领用实行交(验)旧供新、严格限量供应；另外老板或股东出行可能会受一定影响，比如，不能乘坐公务舱、一

等座，不能入住四星以上的酒店等。

措施：一旦发生这种情况，积极与税务部门沟通，弄清楚影响评级的具体原因，通过流程和制度建设查漏补缺，提升管理水平。在短时间内达到要求后可申请晋级，维护好 A 级信用。

3. 对于税收优惠政策的了解情况和运用没有与时俱进

风险：从国家政策方面来看，是大力鼓励研发和创新，并对这方面有研发费用加计扣除的政策，但很多企业老板根本不知晓这项优惠政策，财务人员没有及时学习了解相关行业政策，更不可能告诉老板。

措施：提前做好财务核算，按照研发费用加计扣除的要求制定研发的立项、费用的审批及使用的流程。如：2017 年汇算清缴时，ADU 某学员单位通过这一项政策的运用，企业所得税纳税额减免 50 多万元。该企业目前在申请 2018 年度首都设计提升计划专项研发资金，如果批下来，能有 70 万元左右的政府补贴资金。

4. 重大事项变更后不去工商税务部门办理变更备案手续

比如：迁址、财务管理人员离职、股东变更等。

风险：会导致征管部门的通知无法及时知晓；已离职的人员即使接到这部分通知，未必会及时告知企业。客户查询企业信息时，会发现实际注册地址与经营地址不一致、股东不一致，信任度会降低。

措施：一旦发生地址搬迁、联系人离职、股东变更等信息，及时去税务工商部门办理变更登记，保证实际与对外公开信息的一致性。

5. 公司账户和老板或股东个人账户的资金没有完全分开，混在一起

风险：公司缺钱了，老板或股东从个人账户转账到公司账户；公司赚钱了，公司账户直接转账到老板或个人账户，记账在其他应收款——老板或股东个人。超期一年以上未归还的股东借款，会被税务部门认定为分红，并补缴个人所得税。2018 年税务稽查，不仅要查公司的账户，更会重点稽查公司法人、实际控制人、主要负责

人的个人账户。

措施：老板或股东个人借款给公司，应有完成的借款合同和转账凭证。等公司有能力偿还借款时，及时偿还借款并保证财务凭证齐备。

6. 财务部门不参与合同管理和前期条款审核无合同台账
有台账但没有与经营部门核准校对相关数据。
风险：财务部数据不能真实反应公司的项目运营状况，一问三不知，总觉得项目与自身的工作无关，越来越边缘化。更谈不上有能力建立前馈控制体系，根据公司业务设计合理的财务核算制度。

措施：财务部必须参与到合同管理环节，建立财务部门的合同台账，与业务部门不定期核对合同台账，根据项目进度预测每期的开票额和收款额，提前做好资金规划。

7. 部分大额支出合规性欠缺
风险：等业务实际发生后发现不合理合规，再来调整时工作量大，还可能错过时间节点，不能合理合规地核算进项目成本，不能真实反应项目的盈利状况。

措施：根据项目合同内容及其进度，尽可能精准预测外协/分包设计费、居间费用、项目人员奖金等大额支出。提前做好资金使用计划，完善付款审批流程和财务支付流程。

8. 发票管理制度与流程不健全 \ 发票被甲方丢失 \ 开错发票退票随意
风险：对企业税务评级有一定影响，严重的会影响发票申购，开票受限制。

措施：建立发票管理制度，完善发票管理台账。对相关业务部门人员进行培训。设定开票初审、复审步骤，减少差错；完善发票交付流程及其记录单，即使因甲方工作人员失误遗失，也不要随意按遗失处理申请重新开具发票。可与甲方财务部门协商，提供发票记账联复印件及税务部门的证明，甲方即可入账。

9. 增值税专用发票与普票的交税差异算不清楚\增值税管理台账缺失

风险：核算增值税销项税和进项税不精准，不能提前做好纳税筹划工作。

措施：建立完整的增值税管理台账，可根据项目进度及预计开票时间，提前要求供应商根据项目进度为我方开具发票，合理控制增值税销项税纳税额。

10. 账面现金额大的情况下还在继续提取现金

风险：既然有钱，为何还取钱？是否坐支现金？

措施：提前做好资金使用计划，资金充裕的情况下可以购买短期保本理财产品增加收益；资金不充裕时提前告知业务部门，提供应收账款明细清单，合理调整工作安排，保证公司现金流安全。

11. 奖金或分红个税由公司支付而不是个人支付，税金部分会被税务部门再次计算缴纳个税

风险：奖金或分红的个税如果是公司支付，那么其支付的税金部分，还需要缴纳个人所得税。

比如公司分红给老板或股东：假设个人所得税税率20%，老板或股东实收奖金为20万元。公司代扣代缴个人所得税为4万元，那么，这4万元需要在按照20%的税率缴纳个人所得税。

措施：公司分红给老板或股东，假设个人所得税税率20%，老板或股东实收奖金为20万元。公司代扣代缴个人所得税为4.8万元，应发奖金额为24.8万元。或者老板或股东实收奖金为16万元，公司代扣代缴个人所得税为4万元，应发奖金20万元。

12. 入职离职流程不规范，行政人事财务配合不紧密

风险：人力资源部门人员缺失，财务部门编制工资表，一旦出现问题互相推诿，

如：员工入职离职过程中，员工社保漏交，少扣。甚至有的员工离职后，还在给其发工资。

措施：完善员工入职和离职流程，对各环节相关人员进行统一标准的培训，强化执行过程中的初审、复审流程和交接记录单。

综上所述，仅仅是部分有代表性的共性事项，更多内容未一一列举。当然，相比某上市公司的存货——扇贝"跑路"，游走又重返；某公司一卡车财务文件正本被偷的事件相比，只能说，这都不是事儿！

在国家政策导向日益完善，整个行业市场增长率下降的今时今日，还是希望企业财务人员加强自身学习，多研究行业特征，站在财务战略高度来思考和看问题，为企业长远发展提供服务保障，提前做好应对风险的规避计划，将有限的资源合理分配，创造最大价值。

56
老板娘管账,真的能省钱吗
——设计公司的财务现象与风险(一)

周毓华 发布于 2018-3-22

过去二十多年,随着房地产行业飞速发展,建筑设计公司也经历了野蛮生长。在创业初期,迫于生存压力及资金安全等因素,很多设计公司的财务(出纳)都是由老板亲属甚至是老板娘担任的。公司大部分决策都是老板一个人说了算,这种权威性或许展现了老板的个人魅力,而在经营决策的时候大家畏惧或过度依赖老板的权威则会形成"一言堂"的氛围,一旦遇到项目关键结点,老板不拍板,下面的人都不知道该如何进行,更谈不上从财务角度以项目盈利能力和公司成本控制等数据为依据来作决策。

我们先来谈谈企业存在的现象及其风险都有哪些:

1. 老板个人资金和公司资金不分

设计公司创业初期,都是创始人或合伙人出资,加上共事或合作过的人才,就开始接活干活了。公司缺钱了,老板从兜里拿钱来填窟窿。公司赚钱了,老板打个招呼,几千几万元甚至几十万元的现金就直接打到老板个人账户里。

老板用于项目支出由于暂未取得发票则记作老板借款,稍微正规点的财务,会要求老板填个借款单,通常情况下,出纳都是拿银行转账凭证作为老板个人借款。这是很多民营中小企业非常普遍的现象。大家都认为,老板的钱就是公司的钱,公司的钱就是老板的钱。这种公私不分的做法使得老板个人面临很大的法律风险、债务风险和税务风险，其实是非常不可取的。

风险

税务一旦稽查，超过一年以上的其他应收款，都会视同分红要求老板补缴个人所得税。假设超过一年以上的老板借款金额为100万元，补缴个税为100万元×20%=20万元。如果认定是偷漏税，还会产生罚款和滞纳金。

而项目支出因未取得发票导致不能记入项目成本。这部分会涉及到增值税进项税抵扣和企业所得税。可抵扣的进项税额少，企业自然要多缴纳增值税。如：100万元的项目成本未取得发票不能入账，增值税100万元×3%=3万元；企业所得税100万元×25%=25万元；合计多交税款28万元。

2. 财务制度不健全，财务核算不合理

老板亲属管财务的公司，普遍存在制度不完善或制度形同虚设的现象，有时候老板或老板娘的话就是制度。财务执行过程中的随意性比较大，报销审核标准也因人而异，让员工感到不公平。而财务支出太随意，会导致在实际执行过程中，对于可花可不花的支出，或在短期内没有直接回报的支出，老板们往往能省就省，不考虑长期影响。

因为主管财务的负责人非专业人员，单据凭证缺失、票证不符、账款不符的现象比比皆是。做得好的，会有很详细的费用明细，却没有根据公司业务即项目进度进行财务核算。会计准则和税法中有明确规定："在取得商品所有权转移凭证或交付实物后，可以认为满足收入确认条件，应当确认销售商品收入。"但在设计行业中，财务部核算还是习惯以开票为准，这也是导致设计公司财务数据和运营数据不匹配的主要原因。财务核算与公司业务不匹配也就谈不上有效的财务分析和管理。

更多的设计公司，财务账套的科目设置大都不符合设计公司的运营管理，没有做到按照项目和部门核算，财务数据与实际运营数据脱节，老板想要什么数据财务人员都需要去统计归集一遍，不能及时汇报。或者提供不出老板想要的项目运营数据，老板觉得财务人员做事没效率、不懂业务。财务人员觉得老板不懂财务专业、不懂税法,想一出是一出,没头没脑地安排工作,有苦无处诉,委屈得不行。这样的公司,更谈不上有效的运营管理了。

风险

财务制度的随意可能导致员工相应的报销、奖金等待遇与实际不符,员工感到不公或不受尊重。觉得公司是老板的提款机,自己成了赚钱的机器,在公司看不到长远发展,辞职另谋高就。尤其是核心员工的流失,对公司来说是极大的损失。最近几年的人才流失,也是老板们的痛点。

公司该花的钱没有花,那么期望达成的目标也可能大打折扣。如:公司在市场品牌或渠道影响方面没有投入,或许公司在行业内的知名度或影响力的增长就有限。如果反过来看,经营部或市场部计划内的社交应酬费当期没有花,可能是相关人员当期的工作任务没有完成,该拜访的客户没有拜访,该跟进的业务没有跟进,那么相对应的,期望达成的项目目标只能往后推迟,或失去相关业务。我曾就职的一家公司,开季度运营会议时,因财务报表反馈经营部有两笔预算内的应酬费没有花出去,集团运营副总直接责成相关人员写报告说明情况,解释没有花出去的原因,还要拿出具体的改进措施,在下一阶段如何补救。

再有,财务凭证不符合会计准则和税法要求;未根据项目进度及实物交付转移结转收入,有被税务机关认定为偷漏税的风险。由于没有根据项目进度确认收入,收款也大多在年底实现,导致收入大幅度增加的同时成本没有同比增加,很容易被误以为经营异常,同时增加纳税额。为了降低税务成本,设计公司以往也做了多种途径的尝试,但手法及技术手段不高,有经验的人员一眼就可以看穿。如果企业根据项目进度进行财务核算,同期的收入和成本都是匹配的,全年下来差异不大属于稳定经营,对于企业进行项目的生产周期,库存期等指标的核算提供数据支持,那么老板们也就不用为该不该接活犯难了。

金税三期系统广泛使用后,以往的一些手段,比如:作为智力密集型企业人力成本占收入比低于平均水平;相关的客户、公司及供应商之间发票链异常;个人消

| 这些年设计圈飘过的那些词

费（举例：EMBA 学费、旅游、商业保险等）以公司成本列支；某一项支出不符合行业特征等，都会直接在金税三期系统中预警，就有可能被认为偷漏税。一旦发生这种情况，税务稽查要求公司提供会计凭证核查、补缴税款、或锁定企业的发票系统，严重的，会有几倍的罚款，公司进入税务系统的黑名单等，对公司来说都得不偿失。

2018 年税务稽查，不仅要查公司的账户，更会重点稽查公司法定代表人、实际控制人、主要负责人的个人账户，一旦被稽查，补缴税款是小事，不仅缴纳大量的滞纳金和税务行政罚款，严重的甚至有承担刑事责任的风险，还有可能影响公司在未来参与大型项目的投标资格。如果公司在发展中需要筹资融资，投资者往往最看重关联交易和往来款的合理合规性，那么这部分也是极大的隐患。

从国家政策层面来看，管控越来越严格，但利好政策也不少，企业运用的好，税务成本一样能得到有效控制。对于设计行业来说，更应聘请专业的财务人员，或将现有人员进行更专业化的培训，采用更合理合规的纳税筹划方案，制定符合企业经营和运营的财务核算制度与流程，这样才能在竞争越来越激烈的市场中，通过管理效率的提升获得更长久的发展。

57

老板娘管账，真的能省钱吗
——设计公司的财务现象与风险（二）

周毓华 发布于 2018-4-26

上个月我写了一篇"老板娘管账，真的能省钱吗——设计公司的财务现象与风险（一）"，来咨询的朋友很多。设计公司在财务管理方面着实还存在很多问题，上次谈了资金与财务制度两点，今天我们来继续这个话题。

3. 未充分解读税收优惠政策

近几年国家出台了一系列税收优惠相关政策，对于智力型企业是很大的利好消息。如高新技术企业的税收优惠政策、对于企业研发费用的加计扣除等。但设计公司对于这些政策运用不多的原因有三：

（1）部分设计公司的财务人员专业能力缺失，对政策的理解不够，以为设计公司不符合高新技术企业的申请要求；

（2）财务核算未根据国家政策去设置相关的研发费用科目；

（3）还有一部分原因是怕麻烦，因为涉及到减免税时需要办理备案，专项审计等手续，多一事不如少一事。

风险

就研发费用加计扣除这一项，国家税务总局公告 2017 年第 40 号文中明确规定："人员人工费用是指直接从事研发活动人员的工资薪金、基本养老保险费、基本医疗保险费、失业保险费、工伤保险费、生育保险费和住房公积金，以及外聘研发人员的劳务费用。"

也就是说，在设计公司从事研发活动的人力成本都可以加计扣除。举例：如果一个企业的所得税税率是 25%，如果当年的研发费用全部费用化（研发费用分资本化支出和费用化支出）计入当期损益的金额是 1000 万元，费用全部符合加计扣除的条件，那允许税前加计扣除的金额就是：1000 万元 ×50%=500 万元（根据国家政策，可以按照 50% 或 75% 计算加计扣除，这里按最低保守比例 50% 计）。所节省的所得税，就是 500 万元 ×25%=125 万元。这还仅仅是工资薪金部分，还有其他的直接和间接投入，也属于加计扣除的范畴。40 号文中明确说明，失败的研发活动所发生的研发费用，可享受税前加计扣除。失败的研发活动并非毫无价值，在一般情况下的失败，虽然没有取得预期的结果，但可以积累经验获取其他有价值。

我去年将这项政策讲述给一位设计公司的老板听，他表示从来没有听说过可以怎么做。甚至该企业已经取得了高新技术企业的资格，可以享受 15% 企业所得税的优惠政策，但是因为某些原因自动选择放弃税收优惠。这也从另一个侧面说明财务人员专业度的重要性。如何将国家政策运用好，需要从企业财务核算基础开始，科目设置、建账都要符合研发费用加计扣除的要求，需要更专业的人员提供技术支出，甚至第三方出具的专业报告，只要一切都是合理合规，享受国家优惠政策就水到渠成了。

4. 资产管理的缺失

对于企业的资产管理，大多设计公司做的都不太好或者没做。说到资产，大家第一反应是不动产。设计公司都是轻资产，公司有房产等重资产的情况不多。关于资产管理，也许有些老板不以为然，认为资产都在公司自己的地盘儿里面，门口有保安系统，资产丢不了。实则不然。大家对于公司有多少车辆，可能比较清楚。但是有多少机器？多少制图设备？多少电脑？多少办公家具？公司就不一定有清晰的账目记录。这些资产都放在哪里？谁负责管理？是否还能使用？损坏的有多少？哪些需要维修？哪些只能报废？账上还能不能查到？再进一步，这些资产是什么时间购买？是谁买的？现在谁在用？是不是有记录可查？

风险

如果公司没有明文规定，任何采购都没有经过相关人员验收入库再登记领用，使用过程中的维护没有落实，会造成很大的浪费。比如：设计人员对于电脑设备的配置要求比较高，及时盘点设备，有助于设备更新维护，及时淘汰旧设备，保障设计生产使用。期间有人离职，也不会对设备造成影响或损坏。新入职人员，先看看现有设备的使用情况，再考虑是否需要购买新设备。尤其是有的设计公司发展到一定的规模，需要扩张，或在异地开设分支机构，这个时候做好资产的采购和使用计划，能极大的降低公司对于现金流的需求，提升资金的使用效率。

各位老板对于目前公司的资产管理，能不能知道公司到底有多少固定资产？有没有清晰的账目可查？回过头来盘点一下，看看这些年浪费掉的银子，会不会有点肉疼？！

设计公司的上述问题，看似严重，一部分根源在老板身上，等老板希望公司规范的时候，就会转变意识，主动提出规范财务管理。比如：公司的利润、规模做大了，老板不愿意承担过多的财税风险；公司计划引入新的股东出现了利益制衡；公司准备走入资本市场，需要更开放地面对投资人的时候等。

不论哪种情况出现，在现今的市场情况下，都需要将公司财务体系规范化，为了公司的长期发展，将各项资源做好合理的分配。比如产品研发和市场营销：有了产品，与同业竞争者的差异越大，可以提升与客户的议价能力，项目利润率就高了，给员工的回报也会相应增加。而员工的稳定性和归属感也会越高；市场营销（这里的市场营销不是指参与项目投标，而是指品牌创立和渠道建设）——品牌和渠道建设都有了，就可以有针对性地选择与公司产品和战略等相匹配的项目，力争做到某个领域的专家。

很多设计公司不知道什么时候该接活，什么时候不能接活。其实如果企业有根据项目进度来核算的财务数据和运营数据：可以进行产值分析，根据产值和工时计算出产工比；根据人力成本支出计算出理论产能；根据库存（库存分为：产成品库存（已完成未收款），在产品库存（有合同在生产＋无合同在生产））和理论产能

| 这些年设计圈飘过的那些词

计算出库存期；再根据公司所有项目的合同余额和理论产能计算出生产周期。库存期与生产周期比可以直接反映公司项目饱和状况，来确定是否增加项目储备，该不该接活。

这部分内容，在陈阳老师第二本书《白话设计公司战略》中已经有介绍，但很多公司还未能适当地运用，或者说公司的财务体系还做不到财务数据可以为运营分析提供数据支持。简单说，就是财务核算体系不适合企业运营。那么，这种类型的企业财务，一定要学会从财务核算会计中跳出来，参与企业运营数据的收集和汇总分析中去，才能更好地发挥财务部门的财务管理能力。

当然，当下要做的，还是审查自身的财务核算体系是否符合企业经营和运营；是否能提交一份合格的符合企业经营和运营的财务分析报告，让企业做决策的时候不再是让老板拍脑袋，而是有充分的数据可支撑。让老板们不再为有了新项目，接不接活、招不招人犯难。

我们不知道未来是严寒还是酷热。只有一点是肯定的,我们生活在刀刃上。

——ADU咨询首席顾问
陈阳

58
设计公司绩效管理如何落地

周毓华 发布于 2015-10-22

十月金秋，又到了一年一度的预算季，各个公司的技术和职能部门都忙得不可开交了。大家肯定疑惑，不是要谈绩效管理如何落地吗？怎么开篇就在聊预算？套用我们另一位老师的玩笑话，没有预算管理的绩效管理是在耍流氓！我也不只一次两次地听到很多老大们说，有绩效管理制度，但是一到年底分奖金各部门就开始有分歧；高管或部门负责人说，年年都做预算，可预算报到老大们那里就再也没有动静了；或者认为公司编预算就是财务部的事；再或者，各部门根据上一年的经营指标，大概测算出下一年的各项经营指标，然后除以 12 个月，就当作下一年当期要完成的预算指标，每个季度末还用实际和预算做对比，分析形成差异的原因，安排调整下一个阶段的工作内容。如果对预算管理工具仅仅停留在这个层面，的确是增加了大家的工作量，执行下来不能解决实际问题。那么，不做也罢！只是，在这种公司治理的氛围下，绩效管理的指标量化都成了问题，无法展示其公平性。绩效管理的过程中增强共识、凝聚人心、促进沟通、能力提升的作用更谈不上了。

绩效管理的四个阶段：计划—执行—考核—反馈。四个阶段首先就是计划，这个计划是公司全员的计划。不论是从上往下，还是自下而上，都必须达成一致才能执行。高管层根据企业上一年的经营情况和对未来一年的市场预期制定年度目标；确定组织结构和岗位职责；分解各级目标；上下级就目标达成的条件、资源帮助、何时奖惩等达成共识，这个过程就是编制预算的过程。实施全面预算管理可以优化企业各种资源配置、提高投入人、财、物等资源的使用效益。通过预算编制流程、预算执行与监控、预算考核评估，将绩效管理落实到具体环节，更加合理地调动各种资源的配置以达到企业效益最大化。

企业战略目标和经营目标不是由几个高管来执行，而是所有管理人员都应该参与进来，这更有利于目标达成，一个完整的绩效管理系统才能实现企业的高效运作。由于公司预算管理的流程步骤与企业规模和组织架构有一定的关联性，这里不做具体阐述。重点提示大家在这个环节一定要符合 SMART 原则。制定目标和流程看似一件简单的事情，但是如果上升到技术的层面，必须符合 SMART 原则。即：在编制预算时目标要清晰、明确，让参与考核与被考核的人能够准确的理解目标；目标要量化，考核时可以采用相同的标准准确衡量；目标要通过努力可以实现，不能过低和偏高，偏低了无意义，偏高了实现不了，影响员工积极性；目标要和工作有相关性，不是相关被考核人的工作，不设定目标；目标要有时限性，要在规定的时间内完成，时间一到，就要看结果。

设计公司的费用支出还是比较清晰明了，设计行业最大的成本是人力成本，其次是图文制作费、房租、差旅等费用支出，各大公司的老大或项目负责人心里大概都有一个衡量比率，超出这个比率范围的都会引起关注。

我们今天重点来谈谈让很多技术负责人和财务负责人头疼的设计公司的收入预算如何编制，在执行过程中如何监控，如何量化到每一个项目中，如何在预算编制时就制定好绩效管理的目标，达成一致便于执行。

首先需要根据公司的产品类型进行分类。设计公司是典型的项目型公司，大家往往在纠结到底是先有人还是先有活，那我们就从这条线开始梳理编制，公司在下一年到底有多少项目可做，有多少项目要做，需要多少人来做，在每个月都分别做什么，什么时候完成，什么时候收款。先来看已开票的应收款如何做，如下表：

已开票应收款预计收入		下一年度 预计收款（万元）					
本年期初余额	100	1月	2月	3月	……	12月	全年
本期回款		0	0	100			
本期结余		100	100	0			

注：上年已开票未收款预计本年度回款期　　　收款责任人：

| 这些年设计圈飘过的那些词

这张表中的内容是测算的应收款回款情况，要具体到那一个月能收回，这个表由运营部门负责填报，财务部门复核。列清楚具体的收款责任部门及执行人。

如果一笔100万元的款项，预计3月回款，但到了3月末，通过实际与预算的对比，发现没有收回来或者只收回来一部分，需要收款责任人详细说明原因及下一阶段的弥补计划安排，在这个过程中，如果执行人提出需要公司其他部门或人员提供支持协助，公司应协调资源配置以达成目标。如下表：

应收款执行表		本年应收款预算与实际对比										
本年期初余额	100	1月			2月			3月			……	12月			全年
		预算	实际	差异	预算	实际	差异	预算	实际	差异		预算	实际	差异	
本期回款								100	20	80	……				
本期结余								0	80						

注：此表由财务部填报，每月末提交给项目负责人及相关执行人

如果收款期间执行人没有提出需要什么样的资源支持，逾期未全部收回或只收回一部分，可以在当期绩效中记录，扣除相应绩效分数。如果执行人提出了需要的资源支持，公司予以配合后仍然没有收回款项，就要详细分析到底是什么原因造成的，是因为技术层面，还是施工服务层面，追根溯源，找到相关的责任人，一起计划下一阶段的任务，如何弥补上。在预算执行过程中发挥监控职能作用，及时发现问题，解决问题。

应收款描述完了，接下来还有已完成产值库存收入的收款预算，大致的内容同上，就不再详细介绍了。

我们再来看看有合同在生产的项目编制预算时要列清楚那些内容，如下表：

有合同在生产预计收入		本年度完成产值进度及回款预计					
合同总额		1月	2月	3月	……	12月	全年
至上年末已完成额							
剩余合同额							
本期完成进度 %							
本期完成产值							
甲方确认							
预计本期开票							
本期到款达成率							
预计本期到款							

注：已签订合同在生产，本年度完成部分或全部   项目负责人：

这张表中的内容是测算的有合同在生产项目本年度生产进度及回款情况，要具体到那一个月完成本年度产值进度百分比，预计几月份能收回，这个表由具体生产技术部门填报，运营部门负责复核，财务部门根据各个项目提供的数据进行汇总。同样要列清楚具体的生产责任部门及执行人。

在实际的执行过程中，每个项目当期进展到什么程度，都必须用数据去反应，如果项目经理提出人手不够需要添加项目成员，运营部要核实情况后进行协调，在公司内部员工无法满足项目进度时，提前告知人力资源部门进行招聘，明确至几月到岗，以免造成人员闲置浪费。在此期间，如运营部门反映人力成本占用，但产值进度没有太大变化，可能因为其他不可预见的因素导致当期项目复工率高，也需要相关项目负责人说明具体情况及下一阶段的进度安排，执行如何赶上进度的计划。如下表：

有合同在生产预计收入	本年度完成产值进度及回款预算与实际对比															
	1月			2月			3月			……			12月			全年
合同总额	预算	实际	差异	预算	实际	差异	预算	实际	差异	预算	实际	差异	预算	实际	差异	
至上年末已完成额																
剩余合同额																
本期完成进度 %																
本期完成产值																
本期回款达成率(? %)																
预计本期开票																
本期 现金收入																
预计本期到款																
期末应收账款																

注：此表由财务部填报，每月末提交给项目负责人及相关执行人

再来看看无合同在生产项目和预计新增项目。无合同在生产项目，有可能是在参与项目投标，或者投标已中标，在进行方案深化阶段，这部分比较好测算。预计新增项目由于不可控因素太多，不大好测算。但从公司管理的角度来谈，不能因为不好预测就不做。

我在之前的文中已经强调过，预算管理工具是把尺子，用来把阶段性工作进行量化的工具，它不可能百分之百的准确，但是管理团队可以尽可能的考虑到诸多因素，将预算与实际的差异降到最小。肯定有人会问，既然不准，为什么要做呢？预算就是让公司各岗位员工清晰的知道在下一年度什么时间做什么事情，做到什么程度是好。

| 这些年设计圈飘过的那些词

无合同在生产预计收入		下年度预计收款					
生产阶段	XXXX	1月	2月	3月	……	12月	全年
预计合同总额							
预计生产产值							
预计签署合同时间							
预计回款							

注：含方案投标阶段会补偿款，方案中标后收到的首付款，方案深化阶段　　　　　项目负责人：

在预测无合同在生产的项目时，运营部及经营部要配合完成这部分内容，为了达成下一年度的企业经营目标，要参与多少个投标项目，可预见的投标项目有那些，未来还要去那些区域市场开发些什么类型的项目，这些在填制上表时要有形成基础的市场数据信息，这里就不再列出表格样式。

同样，无合同在生产项目在实际执行过程中，每个月要有预算与实际执行情况的对比数据进行分析，方案投标的项目团队在下一期间需要什么样的资源配置，也要尽早提出需求，以便公司层面提前统筹协调安排妥当，尽可能的达成参与投标项目。

只有上述各表基础数据信息测算完整以后，财务部门才能汇总测算出下一年度的收入总额。

全年总收入		下年度预计收款					
		1月	2月	3月	……	12月	全年
预计本期收入							

设计公司的收入预测今天就谈到这里，下次我们再谈成本和费用预算部分。

再次强调，预算管理和绩效管理都属于管理手段和工具，应该是全员参与其中，由每个管理者编制自己部门的预算和对自己的下属进行绩效管理，财务部门与人力资源部门在过程中起到支持的作用。

59
有效的财务战略提升公司价值
——"管理≠绩效≠量化"续谈

周毓华 发布于 2015-07-09

一位小型设计公司的老总告诉我他们的故事：几年前，公司发展到一定规模时，发现管理是个瓶颈，于是下力气抓管理，抓了两三年，公司快死了，干脆重回没有管理的老路，慢慢又活回来了。设计公司到底要不要抓管理呀？

搞清这个疑问，首先看看这位老总所抓的管理具体内容是什么。不出所料，他走的路是管理＝绩效考核＝量化产值的路子。不能说这个管理视角完全错误，但至少不全面，尤其在互联网时代的今天，这样的思路问题颇多。（资料来源：[陈阳观点] 管理≠绩效≠量化 2014-07-31）

看到上述内容，联想到最近有设计公司的老大们讨论时提到的现阶段设计公司管理过度。我在想，设计公司管理，该管什么？度是什么？

过去 20 年，绝大多数的设计公司都不担心没活干，专注于埋头做设计。这个设计过程，更大程度上是在进行批量生产。项目多，设计师少，高薪挖人。项目进度紧张，熬夜加班加点赶生产。设计费单价十几年没有涨，设计师的收入水平逐年在增加，几乎都是靠超负荷的设计任务工作量来达成的。最近几年，应该是从 2008 年的金融危机开始，设计行业的部分老大们开始有了战略性的思考，提出了产品概念，技术研发等一系列的战略手段。"任何战略的实施都需要财务资源的支持，而任何战略的实施都应该创造财务资源。"从这个意义上说，公司战略与财务战略必须匹配，财务战略服务于公司战略。有效的财务战略可以提升公司价值。设计公司因项目设计服务的存在而存在，任何产品都有生命周期，企业不同发展阶段，其企业财务战略也不同。企业财务战略必须与企业产品生命周期相匹配。

企业产品生命周期具有一些基本特征：

基本特征	产品生命周期			
	初创期	成长期	成熟期	衰退期
市场特征	知名度不高	建立了知名度	具有较高知名度	市场萎缩
战略目标	生存并成长	发展壮大	巩固、改善	产品更新
关键因素	营销、顾客认可	提高市场份额	控制成本/研发	研发/转型
成长性	非常高	高	中等偏低	负数
经营风险	非常高	高	中等	低
财务风险	非常低	低	中等	高
现金流量	负数	基本平衡	正数	平衡
收益分配	较低财务杠杆和不分配	低财务杠杆和少分配	适当财务杠杆和适当分配	较高财务杠杆和多分配
财务战略	吸引风险投资	提高资金运作效率	维持当前利润	寻找新的利润增长点

根据上表我们可以看到：

（1）如果企业的产品处于投入期，顾客对其了解不多，产品在市场上的知名度较低，市场份额较小，这时为了获得顾客认可，提高产品知名度，就需要投入巨额营销费用。这个阶段的财务战略应该是侧重于市场营销方面，将最有效的资源运用到最急需达成的地方，取得最快的回报。这个阶段，即使利润较少甚至亏损，经营活动现金流量为负数也相对正常的，企业面对这种经营风险非常高的情形，根据经营风险与财务风险的匹配关系，可以采取"较低财务杠杆和不分配"的稳步成长型财务战略，积极支持产品的市场推广。

（2）如果企业的产品处于成长期，客户逐步接受或认可企业的产品，产品在市场上已经初步建立了知名度，业务量稳步增加，市场份额逐步增长，经营活动现金流量基本保持平衡，这时，尽管营销费用还在增加，但其占销售额的比重却有所下降，经营风险也有所降低。面对这种情形，企业可以采取"低财务杠杆和少分配"的快速扩张型财务战略，积极树立产品的品牌形象，提高市场份额。

（3） 如果企业的产品进入成熟期，多数顾客已经接受或认可企业的产品，产品在市场上树立了较高的知名度，市场份额保持在较高水平，经营活动现金流量相对稳定且充裕，但同类产品竞争较为激烈，价格成为一个敏感问题，只要加强成本控制就能够"将昨天的成本转化为明天的利润"，经营风险水平一般。面对这种情形，企业可以采取"适当财务杠杆和适当分配"的稳健型财务战略，强化成本控制，巩固现有市场份额。

（4） 如果企业的产品已经进入衰退期，甚至已经开始老化，难以满足顾客的需求，销售量逐步下降，市场开始或已经萎缩，这时，尽管经营活动现金流量还可以保持平衡，但是，产品几乎已经无利可图，企业面临产品更新问题。面对这种情形，企业可以采取"较高财务杠杆和多分配"的紧缩型财务战略，积极支持产品更新换代，并为下一个产品生命周期做准备。

从上述内容中可以看出，企业在不同的生命周期，战略目标不一样，财务战略也不同，战略目标的达成和落地更需要规划好有限的财务资源。这个财务资源不仅仅是人、财、物，还包括制度管理与流程管理等。规模小的公司，制度和流程相对扁平化，公司规模越大，对于制度和流程的需求度越高。

那些管理过度的公司，与其说是管理过度，不如说是在企业生命周期内管理侧重点没有掌控好。前些年，在投入期和成长期的设计公司大多数的创业者更倾向于多分配，没有考虑在市场营销方面的投入。设计行业的市场营销仅仅是在靠拉关系来取得项目。众所周知，通过这种途径取得的项目营销费用一点也不低，但是对于公司来说，钱花了，但公司的品牌知名度方面却没有同步上升。这个项目做完了，在未来仅仅能作为以往的业绩去支撑公司取得新项目，没有系统地从市场角度提升公司的品牌价值。在成本控制过程中，该控制的与过程中需要调配资源进行支持的混淆不清，比如，技术人员觉得培训耽误生产进度，到底是先投入生产还是先投入研发等问题在所有人心里纠结。高管层们宁可以花大钱去取得项目，但在研发、培训和市场等方面投入有限。这种类型的公司在市场增长率高的时候还有项目，在市场增长率低的时候，品牌影响力不够，成本控制方面又没有成熟期的企业做得好，这个时候日子过得越发艰难。处在初创期和成长期更应该重视企业核心产品的研发，

| 这些年设计圈飘过的那些词

通过研发成果提升专业性,在营销过程中可随时纠正偏差,选对客户,提升本企业的议价能力。不注重新产品研发,企业或许还能靠现有产品而生存,甚至获得短期财务效益。但如果现有生产任务完成以后,市场一旦出现价格战,接不到新项目,企业生存都到了危机时刻。

我们看到行业中不少的设计公司,在往年收益的积累下,进行了长期投资,购置了资产,这些资产有的用于自用,有的用于出租,某种程度上,这种公司的抗风险能力更强。长期投资增加了投资收益,也算是多了一项产品。在市场不景气,企业自身现金流出现问题的情况下,这种类型的企业更容易拿到银行贷款。也比单一靠项目设计获得现金流入的公司多了一项收入来源。这类公司是在成长期的时候就根据企业战略做好了财务战略布局,为成熟期降低成本,衰退期增加了利润增长点。

智力密集型企业的产品研发应贯穿于整个产品生命周期。哪个企业占据了产品的研发优势,哪个企业在市场上就占据了先机。在这个过程中,企业不管采用何种类型的财务战略,都必须将持续地培植和提升产品的研发能力摆在首要位置,从财务资源配置层面支持产品的研发。当然,产品研发能力的提升应该反过来为企业持续地创造财务资源。这就是企业产品研究、开发能力与持续创造价值的共生互动关系,也是处于不同发展阶段的企业制定财务战略的基本立足点。

60
不同规模的设计公司财务管理特征

周毓华 发布于 2015-08-20

近二十来年,随着我国现代建筑工程数量的急剧增加,建筑规划设计行业也得到了迅猛发展,民营设计院快速成长,到最近两年,房地产行业受国家政策调控影响市场增长变缓,建筑规划设计行业作为产业链前端,受到了不同程度的影响,管理及发展上遇到了瓶颈,公司财务方面出现了利润率减少,现金收入减少,人力成本及相关运营费用还在不断增加的双重剪刀式压力下,陷入了越来越多的困境,但是不知道用什么方式去思考以及解决问题。

建筑规划设计行业前期是为拟建设项目提供相关的服务,由于提供的产品和服务具有单独性、一次性等特点,企业发展以智力活动为主,汲取更多的知识、信息及经验,不断创新规划设计方案,确保产品质量。作为智力密集型企业,更应该重视财务管理的重要性,在实际的管理过程中,应该将财务核算与企业运营项目相结合,真实准确的用财务数据记录项目实际生产运营进度。提高财务分析力度和准确度,通过预算管理合理控制成本支出,提高资金使用效率,真正做好流动资金管理,将钱花在该花的地方,在现有市场竞争中能够走的更稳更远。那么,在设计公司不同的发展时期如何根据企业战略及其发展特征搭建财务管理体系显得至关重要。公司规模不同,产品种类各有差异,财务机构的设置、人员配备、机构内部岗位设置也不尽相同。但从企业财务应具备的职能上看,无论企业财务部门岗位如何设置,人员如何配备,作为企业管理过程中不可或缺的财务,在发展的不同阶段,各种职能在不同规模的企业内的强弱显现也不同。

基本特征	公司规模			
	小规模	较小规模	较大规模	大规模
员工人数	10~20人	21~50人	51~300人	300人以上
战略目标	生存并成长	发展壮大	巩固创新、战略扩张	产品更新
财务特征	资金量占用低	资金量占用较高	资金量占用很高	资金量占用非常高
岗位设置	内勤及外包	出纳/会计	出纳/会计/经理	出纳/会计/经理/总监等
现金流量	负数	基本平衡	正数	正数
税务特征	定额征税等优惠	小微企业优惠	小规模企业或一般纳税人	一般纳税人

小规模公司，人员配置不齐全，财务部门的工作仅仅停留在记流水账，同时这个人还可能要兼任其他行政类工作，会计核算通常委托第三方外包以节省成本。由于这类企业在一些城市享受定额征税制或其他税收优惠政策，因此，就需要公司内部建立一套能真实反映项目进度的管理报表，管控好开票时间结点及回款周期，一旦发现发票开具未收到款，这部分的税金需要企业先行垫付。对于资金紧张的初创期企业来说，控制好这部分尤其重要。

较小规模的公司，财务部门的人员仅仅埋头于会计核算当中，不太关注行业及公司运营的项目特点，简单将发生的支出直接计入当期成本，很少会根据项目进度及收款进行配比结转，往往导致财务报表和企业项目运营不相符，这一现象存在于很多以项目生产为主的企业中。一套好的完整的管理报表能直接反映企业当期项目生产进度及收款付款情况，企业实际生产进度与上报给税务局的三大报表相匹配。在每季度的会计期间尽可能的少缴纳预征所得税款。企业与外部各供应商、客户、银行、税务、工商、政府部门等，财务部门应协调好这些关系。

较大规模的公司，除了完整的管理报表体系以外，还要有符合企业实际生产运营的财务分析报告体系，及时对企业的产品进行有效分析，参与产品研发，搜集并建立同业竞争者数据，找到企业利润率高的明星产品和优质客户。同时，财务部门要协同生产部门根据企业当期参与项目、存量合同、新增合同制定与项目进度相匹配的预算体系，含收入、成本、费用等各项内容。根据企业现有资源制定财务战略规划并分解到各部门，将指标量化。参与企业绩效考核，配合各部门对指标分解、计算各部门绩效提供数据支持。管理好资金池，安排好各个期间的资金使用，对于短期不用的自有资金寻找理财通道，增加投资收益，创造利润。对于跨区域集团化设计公司在财务管控架构方面应更重视对分子公司、控股与参股公司的财务管理。

大规模的公司属于多种产品线的集团化公司，集团财务管理职能应包含流程统一、财务管理制度执行与监督、财务决算报告管理、预算管理、团队管理等。从业务角度而言，集团财务还要包含会计记账、资金管理、税务管理、资产管理等。资金使用计划、筹融资、各项结算与控制，都属于资金运用与管理范围，根据企业资金量、会计政策、信用政策、行业特点，建立企业资金管理制度，包含资金审批与监控系统等，防止资金的使用不当。在管理过程中，将财务核算与企业运营项目相结合，真实准确的用财务数据记录项目实际生产运营进度。提高财务分析力度和准确度，通过预算管理合理控制各项成本费用支出，提高资金使用效率，真正做好流动资金管理，将钱花在该花的地方，在现有市场竞争中能够走得更稳更远。由于所属区域的税收政策会有差异，集团财务还要熟悉了解各个地方的税收政策，提前做好纳税筹划等。

民营设计公司的老总大多数设计出身，有很强的技术情结，从自己亲自做设计开始到带团队，再到做企业，高管们更多地考虑技术发展和业务拓展，对管理无暇顾及，简单应付。公司从创办初期开始，财务人员仅仅埋头于会计核算当中，不关注行业本身的发展及公司运营的项目特点，拿不出符合企业实际生产运营的财务分析报告，同时，在企业属于非生产的二线部门，在与生产部门有争议时，老总们都会站在生产部门的立场去解决问题。财务部门觉得不被重视，自认为把日常繁琐事务做好就可以了，没有考虑如何通过合理的预算来配合企业达成目标，更无从谈及做财务战略规划，充分说明公司的财务管理水平没有跟上企业发展需求，没有发挥财务管理作用。

资源、信息和管控手段是应对变化制定决策的基础，这些内容都与财务管理紧密联接，通过有效的管理组织和驱动员工高效及时地满足用户需求，**要求财务管理人员更多接触业务层面，更快进行数据汇总与分析，打破局部视野建立全方面财务管控体系**，是每家企业面临的挑战，也是每个财务管理人员须具备的知识与方法。

| 这些年设计圈飘过的那些词

61
设计行业成本费用管理思维

周毓华 发布于 2015-06-04

近几年有幸进入设计企业的管理团队，加上在财务管理教学咨询过程中，多多少少对这个行业的财务管理现状有了一定的了解。这个行业不同于其他传统行业，在销售、生产环节有自身的特点及其特殊性。通俗地说，这个行业是需要为客户量身定做生产产品的。在市场环境好的时候，不用担心没项目，没活干，而一旦行业市场增长率开始下降时，危机就出现了，比如现在，很多设计公司都在思考，如何通过成本费用管控来保住公司的利润，度过寒冬期。

说到成本费用的控制，我们先来谈谈业内人士最为纠结的一个问题："先有人还是先有活？"从财务管理的角度来看，这是一个很容易解决的问题。公司需要通过预算管理工具了解公司来年的基本支出，设计公司的最大成本是人力成本，现有人员规模、薪资标准、福利、房租、办公费等固定费用都是现成的，比较好测算。比较难测算的是跟项目相关的直接成本，比如图文制作费、交际应酬费、差旅费等等。但是，如果这个公司在以往的财务核算中，是按照项目进行成本核算的话，那它以往历史数据的参考意义就相当重要，可以根据以往发生的实际情况分析项目成本，看看不同的项目在生产过程的各阶段不同时期发生的直接成本的占比是多少。我在这里用了"不同时期发生的"，设计公司是典型的项目型的公司，需要根据完成的图纸进度向甲方收取设计费，设计过程就是生产过程，在这个过程中，完工进度对应的间接成本支出也会有一定的特性，比如，在接活的时候，发生大量或大笔的交际应酬费用比较正常，而一旦进入施工图深化设计的时候，这样的支出就会减少，图文制作费中的晒图费会增加。在甲方确认图纸后到开票收款阶段，相对这样的支出还会增加，考虑到这些因素，需要生产技术部门在项目策划阶段制定生产计划时充分考虑到客户的因素，而不是自筹自划的安排进度及节点，作出比较贴合实际的直接成本预算，最后预测出来的现金流需求与实际发生时的差额才会减少。有了可参考的依据，有了预算，才能有成本费用管控之说，这个我们稍后再详细阐述。

成本和现金流需求测算出来了，再来看收入，这是我接触过的很多设计公司财务经理及财务总监与总经理们最为挠头的内容。还是来看看设计公司的项目特点，不同类型的项目，可分为：概念阶段、方案阶段、初步设计、深化设计、施工图设计及施工配合等不同阶段，从概念阶段、创作到施工图叫全过程设计。过程中的生产环节又可以拆开接活，仅仅完成其中某一个阶段的生产任务。拿全过程设计举例，假设这个项目是已经签过合同，在设计生产过程了，那么合同总额肯定知道了，在编制预算时，我们要将已完成部分对应的合同额减掉，再由设计生产部门根据下一时期的完工进度测算出本年度的产值进度，确定甲方什么时间验收，大致什么时间能开票付款。很多技术部门在这个完工进度上纠结，认为这个过程受甲方控制太多，不可预见因素太多，要么拍脑袋的随便出来一个数字，要么迟迟不敢给个产值进度比率。我们说预算管理工具是把尺子，用来把阶段性工作进行量化的工具，它不可能百分之百的准确，但是管理团队可以尽可能地考虑到诸多因素，将预算与实际的差异降到最小。肯定有人会问，既然不准，为什么要做呢？预算就是让公司各岗位员工清晰的知道在下一年度什么时间做什么事情，做到什么程度是好。

简单给个项目收入预测的例子：

有合同在生产预计收入	2015年7-12月预计收款						
合同总额	7月	8月	9月	10月	11月	12月	全年
至上期末已完成额							
剩余合同额							
本期完成进度							
本期完成产值							
本期回款达成率							
本期开票额							
本期现金收入							
期末应收账款							

注：已签订合同在生产，本年度完成部分生产或全部生产任务

从上例可以看出，先要做生产进度的测算，然后才会有对应的产值，有了产值，还要对本期回款达成率进行预测，预估甲方大致在什么时间确认图纸后可以开票，开票时理论上就形成了收入，最后收到的款是现金收入。这只是其中一种类型的项目收入测算，我们需要将所有项目根据这个方法预测出公司未来的现金收入。

由此可见，设计公司项目生产周期可以拉的很长，在甲方未确认图纸之前相当长的一段时间，需要公司保障现金流安全，维持最基本的运营支出。

成本和费用预测出来了，收入也预测出来了，现在可以测算出未来一年的盈亏平衡点了，也就是说，在现有人员规模的情况下，要有多少收入才能维持运营：

盈亏平衡点计算：

固定成本（12个月基本人工工资+固定管理费用）/（1－变动成本/现金收入）

运营部门测算出的产值（现有规模及人员薪资基础上应该干多少活）必须要大于本年度的现金流所需，多出的部分为下一年的现金流入储备。如果公司所有项目的产值加起来不能满足日常经营所需要的运营资金，会加剧公司的现金流风险，在这个期间，公司应该去找项目周期短，规模不大，回款快的项目进行生产，以保证现金流安全。

这个盈亏平衡点只是一年的最基本的需求，实际上，设计公司每年年底是收款集中阶段，第一季度是回款淡季，为了保障公司下一年的现金流安全，公司应该提前完成部分产值用于来年收款后投入运营，或者是在本年度末，就将下一年上半年的需要的运营资金准备出来，如何准备？还有，完成的产值库存，筹资渠道等等。

收入成本费用预算有了，日常管控在实际执行过程中的监控就显得尤为重要了，财务部门可以直接从财务凭证中发现该笔支出是否在预算之内的，是否合理，有没有超出预算，如果超出预算了，怎么处理？以往的案例中，不少财务人员对于超标或异常的支出，就是简单退回本人处理，然后当事人会直接去找高层级（项目总监、总经理或董事长）来处理，最后的结果是还是报销入账了，结果财务部门是费力不讨好，还被埋怨。这就要求管理团队在实际执行预算的过程，根据项目进度情况及需求合理调整预算，合理调配资源，这也是使用这个工具的要点和精髓。

| 这些年设计圈飘过的那些词

62
如何面试财务岗位的人

周毓华 发布于 2018-09-06

很多设计公司的老板们都是技术出身,创业初期的财务人员基本是三亲两好推荐的人,因为要接触到钱,一是自己人总归放心,二是公司核心资源不会泄露。但是随着业务发展和市场变化,需要引进新的人才时,对财务岗位的招聘面试又成了一大难题。

7月ADU的一个学员单位就遇到了这样的难题,副总给我来电话,很开心地说遇到了一个不错的人选,不想错过,但是关于专业能力不太好判断。我问是否介意电话和对方聊聊,接下了电话面试的任务。

应试者的简历发了过来,我仔细看了一下,工作经历很丰富,在一家香港上市公司在深圳的集团总部财务部门任职,集团总部的财务负责人是一个副总兼任,她的汇报对象是香港的财务总监。

电话打过去,做了自我介绍,简单寒暄了一下,进入正题……

问:你做过大陆地区整个集团公司的预算,能给我介绍一下你们的预算流程吗?
答:我只编制过集团本部的费用预算,没有编制过各个业务线的预算,香港总部也不要求我这边汇总各业务线的预算。
问:跟我介绍一下集团本部编制费用预算时使用的预算方法和依据吧。

答：香港总部对我们有费用标准，我们就是按照费用标准在系统里填一下数据，就可以了。

问：你做过财务分析，给我简单介绍一下你们财务分析用的方法，分析的内容，侧重点吧。

答：我们就是简单的分析一下收入、回款额、利润率等财务指标，报告交上去以后管理层在其中找他们重点关注的点，再去和业务部门沟通。

其实聊到这里，我已经很难再问下去了，基本上是答非所问，她以往的工作很多都是浮于表面，没有深度思考和领会，财务管理经验不足，不适合该单位这个岗位的用人需求。想想两个问题就把人PASS掉于心不忍，出于礼貌，继续往下：

问：你们整个大陆地区上年度的全年收入是多少？

答：我们目前还属于投资落地的第二阶段，只有安徽的生产基地在盈利，南山区的刚刚投产，还没有产生收入，另外一个生产基地还在亏损中。

问：你就直接告诉我总收入是多少？各个生产线的收入是多少？亏损的话亏损额是多少就可以了。

答：我们都是直接在系统里输入数据就好了，这些数据我记不清了。

……

挂了电话，我和该公司副总沟通时说了我的意见和看法，这个孩子干活没动脑子，也没用心思，对于数据一点敏感性都没有。因为刚刚结束了年度汇算清缴，这些数据最起码都要在自己心里。

人们常常说，现代人的一手好字，被电脑毁了；打的一手好算盘，被计算器毁了。做的一手漂亮账和报表，被财务软件毁了。

其实不光是这个应试者，以往我教授过的很多学员，已经不会手工编制报表了。记账都是简单的在软件中输入设置好的代码，甚至于，一旦代码输错，做到财务分析部分，找到不符合逻辑的地方，也查不出原因。很多企业的现金流量表、利润表与资产负债表的差异额是对不上的。

| 这些年设计圈飘过的那些词

针对大家的困惑，我列举了面试时可以问的 12 个问题，供大家参考判断。财务主管职位，能回答其中三项就不错了，而财务经理职位，应该能回答一半以上。

任职公司经营的产品有哪些？如何定位？重点市场区域是哪些地方？
任职公司的客户群是什么，前 5 大客户都是哪些企业？
任职公司的前 5 大供应商都是哪些企业？
任职公司产品的生产流程？具体的业务模式、盈利模式是什么？
任职公司的公司架构、公司制度建设，以及人员结构、薪酬结构是什么情况？
任职公司的企业文化、专利技术、商标等无形的资产都有哪些？
任职公司未来的发展目标、战略规划，以及下一步经营走势？
任职公司的经营薄弱点或者短板在哪里？公司在同行业中具有的优势在哪里？
任职公司外部关系协调处理做了哪些参与和跟踪工作？
如何理解财务岗位的工作？如何理解财务专业在公司管理中的作用？
介绍一下任职公司的总账系统、成本核算系统。
你是怎么对财务产生兴趣的？

经常有人问在设计公司里什么是好的管理人员？尤其是财务、人力资源、经营等这些非生产一线的管理角色。ADU 认为懂业务的财务是好财务、懂业务的人力资源是好人力资源，懂业务的经营是好经营。以上 12 个问题中有些问题与财务专业无关，衡量的是其对于公司产品和业务的关注度和洞察能力，从一定程度上评判其是否有担任财务管理的能力。

想起 2011 年我面试的一个小姑娘，大专毕业在代理记账公司工作了不到一年，经过了简单的笔试测试之后，我来对她进行"二面"。

那段时间见了二十几个应试者，已经很疲惫了，从我内心里是想招个男生，培养之后能独当一面，帮我减轻工作压力。不过说实话，设计公司财务人员很难招，学历好、能力强的财务专业人员要么愿意去会计事务所，因为可以看到很多不同类型的企业的账，貌似能短时间学很多专业知识；要么愿意去生产型或大型企业，觉得在中小型的民营公司没前途，学不了什么专业知识。

问：为什么想换工作？

答：代理记账公司就每个月就是贴票、记账、出报表，好多公司没什么业务，恨不得每个月的报表都是一样的数，我觉得没什么意思。

问：从你的角度，如何理解财务在公司经营管理中的作用？

答：我觉得挺重要的，不应该就是记账出报表报税这么简单，但是我现在也说不清楚到底有什么作用。

瞬间就把我惊醒了，一个刚刚毕业一年的小姑娘，能想到这已经很难得了，说明她在深度思考财务岗位核心的内容，如果有人好好引导一下，会快速成长起来。

我跟她讲了财务工作的几个层级：财务核算、财务分析、财务预测、财务决策，她接触的仅仅是最基础的财务核算层级，代理记账公司的客户本就是小企业，而且都是经济业务发生之后的凭证到他们手上，他们看不到业务的过程，生产环节和产品的本质，是无法进行高一层级的财务分析，更谈不上预测和决策的。聊着聊着，小姑娘两眼放光，我当即就决定录用她了。果然没让我失望，在半年之后，我们公司的预算，预算与实际的对比分析，基本都是由她来完成，我只是关注差异形成的原因，并针对重大差异拿出具体的改进措施就可以了。

每年，集团总部财务部来北京做内审的时候总说，北京公司的财务是所有公司最标准、最规范的，我很欣慰。这个姑娘，我们到现在还是朋友！她现在已经越来越优秀了。

| 这些年设计圈飘过的那些词

63
别用政策条文吓唬老板,财务要做好"翻译"工作

周毓华 发布于 2018-08-16

最近很多财务人员特别焦虑。空前强大的金税三期全面推行之后,出台了很多新规,从"发票使用""财务报表"到"报税流程"等发生了一系列的变化,几乎是月月都有新变化,让人应接不暇。"国地税"合并之后,部分地区已经开始追征社保费!下一个阶段会是个人所得税稽查,怎么查?旧账要往前翻几年才算安全?这些对于很多中小型企业的财务人员和老板们来说,简直是晴天霹雳!

另外,在中小企业的经营者中,有老板认为财务就是开票、记账、报税,自己不需要懂会计,只要把单据交给财务部门,让他们做一些必要的财务报表就行了。大部分人认为对经营者而言,重要的是结果:有多少利润、要缴多少税,对财务部的要求仅是做到税务部门不找麻烦就行了。实际上经营者往往更想通过财务数据去了解:每个项目赚了多少钱、项目组工作量饱和度、库存项目可以维持多久、哪些项目成员产出比最高等,用这些信息来支撑公司的一些决策。

我有个好友在创业初期问他的财务,为什么我这个月销售的货物还没有收到钱就要缴一大笔增值税?难道我还要借钱缴税?他的财务写了长篇大论的邮件,引用条文来解释,但我朋友看得一头雾水,想弄明白再追问,财务最后回复,准则就是这样规定的,税法就是这样规定的。

我在培训中接触的一个学员,课后大家交流时说:老板问他,"为什么今年企

业亏损这么多，财务部还算了一大堆企业所得税出来缴呢？我把会计上的利润总额和企业所得税法的应纳税所得额给老板讲了一大通。他听完最后嗯的一声就出去了"。描述的时候还很得意，我告诉他，你老板应该是没听明白，你可以不知道怎么把财务知识说得让非财务人士一下就明白，但是你一定不可以用"规定"两个字来吓他们，更不能用"以前就是这样的"话来回答，因为这代表一种态度。虽然说用各种术语能解释的人不能得满分，但是直接用"规定"来搪塞以及用"以前的会计就是这么干"的之类的话来敷衍的人一定是 0 分。

大多数财务能把经济事项翻译成专业的三张报表，但是缺乏把三张报表通俗地讲给非专业人士听的能力。

上述那个好友，对折旧不理解，他认为创业初期我购买的设备，钱已经支出了，怎么不能一次性的进成本，还要每年折旧？我跟他讲现金流出不等于财务会计处理的支出，固定资产的支出是要分期慢慢从利润中列支的，这是两个标准，两个思路。一般列为固定资产的内容，在购买当期支出金额很大，受益期很长。如果将支出一次性计入某个月，会导致当月亏损，但实际上当月从该固定资产得到的受益也不会这么多。而其他受益的月份，又没有体现应有的支出，所以，将固定资产入账后，在资产使用的受益期内平均其支出，按月列支。比如：我们购买的办公室，要根据税法规定的 20 年来计提折旧列支到每个月，每月折旧＝固定资产原值 ×（1－残值率）÷20÷12 。同理，一次性支付的季度、半年或一年的办公室房屋租金，也需要按月摊销列支在每个月里。这样才能真实的反映各月的成本费用。

在新媒体时代，各种标题危言耸听的文章满天飞，很多财务人员在获得外部信息时，往往第一时间转发给老板们，老板们从头看到尾都不知所云，更不知其意。我一个客户单位的财务人员，最初几个月也是这样，各种消息都转发给我，有时候夜里 12 点还在转发相关文章。我看完回复，这和我们行业或企业没关系！隔着屏幕，我都能想象老板满脸黑线的样子。

比如，最近传得很广的工业企业增值税税率变化，如果本企业近期的相关供应商不涉及工业企业，没有增值税的进项税需要认证抵扣，完全不必理会。再比如，

| 这些年设计圈飘过的那些词

重庆地区取消某些发票的规定。如果本企业在重庆地区没有相关业务,也不会发生相关费用,同样不必理会。反之,如果本企业在重庆地区有业务发生,那么财务人员一定要研读清楚具体要求,并针对这些变化内容对公司的相关业务人员进行培训,以保证一线的业务人员能及时了解这些信息,避免出现事后发现票据不合规再补救的现象。

财务人员看到任何相关的法规和政策性的变化,首先要进行筛选和分辨,找出与本企业相关的内容,根据其变化,制定适合本企业的应对措施或解决方案,再去向老板汇报,建议同时提几个方案,让老板做选择。把报表上的会计语言、数字语言,翻译成管理语言、经营语言,你的工作老板看懂了,你的财务工作对于公司才是有价值的。

有位财务管理咨询培训业比较知名的老师描述财务人员都要经历两个层次:

一、学着学着,就不会说人话了;
二、学着学着,又会说人话了。

用通俗的话和老板沟通,向老板汇报财务报表不是一件简单的事情,存在很多沟通上的障碍,老板不是学会计和财务的,可是财务们总是习惯于用会计科目和语言还有一些财务比率去说明一个问题,越是想说明白,越是说不明白,老板对财务就越不理解,对财务管理的概念就回到开票、记账、报税等基础事项,财务工作就很难得到应有的重视。

稻盛和夫在二十七岁的时候创立京瓷,从零开始学习经营,在这个过程中他明白了"财务是现代经营的中枢"这个道理。企业要想长期发展,必须正确地把握企业活动的真实情况,由于创业之初完全不懂财务,他自学财务,确立"为人追求正确"这种自己的经营哲学,而在此基础上确立"会计原则",是他取得成功的重要因素之一。当然我们不能一直埋怨管理者不懂财务,因为不是每个管理者都像稻盛和夫一样。我们财务人员更不能遇到事情不假思索,就只知道用"规定""以前一直是这样操作""不这样税务局会……"这样的话来搪塞,不要把一个经验用一辈子,作为财务,要不断学习，不断思考，怎么把财务管理工具用好，解读好才是我们一直需要追寻的。

我们不能奢求老板们都是学财务的，要改变现状，首先改变我们自己。如何让老板能听懂财务，首先需要我们站在业务的角度去思考，我们要熟悉了解本企业的业务流程、生产环节、各部门衔接的关键点，说问题要讲123，把事情描述清楚。要有针对性的和老板沟通，要知道他存在哪些盲点，给老板讲明白，才能和老板产生共鸣，老板才会更支持你的工作。

| 这些年设计圈飘过的那些词

要创造进步的条件,而不是进步的计划。

——ADU咨询首席顾问
陈阳

7

品牌与营销

大师 \ 品牌 \ 执行 \ 困惑 \ 产品 \ 战略 \ 市场部 \ 价值观 \ 自上而下 \ 组织 \ 主题 \ 受众 \ 目的 \ 内容 \ 项目层 \ 产品层 \ 公司层 \ 老板 \ 三宗罪 \ 包装 \ 短期利益 \ 品牌效果 \ 花钱 \ 宣传 \ 热爱 \ 认同 \ 专业能力 \ 沟通表达 \ 协调 \ 渠道 \ 姿势 \ 市场类型 \ 新产品市场 \ 差异化市场 \ 客户

| 这些年设计圈飘过的那些词

64
你和大师不止差一个品牌

任雪琦 发布于 2016-06-19

> 如果问题正确，即使回答是概括的、模糊的，也要远远胜过对错误问题的明确而精准的回答。
>
> ——[美] John Tukey 约翰·图基（统计学家）

我还深刻得记得去年去北京某设计集团做关于市场营销及品牌建设方面的访谈，有一个营销总对我说："你说品牌，设计院有什么品牌？别人 LV 是品牌，一个包一万元，成本一千元，品牌值九千元，我们设计卖 30 元，人家卖 20 元，别人不用我们的，你再有品牌也不行。"我当时宕机了一分钟，脑子里不断在想如何说服他。但从他的表述，实际上恰恰体现了 LV 有品牌和"我们设计"没品牌之间的差别。在建设行业中，拿建筑设计来讲，不可否认 ZAHA 是品牌的代表吧？她一定比 20 元要贵得多。（当然，这里并不是鼓励所有人都成为大师，大师可遇不可求，做一个有品牌的组织还是可以的。）

有人说，你和大师仅仅差一个品牌，所以建立一个品牌就好。

品牌就是执行吗

我刚开始做品牌的时候，非常认同上面这个观点，觉得做好那些执行的事就好了，建立品牌不就是这些事嘛：

搞策划做活动、写软文、做 VI、设计宣传册、网站、微信公众号、评奖、投稿、加入协会（学会）、参加展会、作为专家发言、少量做广告、公司文化建设、建立公共关系等等。

当然，光做网站这一单项可能就还需要前期策划、找网站设计供应商（有的为了省钱自己做设计的也有，我就做过好几家）、做预算、文字图片等资料库整理、还可能需要找摄影师补拍项目照片以及无数的沟通等等一系列工作。

执行后的困惑

前几年我开始慢慢觉得这事儿出问题了，但是出了什么问题一直没搞明白。只知道，当给公司建立起一套貌似完整的品牌体系之后，对于公司的作用似乎就戛然而止，有些公司甚至仅仅是表面的、视觉形象方面的统一而已，看似很专业，却并没有涉及"品牌"的核心，然而核心是什么？究竟存在什么问题？不知道。

在我曾经工作过的一家设计机构里，当品牌视觉形象对内对外非常统一了之后，我开始想做一些对外活动，就碰到了问题：

（1）老板不知道要讲什么；
（2）老板关心短期利益，问我做完这次活动是否可以有项目签单；
（3）公司并没有这部分的市场预算。

| 这些年设计圈飘过的那些词

后来我做 M 计划，走访了三十多家设计企业，大部分也都存在以上的问题，很多品牌经理人都有困惑（很多情况是没有专业经理人，只是一个助理、设计或者老板自己做这部分工作）：

（1）没有实在的内容，即使有内容可能都不是特别聚焦，如果贸然做活动只会露怯，且没有持续性；

（2）品牌建设是一项长期的投资，注重短期利益必定会对品牌造成负面影响，更为重要的是，一些经理人不能判断一次活动是否能促成项目签单；

（3）中小型企业在市场好的时候不需要做品牌，在市场不景气的时候，要做品牌，但是仍然没有预算，这让经理人实在头疼。

品牌基于产品

为什么有这样的困惑，我想这大概归结于设计企业没有产品，这是不争的事实。我最近看了好几本关于品牌的书，大多数品牌的论述都是建立在产品之上的。品牌不仅仅是你给企业取了一个像样的名字，做一些品牌执行的事就可以了，当设计企业没有产品或产品不清晰的时候，品牌只能是"假大空"。

大部分中小企业没有产品，今天设计宾馆，明天设计殡仪馆（←陈老师常说的段子）。品牌怎么宣传？今天跑去和做酒店的甲方接触，明天又跑去给殡仪馆的人做宣传？这么一说您就理解了吧？投入成本高，边际效益低。

当然经过这两年陈阳老师的不断灌输，加之严峻的市场形势，逼迫一部分企业开始认同并慢慢尝试走产品路线，但产品不聚焦、不清晰还是对品牌、企业利益造成影响：去年接触了一个公司，专做产业园设计，近几年花了相当大的精力做品牌，值得鼓励的是他们比一般的设计企业认识得早，投入的也多，有专职的经理人、视觉形象统一并且独特、活动比较持续，针对的都是各种产业园甲方。

那么问题来了，这么好的品牌执行怎么就有问题了呢？哪里有问题？

他们给我反馈的是，我们有产品（产业园），针对的客户也是产业园客户，但是参加过活动继续追踪的客户、找上门来的客户实际上大部分不是我们的客户。怎么叫不是我们客户呢？原来他们做企业办公的产业园拿手，但是其他找来做一些文创类的，医疗类的就不太擅长了。这个时候如果接了项目之后，做出来的项目因为没有相关实际经验就可能会搞砸，对品牌杀伤力很大；不接这个项目，甲方会觉得你说可以做产业园怎么我来找你又不行，品牌形象也大打折扣。

所以品牌要基于产品，按照上面产业园的例子，可能需要细化到是办公类、文化创意类产业园还是医疗类产业园？地域是哪里？因为办公、文创或医疗针对的甲方可能并不是一拨人，宣传渠道及手段就不一样，更重要的是办公、文创或医疗对空间的尺度、功能、文化要素等直关设计的部分也不一样。这就是必须要在设计企业建立产品概念的要义，在产品的基础上谈品牌才有料（具体方法可以参见《白话设计公司管理》或《白话设计公司战略》关于细分市场的内容）。

品牌是战略

品牌就是一系列将产品与顾客联系起来的差异化承诺。

——［美］Stuart Agres 斯图尔特·阿格雷斯

设计企业如何做到差异化承诺，也是基于产品，如果现在设计企业的老总还说自己什么都能设计，更谈不上差异化了。只有产品确立了，再做品牌就是在一件对的问题上给出摸索性的答案（为什么说摸索性，因为设计企业暂时还没有非常完整且成熟的品牌建设体系）。

品牌建设是长期的投入（人力、财力），而品牌建设过程中对产品的反馈不断修正产品本身，也可能是公司产品战略的一部分。所以设计企业的品牌事实上并不是执行的事，而是战略层面的事，它非常重要。又或许可以把品牌人员放入产品研发团队中一起考虑。

前几天，我们的一个学员单位让我推荐设计行业专业的品牌咨询公司，首先我还没找到这样适合的专业品牌咨询公司（或许是我孤陋寡闻，如果大家有知道的请直接在评论中告知，谢谢），其次我建议先从公司高层管理者出发，梳理真正对品

| 这些年设计圈飘过的那些词

牌建设的需求,需要品牌咨询公司的目的是什么?才好针对性地找到合适的公司或者解决方案。

先做品牌战略,后才能说建设品牌形象系统、制定品牌形象实施系统,从而确立设计企业的品牌资产,评估品牌具体执行的有效性。

讲到最后,你们要问了,那设计企业到底如何做品牌?且听下回分解。你们先研发产品去!

65
品牌，不仅是市场部的事

任雪琦 发布于 2016-07-14

> 没有共同的历史观，就没有和平与繁荣。倘若在合作中缺乏共同的价值理念，仅凭狭隘、自私且彼此矛盾的所谓"国家传统"行事，不同种族、民族的人们就注定滑向冲突和毁灭。
>
> ——H.G.Wells《世界史纲》

假设你看过我写的《你和大师不止差一个品牌》，也认同设计企业的品牌是基于产品的，当然你也着手去研发产品了，那么按照我们的约定，我要开始告诉你们设计企业到底要怎样做品牌了。

且慢！这篇文章暂时还不是你们想听到的——设计企业品牌可以做哪些工作，而是另外一个非常重要但往往企业经常忽略的事：

品牌，不仅是市场部的事，它需要组织支持。

去一些企业拜访，经常听到市场部或品牌部同仁这样的抱怨：
（1）我们做活动需要设计部门参与，可是他们就是不愿意支持，要么就说没空！
（2）想要一些资料，他们也不肯给，我们只能自己去找，但是专业、技术方面的我们也不懂，出错了还要挨骂！
（3）我们市场部辛辛苦苦接触了客户，接回了一些活儿，拿到公司，设计部门

| 这些年设计圈飘过的那些词

说这活儿做不了,我这怎么给客户交代?我身上还背着指标呢!

当然也听到生产部门的同仁们这样解释:
(1)我项目都排满了,来不及做啊,真的忙死了,哪有时间支持你们活动?!
(2)资料都在网盘上,你们自己找吧!
(3)市场部接的什么活,也不了解清楚公司的业务情况,这样的项目我们做不了!

你看,像小两口吵架似的,公说公有理婆说婆有理,市场\品牌\营销部门领导和生产\运营部门领导最终如何去评判员工的工作呢?最终是不是还得两大阵营 PK 呢?问题到底出在哪里了呢?

企业内部 PK 其实是因为各部门甚至每个员工只站在自己工作的立场上去考虑问题,所以才导致从表面的理由看,大家都没有错。但是深层剖析:

(1)项目的忙闲与品牌活动的支持工作并不矛盾,项目的忙闲与公司运营体系也有关,基于什么目的很重要,如果是为了共同的业务拓展,必要的支持是需要的,而且,如果品牌活动是基于某一产品的,若产品出了成效,或许手上其他边际效益低的业务是可以避免的。

(2)资料确实在网盘上(有一些公司没有,都放在员工个人电脑里的,这就太可怕了),但就我所知大部分公司的知识库管理还是比较弱的,要么是有框架没有内容,要么就是内容凌乱,最后除了上传人自己,其他人根本搞不清楚是什么资料(你懂的,可能会看到各种第 xxxx 版修改文件……真是急煞人也)。

(3)接活干活是常见的业务流程,缺少研发产品,带动品牌建设,仅由市场牵头去接活一定出来的活千奇百怪,生产部门怪市场部没有技术知识,最终使出的杀手锏就是市场部人员必须是技术转岗,或由市场部人员去学习技术知识,甚至会画图会算日照!

建立统一的企业价值观

其实问题出在了组织层面。品牌建设工作能很好地贯彻执行,与设计企业的生产、行政各部门的工作协调密不可分(注意,这里我没有说"配合")。完美的协调始于组织统一的价值观,没有共同的价值理念,国家都将趋于毁灭更别说小小的企业。

什么是企业价值观?简而言之,它就是企业决策者对企业性质、目标、经营方式的取向所做出的选择,是为员工所接受的共同观念(如何建立,则不在本文展开)。上面所出的问题,基本上就是公司目标、经营方式在员工层面没有达成一致的结果。

品牌的开端是自上而下

在共同企业价值观作用下,品牌建设应该如何推进呢?很多老总和我说,他们希望公司是有机的,甚至在企业大会上也和员工说,希望他们可以自下而上地工作。但事实上,大部分员工最后执行的时候还是听命办事,在做决策的时候会揣测老板的喜好,完全与老板的初衷背离。

原因很简单,国内的大部分企业在建立之初因为快速发展,需要高效率,一贯采用的都是自上而下的机械式管理手段,员工也习惯于这样的思维,短期内比较难做出转身。若现在让员工自下而上提出建议、计划、执行恐怕事与愿违,而且品牌建设一事,员工常规认为和我的设计生产任务无关,多一事不如少一事,所以在品牌建设之初,需要企业领导自上而下地制定战略,并给予品牌工作最大限度的支持:不仅仅是人力(配备相应的人,调动人的权利)、财力方面的支持(资金预算),还有企业组织架构、工作流程等等的支持。随后基于企业共同价值观,从组织文化到组织工作层面慢慢营造自下而上的氛围,有机并非一蹴而就。

战略与执行保持一致

品牌战略与执行有时候会脱节,解决脱节的方式是确保整个组织对品牌的认可与支持。最近市场不景气,住宅造价低对有些三四线城市的小开发商还是有吸引力的,有个专注住宅设计的企业就以成本控制为抓手做了品牌活动,谁知此企业内部设计师与甲方沟通中脱口而出:"这都是瞎掰,我们设计过程中并没有使用这样的方式。"出现这样的情况实在需要警醒!我们说,品牌执行并不是品牌部一个部门的事情,

| 这些年设计圈飘过的那些词

它是企业的事情,从企业管理层,到各个部门及每个员工,甚至是司机都可能体现出一个企业的品牌形象。

组织内部对品牌的不认可对外的打击很大,其实对内也很大。常常体现在,公司决策层或者各部门领导意见不统一,导致执行层面的纠结甚至工作困难。比如,上述公司推行成本控制,然而有一个分管副总极力反对,于是品牌执行的员工就很惨,一方面碍于顶头上次的压力需要完成工作,另一方面却是面临其他领导的批评。(这里呼吁企业决策层统一意见,个别领导可以保留意见,但若同意了公司大多数人的意见,请在对下属的沟通中避免表现出不同意见,甚至诋毁,若不能统一意见时,先暂缓执行。)

具体如何确保组织对品牌的认可与支持呢?

品牌创建组织

品牌建设其实涉及一系列战略与战术层面的工作,有时候甚至需要对过去的组织进行调整或修改。我认为必须有专人、专职负责品牌建设工作,公司决策层也需要有人分管此事,品牌战略由公司战略为出发点,而不是由市场部门拉着其他部门配合来做品牌。当然如果是一些小微型设计企业,可能直接就是合伙人负责此事,这里并不硬性规定品牌部门岗位齐全,但求有专人管,有人执行。其目的就是确保品牌建设的一致性以及在执行过程后得到反馈并能对品牌战略进行及时地调整。

设立专人、专职分管品牌建设工作后,就需要给予最大的信任和授权。要做到有机,需要企业各层各司其职,一旦企业确立了公司战略之后就将品牌建设任务授权给专人。第一,需要激活沟通机制与权限,推进品牌部门与生产\运营、行政各部门之间的跨部门协作;第二,需要从制度上确立相应的内容。支持不是空口说的,比如在企业建立技术专业形象上,需要技术人员撰写专业技术文章并发表在权威杂志上,虽然此事由品牌\市场部牵头执行,但需要在技术人员的考核中加入此项内容,这不仅是一般意义上的配合,其一是公司品牌形象的事,其二也是员工提升自己技术能力的事,当认识到这两点以后,员工就会积极主动去支持此类工作,而非一味地拒绝与回避。

与外部团队、组织的合作与沟通也是必不可少的,因为一般的设计企业品牌部门在设立之初都不大也并不专业。外部团队可以是最常见的媒体、广告、品牌咨询公司、组织等,也可以是其他设计企业的品牌部门,甚至可以是相关产品的其他外部资源团队(心理学家、社会学家、医生、教育学家等)。

当然,最重要的还有培训及反馈。在品牌战略制定之后,执行过程中的偏差有时候并不是员工主动的不认同,而是因为他们并不知道。在企业及品牌部共同制定好品牌战略及计划并付诸执行后,需要把成果或者过程文件给自己部门和其他部门进行培训与交流分享。这就避免了某些员工对外说错话的情况(若之后还"主动"说错话,那么就必须要严惩),进而保持品牌对内对外的一致性。在培训与交流过程中,会有许多的反馈,我们可以将这些反馈对企业品牌进行印证或修改,这样才是一个比较好的品牌互动体系,也将会产生一个较好的企业品牌。

掌握统领权并实现伟大愿景的关键,不是你的工具箱,而是你自己本身——Erica Ariel Fox。设计企业实现伟大愿景的关键不是品牌建设及各种工具方法,而是其组织及员工本身!

| 这些年设计圈飘过的那些词

弱连接与强连接

我们从弱连接中获取灵感,通过强连接组成面对复杂环境的团队,队员间的连接强度是决定团队成功与否的重要指标。

——ADU咨询首席顾问
陈阳

66
提到你的设计公司，别人想到了什么

任雪琦 发布于 2016-09-08

前一阵陪我妈去检查甲状腺囊肿，看B超囊肿有大小两个，按常理来讲都比较惧怕变大的那个，但后来听了医生解说，才得知甲状腺囊肿的手术与否并不第一考虑大小，而是考虑是否病变，哪怕是一个很小的囊肿，如果是恶性的也必须把它开掉。

上次我写关于品牌内容的文章，提过一则微信，于是有学员与我吐槽，微信之于他所要做的其他工作内容实在不值一提，然而公司不愿放弃，又不给足够的重视与支持，于是就变得很难运营，看着每篇三位数甚至两位数的阅读量叹气不止。面对这个问题，我认为品牌工作同对待甲状腺一样，并不能从微信占其工作的比例来判断，而是需要站在一个更高的位置，更深刻地去理解与考量要发布的内容及形式。

更高的位置是什么呢？我们到底拿什么来判断呢？我想是从品牌定位着手，当你聚焦于你的定位，就像有了靶子你才知道要往靶心射击，或者面前有一个苹果，你也可以以射中它为目标。那么如何给自己的设计公司做品牌定位呢？

讲品牌的书很多，感兴趣的可以自己去阅读，大部分都是快消或奢侈品行业讲已有的品牌如何定位、管理的，很少有书讲如何建立新品牌，而大部分民营设计公司恰恰是需要从0到1建立品牌的。国内民营设计公司老板的创业轨迹多是在某国企或外企若干年后成为最年轻的副总建筑师并暂时上升困难或有自己的想法得不到实现，即跳出来自己或与志同道合的伙伴成立了设计工作室或公司。刚开始部分管

| 这些年设计圈飘过的那些词

理者可能沾染了原有公司的品牌气息，比如有的设计院特别讲求设计到施工的完成度，有的是与国外大师一起合作的大型公建项目对工程管理的成熟把控等等，也有一些是秉持自己的设计风格，但很多则是没什么特别之处，仅仅因为市场好，接活干活根本来不及思考品牌。而今天我们不得不思考起品牌了，特别特别纠结。市面上的书籍给不了答案，我的答案也不会是标准答案，但或许能给大家一点启发。

在业内，提到国外 KPF、Gensler、SOM 基本想到的就是全球化与超高层，提到 Zaha 想到的是由理性的数字化设计出来有着大胆感性外表的公共建筑，提到 CCDI 你想到的是以水立方为代表的体育场馆设计，提到三益中国想到的会是商业建筑，那么提到你的公司，让人想到的是什么呢？不难看出，品牌是基于产品的，不论你的产品是（大师玩的）风格、价值，还是采用不同的技术及应用，又或是不同的使用功能等等。

品牌需要在产品的基础上进行提炼。这话太空。我们试着问问自己这样几个问题：我希望我的公司在潜在客户心里是做什么呢？它具有什么样的特点\精神？提到 XX 设计公司，别人想到了什么？

比如：我希望 ADU 在中国民营设计公司（规划、建筑、景观、室内）管理者心里是专业提供企业管理咨询服务的，具有实战特色，创新精神。ADU 咨询，致力于促进设计行业管理进步。那么尝试用这个方法问问你自己。记住一个原则：请一定聚焦。反例就是 ADU 试图为全球设计行业的管理者提供企业管理咨询、战略、HR、运营、市场、品牌、销售各种服务样样精通，面面俱到。这得是多大一个公司啊？你以为越大越挣钱，实际上却没有对应的规模支撑，反而被资源分散及大笔的管理成本拖累（关于企业规模可以参见陈阳老师《设计公司多大规模合适》）。

回头来讲微信工作这个事，你提升到品牌的高度去看：一个是潜在客户是否关注，另一个则是内容是否体现你的特点、精神及所要传达的信息。满足两点，那就必须不遗余力地认真去做。不仅微信适用，其他网站、宣传册、展览、活动等等都是如此。

前两天，一个外企事务所负责品牌的朋友向我咨询，他们公司马上要办周年庆的活动，想要邀请一些媒体参加，问我请什么样的媒体合适。

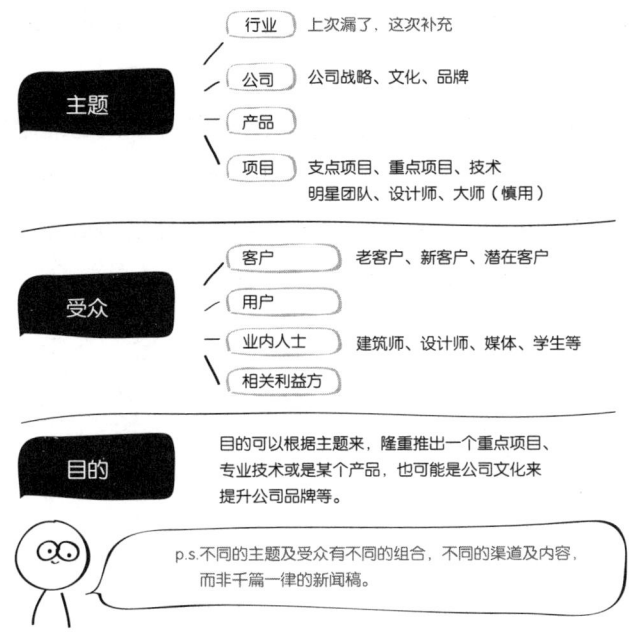

我问了几个问题：

（1）主题是什么？（内容可以参见《设计公司对外宣传品牌的内容有哪些呢？》）

（2）邀请的人有哪些？针对的受众是谁？

（3）活动的目的是什么？

他是这样回答的：

（1）主题就是周年庆（邀请了一位设计界老前辈参与）；

（2）就是客户咯：业主，开发商、企业老板咯，还有建筑师。

（3）目的就是宣传一下 XX 公司品牌（如果在某国直接请媒体都会免费来，可是在上海就没可能）。

这样的回答就好像没有回答，如果在"上海没可能"就说明这个事务所品牌还没大到说个周年庆就会有媒体蜂拥而至的情况，那么没有一个合适的主题是基本没有媒体愿意来的，更别说想免费请来。业主、开发商，这些人对应的是什么？住宅？商业？办公？企业老板就更多样化了。如果直接或潜在客户没有分类，针对的媒体

| 这些年设计圈飘过的那些词

也很分散，除了找一些综合类媒体，是没办法做精准渠道投放的，最后的目的也几乎很难达成。这样的活动，可以判断前期是欠考虑的，即便请了老前辈参加也很难有吸引力，后续可以肯定，虽然在国外有名，但在国内的知名度的提升还是比较缓慢。

和微信一样，做活动，想要提升品牌，也请回答这个问题：提到你的公司，你的客户想到的是什么？——做完这次活动，你想让媒体报道什么呢？想让你的客户回想起什么？还是想让建筑师印象深刻呢？只是又一次轻松的酒会？对设计界老前辈的某句话语记忆犹新？抑或是别的你遗漏的什么呢？！

67
设计公司对外宣传品牌的内容有哪些

任雪琦 发布于 2016-08-25

前一阵,我看到ADU一个学员所在公司的公众微信号发布了一篇文章,瞬间把我给惊到了,内容大抵是关于"一个离职员工写给公司的信",虽说点进去仔细看文章是写这家公司好的,但我还是认为这篇文章非常不妥:文章没有交代这个离职员工是实习期满,还是自动离职或是被动离职的,在此不交代清楚会引起人们的猜测:实习期满或被动离职,是因何原因没有继续留在这个公司?如果是自动离职,那么把这个公司说得天花乱坠又为何要走呢?倘若是交代清楚了,也比较尴尬,如果是第一、二种情况或许是因为此人不符合公司用人标准被动离开公司的,那么利用此事公开宣传对此员工似乎不太尊重;如果是第三种情况,那事实上是公司好还是不好呢?不免让人表示怀疑。所以在离职员工问题上,谨慎当素材写软文,尤其还是大肆颂扬公司好的文章。(看到此文当即我就与这个学员联系,他们很快就撤下了这篇文章。)

这类内容不合适,那设计公司对外宣传品牌的内容有哪些呢?我扫了一些学员设计公司的公众号、网站、宣传册、杂志、参与的活动,大多是:公司项目、新闻、联系方式、行业热点、节日问候,招聘信息,还有一些会是如设计类媒体般推一些相关行业比较牛的项目,公司学院培训或讲座信息,少量是自己的一些研究性的观点、文章。

现在还有多少人会去关注公司网站?宣传册除了客户拜访时,大概只有在对外

| 这些年设计圈飘过的那些词

做活动时才会分发，厚的作品集又心疼给，薄的册子又觉得涵盖不了公司的诸多内容；大部分公司的公众号阅读量都是三位数甚至两位数；专业杂志又多是业内人士的自娱自乐，又有几个甲方看到了呢？花大力气举办或者参与的活动、展览，哪些不是跟风行业热点或者国家政策，又有多少是直击客户痛点，讲出深刻内涵的呢？

"品牌是一系列将产品与顾客联系起来的差异化承诺。"

——［美］Stuart Agres

设计公司真正要解决以上问题关键在于产品，品牌基于产品，这样才可以聚焦，集中有限的公司资源去做好内容，体现差异化承诺。这个问题上次铺垫过了，感兴趣的可以看《你和大师不止差一个品牌》。而本文着重讲，确立了产品后，品牌内容具体有些什么？

其实内容可以是非常多样的，但不管如何多样，我认为都可以从这3个层面去考虑：

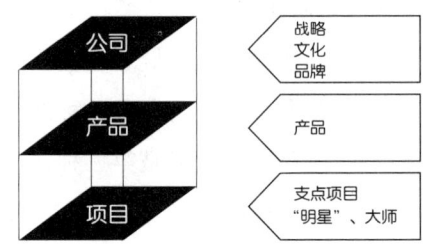

1. 项目层
支点项目、重点项目或明星团队、设计师、大师。

重点项目不用多说，或许是在规模、采用先进技术、层高或城市区域、级别等来加以区分。而支点项目可能是某个产品的代表，可以撬动整个产品的种子项目。比如像水立方，一定是这样的项目，它代表了 CCDI 的体育场馆产品。对于普通项目品牌部门还是要建立自己的标准，进行筛选，并不能因为实在没有内容而勉强用上。有一次我出去访谈，一位方案负责人说起他一个下属，公司公众微信号有推他做的一个项目，问这个下属怎么不转发朋友圈？得到的回答是：项目其实自己都看不上，怕发到朋友圈被同为建筑师的同学笑话。像这样的项目咱就别勉为其难地硬上了吧？

而在明星团队、设计师、大师的宣传上是需要谨慎的，如果你不是像 Zaha、贝聿铭等这类产品型公司（大师事务所类型的公司），就尽量避免宣传单独的团队或设计师个人，因为甲方若认准了某一个团队或设计师，今后公司在分配项目时会非常纠结甚至会出问题，某一团队项目特别多，而其他团队项目很少或者没有项目；而更极端一点的情况则是团队或设计师宣传的越成功，他们在离开时对公司打击可能就越大。试想现在没有 Zaha 的公司，如何再拿 Zaha 的名字出去接活呢？

2. 产品层

产品是每个公司需要孕育的，即便是现在没有，也可以先找一到两个方向进行研究或研发，品牌部门这个时候可以做一些铺垫，在自媒体或者其他活动中，就这个产品方向做一些小调查，或者找一些相关内容进行梳理，为产品研发提供依据。

如果是已经有了产品，就应该厘清产品所要表达的元素：产品核心内容、产品阶段性成果、产品研发成果、研发团队、研发所用公司的资源、研发文章等等，然后考虑哪些内容在何时适合从何种渠道以哪种方式推广出去。

这里需要注意的是，在不同的渠道、地域、对不同的客户、用户及利益相关方准备的内容需要调整并一一对应，而不是千篇一律的。这一点不难理解，比如我们知道民众的需求是什么，但是出资的政府又需要什么，所以在产品方面给这两方的内容是否应该不同呢？

3. 公司层

公司战略、文化、品牌。

这几个说实话都是非常虚的词，具体到实际内容可以是：某建筑设计公司五年内战略是在当地成为排名第一的民营设计公司，品牌需要提供的内容就是细化到能达到这个战略需要表达的内容，比如公司业绩、公司专家人数、技术高度、服务客户数量/范围、合作机构、获得奖项等等。公司文化可以是如 Google 般的环境及节

| 这些年设计圈飘过的那些词

日福利、培训讲座活动等等，在这一点上，GN 栖城、纬图设计机构都做得不错，是两家传说中"别人家的公司"。而这里的品牌内容可以狭义地归纳为一次公司 logo 的改版，品牌手册发布等等，也可以广义的认为公司品牌相关的所有内容，比如柳亦春、谢英凯等一些我们圈内认识的设计师参加前一阵很火的"梦想改造家"，提供的是免费设计，但可以肯定的是，这是为公司（或个人）做品牌的项目。

从这三个方面来看设计公司的品牌内容是不是更清晰一些了呢？当然这些内容不仅需要公司提供，也需要品牌部门收集、整理，大家共同策划、执行。

前几年与设计公司管理者沟通，大家总会反问：设计公司要做什么品牌呢？现如今不乏有市场行情下滑的原因，也可能是设计行业处于产品 1.0 到 2.0 过渡时期的需求，品牌逐渐进入大家的视野，慢慢重视起来。对于品牌内容我仅提出一家之言，一定还有其他内容我没有提到或关注到，欢迎大家来信讨论，或参加 M 计划与我面对面聊聊设计公司的品牌。

68
老板们的品牌"三宗罪"

任雪琦 发布于 2016-09-29

5年前,作为一个小型建筑事务所品牌负责人的我,现在看来确实略显稚嫩,说话做事都欠妥(当然,现在或许在很多人眼里仍是如此,但毕竟多吃了5年饭,从体量上讲也是略有提升的)。当年从原先公司的市场总监那里吸收了点皮毛就想学以致用,结果惨败。略有先见之明地离开了那个现在已经不存在的事务所,不过作为自我反省也好、分享也罢,我从个人角度来看看设计公司的老板们在品牌方面常见的"三宗罪"。

第一宗罪
口头重视胜于实际行动

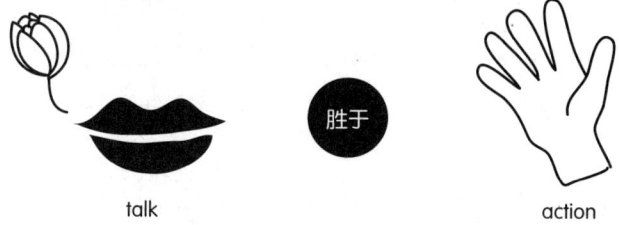

看到这个标题,站在一线的品牌经理人们一定会心一笑,大概在想雪琦又为我们"代言"了,大部分设计公司老板们在品牌方面都是口头派,大老板看了先别急着否认,看看自己是否符合以下几条:

(1)市面上出现什么新奇特的渠道或方法都想尝试(如微博到现在的微信公众

号),但资源基本都集中在设计部门,当有急事时最优考虑业务,往往把这些东西都抛之脑后;

(2)品牌专业人员较少,大多用设计师甚至前台行政来兼职品牌工作,又没有相应的KPI来考核;

(3)基本上没有公司全年的品牌计划,更没有费用预算。

对号入座了吗?嘴上说得再好,也敌不过事实呈现。我们还是好好来解决这些问题吧。

首先制定公司品牌计划,我们"先定一个能达到的小目标"。比如2016年底,假设某公司战略调整为将原先什么都做转型成只做幼儿园,那么从品牌角度我可能就计划未来一年,江浙沪地区所有公立与私立幼儿园园长都知道公司的名字。把计划写得越直白越具体越好,切忌写成类似"做成幼儿园设计第一品牌"这种空话,你自己都不知道怎么做,更别说下属了。在这个基础上可以细化目标:与20家幼儿园园长取得直接联系,开展6次沙龙活动,在4次与幼儿园相关论坛上发表讲话,每月在公司公众号上发表与幼儿园相关的文章2篇,出一本幼儿园设计的书籍等等。

然后根据这个目标,调整品牌人员结构,增减相应的人员。哪些工作是核心部分需要自己建立团队,哪些工作可以外包寻找资源,都一一对应,并给相应的人确立KPI进行考核,考核不是为了控制员工,而是为了更好地发现原定计划是否完成,是否存在问题,随后再与员工一起做调整并完善。当然,"品牌不仅是市场部的事",需要大家共同来完成,这更需要老板从思维上做调整,给所有相关人员都设立KPI,保障品牌工作的顺利进行。

再下来就是做预算。记得去年M计划做访谈的时候，老板问得最多的问题是中小企业大概一年预算多少，言下之意："我需要花多少钱，你告诉我，我按这个来就行了。"我给不出理想的答案，有人会擅自主张说按照营业额或利润的百分之多少，或根据去年的预算来做预算。营业额或利润的百分之多少我认为是一个不断变化的数，那么按照这个逻辑，业绩不好就少做品牌，业绩好就加强品牌？大错特错！市场不好的情况下，更应该加强品牌工作，在这个时候做比业绩好的时候做品牌效果好得多。事实上，根据第一步的目标具体细化的那些事项基本上就可以有个大体的预算了，这也是为什么第一步要写得那么细，而非一个"高大上"的口号的原因了，你做预算的时候就有好处。那么用以往的预算来做预算呢，充其量有个参考值，但以前没有预算呢？或者公司转型了，用以往的数据做参考就肯定不合适，还是要根据具体计划来做安排。另外，不能预测的事件，根据与公司品牌的匹配程度给予不同程度的资金支持。

不要为了做预算而预算，预算的功能首先在财务上能甄别品牌工作是否到位，钱没花完是不是某一次活动没有举办？为什么？或者是不是用了更少的钱做了更好效果的事？其次也可以为后期测量品牌效果提供数据。

品牌，口说无凭，请来点实在的。

第二宗罪
误以为品牌 = 包装

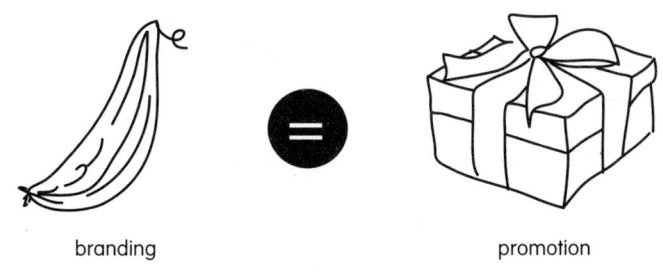

branding　　　　　　　promotion

很多老板都把品牌想得太简单，颇有老黄瓜刷绿漆的意思，认为品牌就是包装，找个策划公司来包装一下公司形象吧，把项目包装一下上某某专业建筑杂志吧，把设计师包装一下，评个奖啊什么的等等，以为这样就是做品牌了，大部分公司也都是这样做的,但是往往效果并不好,最后老板觉得那些品牌工作无用,还不如自己的"口碑"来得好。

品牌是差异化体现,你可以为客户带来什么价值。在设计企业,品牌基于产品,产品体现差异化,而这些差异化必须满足客户需求给他们带去价值。从这个角度看仅仅做包装并不够,你还需要从公司战略角度深度挖掘品牌所体现的那些东西,你公司的产品到底是什么?"提到你的设计公司,别人想到什么"?好好去做产品研发,聚焦于你的客户、用户以及利益相关方,把产品中满足他们的价值放到合适的渠道去诠释、放大、重复。

品牌不仅是包装,从源头出发,想想清楚再行动。

第三宗罪
以短期利益来考量品牌效果

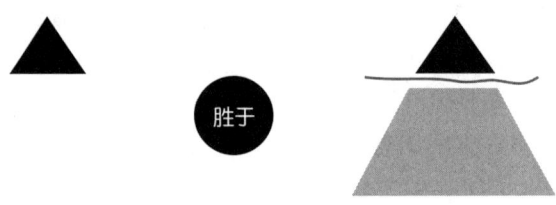

the short-term benefit　　　　the long-term benifit

文章最初提到的事务所老板在我每次想做活动时总问:"这个活动能为我带来多少客户?或有没有可能带来项目?"我当时完全回答不了,最后计划就被无情地拒绝了。想必很多品牌经理人做了策划报告给老板们的时候也大多会被问到这样的问题,结果往往以预算过高看不到效果而告终。老板们常常用短期利益来考量品牌效果,我想问如果每一次品牌活动都能有确定的客户来源,那为何还要劳师动众?只要精准地去——攻克那些客户就好了嘛!

做品牌,说白了无非就是让不知道的人知道,让知道的人感兴趣,让感兴趣的人行动起来购买你的产品。在几次沙龙、几次论坛或展览中主讲,参与了多少人,让多少人知道了公司现在做幼儿园设计了,那么这就是一个考量结果,从这些撒网式的品牌推广后来了多少电话、多少直接的业务咨询是一个考量结果，得到全年多少次的直接接触是一个考量结果，最后从中有多少直接项目落地的又是一个考量结果。所以这些都是对品牌工作效果的考量，而非仅仅看最后的销售结果。如果你提供的产品不能解决别人的问题，做什么品牌都没用！如果别人还不知道你，就更不要提别的什么了！

所以品牌是一个长期的工作，不能只限眼前的短期利益，往往很多老板因为短期利益而错过了长时间坚持自己的机会。我记得原先有个媒体朋友和我聊天，她说她十几年前做软装，忙得昏天黑地，结果换了去做媒体，现在看看原先坚持了十年软装的朋友都做得非常不错，挣了很多钱，媒体是越来越难了，更别提挣钱，现在她又考虑转做民宿。我觉得一个人的经历和一个公司的经历无异，品牌更是如此，需要不断坚持！坚持！坚持！循序渐进，持续发展。

品牌是长期行为，我们一起持之以恒！

69
品牌经理人的"三宗罪"

任雪琦 发布于 2016-10-13

国庆节前一周和一位品牌总监聊天,她说老板已经找她谈过,现在设计市场情况不好,如果公司设计业务不好,首先会裁员品牌部门的人,建议她做其他业务(公司认为可以盈利)的工作。回想 5 年前,我刚刚拿了当时所在设计公司的优秀员工奖没两天就被告知可以走人了——不需要品牌经理这个职位了,现在想来大抵也是因为类似的理由,只因当年我年少气盛,一直纠结于"优秀员工为何会被无故辞退"的想法而"无法自拔"。然而为何不同的阶段、不同的公司、不同的老板在市场不好的情况下,品牌人员也成为裁员的名单之一呢?我们不妨来分析一下大部分设计行业品牌经理人的三宗罪。

第一宗罪
花钱大手大脚

"花钱大手大脚"这是首当其冲的罪名了!一个活动花销几十万元甚至上百万元在快消品、汽车甚至奢侈品行业的品牌人来讲都是日常小菜了,但在设计行业,几万元甚至十几万元都是非常高的费用了。

所以当一些品牌经理人在做品牌预算的时候,报上去的费用,老板普遍觉得贵,觉得他们花钱如流水也是有理由的:

(1)品牌部门只会花钱,不做业务所以不挣钱;

(2)品牌活动、宣传、推广等做成后,并没有相应的项目机会,甚至前来咨询的潜在客户也不多,也就是光看见钱扔进了水里,却没有看见水花更没有听见任何声音。

老板说得不无道理,我和很多高管聊,他们大多从一线设计岗位出来白手起家做企业,创业非常不易,公司不说别的,日常运营,每个月光发工资都是非常大的开销,更别说现在市场情况不好,做品牌花个几万十几万元,对他们来说是个不小的数目,况且还不见得有效果,品牌人只伸手要钱,自然不答应。

作为品牌人要如何做出改变?或者说如何应对呢?

针对公司战略做品牌计划,不是根据以前的经验做常规的计划,不要觉得以前我们每年做杂志(在杂志上推广项目等),今年也一定要把它列进去。每一年市场、客户都在变,不仅如此,科技日新月异,人们阅读习惯也发生了重大的转变,如果品牌推广的渠道、方式、内容不变,还拿老一套去就别怪老板不给你批钱!可以考虑一些花费较少,但效果较好的品牌推广方式。当然,转变需要前期做一定的尝试并评估新旧方法的适用度最后做决定,而非为了改变而改变。

我们常说,要让客户选择你,必须要给客户一个购买你产品的理由。那么你想要让老板给你钱做品牌,也必须给他一个愿意花钱的理由。这里我想强调,不是从完成绩效出发,很多人工作大多觉得完成绩效就好了,刚开始公司会给你一个岗位职责,你据此做了计划,然而完成了这些其实是不够的,因为或许规定的几次展览、酒会等活动并不能解决公司当下或者未来的问题,做了一次之后效果不好,是需要做调整、改善甚至叫停的。不从绩效出发,从哪里出发呢?我觉得可以从产品考虑,如果这个品牌行为对产品有帮助,能够激发客户、公司内部或外部的活力,都是值得一做的。(关于产品,ADU 一直在讲,我这里不多赘述,详见陈阳老师《设计师为何拒绝产品概念》等文。)

所以,花老板的钱,让老板说"去吧"。

| 这些年设计圈飘过的那些词

第二宗罪
对产品漠不关心

前面引出了产品话题，宽泛一点讲，很多老板、高管认为品牌人对产品、传统项目、技术不关心，只守着品牌宣传的一亩三分地。究其原因，最大的问题，可能还是前面说的：关注绩效（客观讲，不特指品牌经理人，其实公司里的多数设计师也未尝不是为了完成绩效，而不关注公司产品呢）。

不说别人，说说我自己的经历，刚开始做品牌几年，确实不怎么关心公司产品、项目、技术等等，充其量关注项目的设计感、美观度等（因为个人平面设计出身，这个是职业病），只要老板或者总监下达命令，我就直管完成工作，几乎不思考。甚至有时候觉得公司设计的项目太土，和当下计划的品牌宣传风格不匹配，总想着怎么调和得更现代一点。现在想来，自己确实不关心公司产品，当时那是为数不多在几年前就确立产品的公司，做得"土"有他的道理，按照现在的思路，应该设计独特的风格去匹配产品，放大、突出产品特点，而不是为了现代感而掩盖掉产品特色。

所以作为品牌经理人是值得反省的。好好想想，公司的产品是什么？项目类型有哪些？有什么独特的技术？如何让公司的发挥特长让众人皆知？用完成绩效的心理肯定是做不好的，那么我们尝试从客户角度考虑可好？（当消费者是我们最擅长的事了。）如果我是客户，我有一个住宅项目想要委托给一个公司，我的住宅想要卖给谁（用户）？卖一个什么价位？这些定位确定了我项目的造价、风格，想要在当地还是一线大城市甚至国外找几流的设计公司能设计出这类的风格？作为一个样本，虽然不精准，但是可以大致想象客户的选择思路，反过来倒推品牌应该如何做，从哪个环节切入比较有效。当然，如果我的公司是一个专做住宅产品的公司，那么肯定存在大量以前的老客户，对老客户的真正回访也是很好的方法。我这里说的方法不是用电子邮件把设置好的 word 文档发给客户，填一下满意度一三五星（常见的这种表格根本就是形式主义，除了例行公事和得知一些重大的纰漏外没有任何用处），而是真正与他们交谈，问问他们的当初如何选择我们公司的？在现阶段什么是他们最关心，最困惑的是什么？我们公司有没有针对他们这些问题、困惑的解决方案或产品？

品牌人，别只钻在自己的品牌洞里，关心一下身边，爬出来看看外面的世界。

第三宗罪
只懂宣传不懂战略

公司老板、高管觉得品牌人不关心产品，自然也不关心战略，在他们眼里，品牌经理人媒体资源丰富，搞酒会发软文做执行就行了。但是战略这个词很深，很虚，如果不能落到实处，等于白讲。不客气地讲，很多设计公司高管自己都弄不清楚公司战略，让品牌经理人如何懂？有些公司老板思路活络，战略甚至半年一变，让品牌如何跟？

当然品牌经理人在这方面也是欠缺的，不关心战略，我只做好宣传的事，很大程度是因为公司给我这些岗位职责是这样的：

```
XX设计公司品牌总监岗位职责：

1. 品牌塑造与企业文化管理
A. 根据战略品牌规划，组织对品牌形象的监督与管理，组织编制CIS手册，确保品牌形象的统一
B. 组织内部精品项目评选，选送参与外部精品项目评选活动，打造精品项目
C. 策划品牌推广活动及社会责任活动并付诸实施，统筹活动会务、事件性营销策划、新闻策划等策划及效果评估
D. 策划对内的企业文化宣传与推广活动并付诸实施

2. 媒体管理
A. 根据品牌年度计划，审核年度广告、公关计划和预算，筛选受众细分媒体，并监督广告投放过程和效果
B. 与合作媒介进行沟通协调，监督并落实合作情况，树立良好的品牌形象
C. 拓展媒体资源，搭建新媒体平台，组织媒体资源评估
D. 管理自媒体运作，组织企业网站维护和内刊编写

3. 部门日常管理
A. 制订公司年度品牌推广计划及策略，负责本部门业务的协调及指导，确保本部门绩效指标的达成
B. 建立并完善部门内各项工作制度与流程，提升工作效率
C. 制定本部门年度预算并监督执行，进行职责范围内的财务决策，确保预算执行满足业务和财务管理的要求
D. 管理直接下属，对其进行工作部署，提供业务指导，进行绩效评估，并进行能力发展和职业发展指导
```

这是一家上市设计公司招聘品牌总监的要求，似乎没有写我需要参与战略，而是公司告诉我战略，我做好品牌计划和管理就可以了，没有说我的工作可以反过来调整、指导、改变战略。于是，我的品牌战略就只是支持公司战略的宣传工作，而没有更多的功能了。

涉及战略这事就难办了，但我觉得在这个方面需要公司高管与品牌经理人一起努力，改变公司文化，让品牌人参与公司战略、参与产品研发。品牌经理人从另外一个角度接触客户，就像前面提到的可以从老客户入手了解他们的真正需求，理解

| 这些年设计圈飘过的那些词

分析后反馈给公司,制定战略,与技术人员共同研发产品,比任何一个部门单打独斗要强得多,这也是为什么要让公司管理扁平化的原因,当然很多民营设计公司本来人数就少,所以要改变的是自上而下的公司文化,多一些自下而上。当然品牌部门要与其他部门和外界更多连接,做培训是个不错的选择,让其他人了解、理解品牌部门在做的事情,这样他们就能给予合理的支持。

战略很难懂,别让品牌只做宣传工作,让大家一起携手。

(在写这篇文章前,我在 ADU 学员交流群里和一些设计公司老板及高管探讨了相关的品牌问题,非常感谢大家的积极参与并提供了宝贵的意见,希望在大家的公司里也可以有这样的氛围。而这篇与上次写的《老板们的品牌"三宗罪"》一起读,效果更佳。当然所提及的"罪"并非真罪,也并非所有人都存在的问题,只希望设计公司品牌能够做好,这里仅发表个人观点,欢迎大家与我探讨。)

70
品牌经理人的 5 项修炼

任雪琦 发布于 2016-10-27

"从平面设计转型到品牌经理人。"这几乎就是我到 ADU 做咨询顾问前的所有经历了,而前几天遇到的一个品牌人也是如此,聊天之间不免有些熟稔,吐槽的点也颇为相同。从去年年初开始接触设计企业的品牌人至今也有不少了,我觉得职业路径基本就是这几条:

(1)设计公司的建筑师、设计人员转型或兼职当起了公司的品牌人;
(2)平面设计或文案、策划等方向的品牌(市场)部员工慢慢转做品牌经理人;
(3)其他行业的品牌人转行到设计行业从事品牌工作。

归纳起来实则为两种:一种是技术型员工转型做品牌人,另一种是专业型品牌人转行到建筑行业。

有学员很早就问了,到底怎样的人适合当品牌经理人呢?你接连吐槽了老板和品牌人的品牌"罪行",品牌经理人到底应该具备怎样的素质呢?或者说设计企业在招聘的时候应该找怎样的人呢?我想一个品牌经理人应该具备以下 5 项素质:

1. 热爱品牌工作

自从我有了孩子就常常拿这个来讲:谁也不会比你自己更爱你的孩子,只有热爱,才会做得好,工作亦是如此。如果你仅仅是一名技术人员勉强被指派去当品牌经理人，不说工作做得好与差，至少从心情来讲，强扭的瓜不甜。如果你心心念念还想着要做项目，那不如别转型来做品牌。

2. 对公司品牌的认同

这点很重要，很多人讲，公司的品牌或者个性往往透露出公司老板或者 CEO 的牌性，对公司品牌的认同，包括对老板的认同、对公司文化的认同，朝一个方向看才有可能朝一个方向走。有一次我去 GN 做访谈，品牌人说他们老板本人非常文艺，公司处处透露出"文艺范"，他招人的时候时常责问 HR："这人一点也不文艺。" HR 无奈在心里嘟囔："招个技术人员也需要文艺？"这虽然是特例，但也反映出了我说的这个意思，如果这家设计企业走进去是"湘菜馆"，而你穿着破洞牛仔裤、夹脚拖鞋，别人光看着就觉得别扭，当然仅从表象去解释太片面，内心来讲，真正的认同，就是认同公司的品牌、文化、老板的做派，如果你仅仅为了绩效做工作，是不太容易做出色的，这种情况太常见了，一边做着工作一边"骂"公司的比比皆是，道不同不相为谋，说的大概就是这个意思。

3. 专业能力

文章开头提到的在设计企业的两种品牌人，他们本身拥有一种能力，那么作为品牌人就必须再修炼另一项能力：从别的行业转行来设计业的品牌人必须提高解读设计行业产品或技术的能力。前两个月应邀去一家建筑设计院做市场部的咨询工作，发现他们硬生生把几个品牌人逼着去学画图，这个有点过头了，但这种思维在技术型领导中是很常见，常常希望对外接触客户的品牌或市场人员不仅能推广公司的形象、产品、技术，更希望他们能直接回答客户的所有问题包括技术性问题，他们觉得如果回答不上来，就会对业务有所影响。但我认为这点请适可而止，作为品牌人员确实需要对本行业有一定的熟悉度，尤其快消行业跨行过来的品牌人，设计行业的产品与快消品的营销方式差别很大，一个在快消品行业无往不利的人，可能会在设计行业碰壁，所以品牌人必须了解行业情况，熟悉本公司产品、技术，才能针对其特点来调整原有的品牌工作。

然而做到这些就够了，当然多学技术类专业知识对本身来讲没有坏处，但千万不要到拿了项目就会画平面布置图，会分析项目区块功能等这样的程度，这些还是交由专业的技术人员，原因有二：其一，品牌或市场人员让客户知晓公司进而准备采取行动交由公司做项目这已经达到了目的，术业有专攻，让技术人员回答客户的技术性问题体现设计公司的专业度，也体现了对客户的尊重；其二，品牌或市场人如果凭自己的那些知识提前做了平面布置图，如果客户满意，但后来传达到技术人员那因实际技术原因说不能做，该怎么办？（这是活生生的例子，不是我瞎编）如果客户不满意，那还是体现了公司的不专业，甚至导致丢了项目。所以请谨慎对待，并转变技术型思维，理性引导客户。

而技术型人员转型做品牌人的就需要补充品牌方面的专业知识及工作能力，这点毋庸置疑。这点来说，技术型领导往往很喜欢，但是因为存在这类人员完全没有品牌方面工作的经验，要么就是走过很多弯路，要么过于技术思维，必须好好对待这两个问题。可以多学习专业知识、多参加行业交流，最重要的是，将学到的品牌知识适当地运用到设计行业及本公司中来，学会更多用客户思维工作。

4. 沟通表达能力

作为其他职业这项能力也比较重要，而是作为品牌人则更为重要，他本身就是以传播为主要功能，用最佳的方式采用合理的渠道将公司战略、文化、产品、技术合理传播到客户、相关利益方那里。说话的艺术很有意思，在很多情况下甚至可以扭转不利的情境。当然公司内部沟通也非常重要，很多公司没做好，往往还不是外部的问题，我以前在 XX 设计院做公司作品集的时候感受颇深：公司没有系统完善的知识库，项目都纷纷散落在各项目负责人甚至建筑师手里，仅做收集工作一项就弄了大半年，与各个部门沟通成了最大的问题，当然这项工作现在看来也算锻炼了我在企业内部的沟通能力了呢。

5. 协调内外部资源的能力

协调内部资源的重要性其实第四条已经说得七七八八，而协调并整合外部资源的能力非常重要，品牌人往往需要与政府、媒体、相关行业组织、同行，还有五花八门的客户建立关系。如果你是一个完全不喜欢与外界接触的人，那么请不要做品牌人，不过这与内外向好像没什么关系，要知道我曾经也以为或者被认为是一个内向的不喜欢说话的人。当然建立关系只是第一步，往往后续的是日积月累的维护与深入的

| 这些年设计圈飘过的那些词

了解，只有这样才能在公司某项工作需要的时候知道挑选出合适的外部资源，才能为我们所用，才能有所谓的"协调"。

当然除了以上 5 点，品牌经理人作为高端人才应具备自驱动、不断学习成长的能力，还应具备绩效管理、管理团队、培养下属等能力这里则不多做阐述。

71
建立推广渠道注意这 3 点

任雪琦 发布于 2016-12-08

"你们参加展会吗?"
"嗯,参加的哦。"
"那么展会信息是怎么找的呢?怎么判断展会是否符合公司的要求呢?"
"我让助理去 ×× 展馆看看一年的展览信息,然后确定……"
"……??!!"

这是一次我给一家北京的设计公司做品牌咨询的时候,与负责市场部的经理人的对话,参加展会信息仅从所在地附近的展览馆获得,着实让我感到惊讶。虽然这可能是小概率答案,但也体现了一个问题,对于设计公司来说,推广渠道到底应该如何建立呢?

要说清楚这个问题,首先来弄清楚以下三个问题:渠道、目的、受众。

渠道

首先来看看设计公司常见的推广渠道有哪些?(当然还会有很多渠道,也有很多其他分类方法,比如免费的/付费的或线上/线下的等等,有兴趣的可以找相关书或资料来看。)

(1)口碑:客户推荐、(产业链上下游)合作伙伴推荐、同行推荐等;

（2）直邮：（项目、产品、品牌）目录、节日问候等；

（3）媒体：电视（较少）、广播（更少）、报纸、杂志（硬广、软文）、企业刊物等；

（4）网络：微信、微信群、微博、企业网站、自媒体、百科、论坛、搜索引擎（较少）等；

（5）活动：庆典、比赛、展会/展览、培训、演讲、研讨会、推介会、沙龙、赞助、协会联盟等。

老客户帮忙介绍新客户并参观过建成的项目后成功概率很高，而且几乎不花钱，所以这是设计公司老板最喜欢，觉得最有效的一种方式了。杂志在以往好像是第二名，付年费当理事，刊登优秀项目是常事，不过现在被更加便宜且更具时效性的网络媒体所取代。第三名常用的渠道是参加展会。渠道没有好坏之分，只存在是否适合一说。

推广渠道在形式上通常分为搭便车和自建。搭便车就是利用已有的渠道进行推广，有免费或付费，相对花费精力少、快速，不利的是针对性不强。自建是自己搭建舞台，指向明确，但花费精力多。大型设计企业为了扩张影响力可以自建渠道，包括网络自媒体、企业刊物及操办展览、论坛等等。小的企业相对推荐搭便车，当然小企业也倾向做自媒体，包括网站及微信公众号，因为相对付费媒体来说，自建感觉费用更低，但如果想要效果好的话，必须有主题、有频率、持续地进行建设，不然还不如没有。这里建议要么设立专门的人员维护，要么启用第三方公司帮助维护。当然，搭便车和自建通常都是搭配着运用的。

找到适合设计公司的推广渠道很重要，这里注意是推广渠道（让受众知道），不是销售渠道（把产品卖出去）。那么如何找渠道呢？肯定不是像文章开头说的只找自家门前的展会信息，而是需要根据不同的目的和受众进行分类，广撒网，利用相关网络也好、杂志报纸上刊载的、协会发布的信息或者身边同行的讯息，从中寻找相应的渠道信息，建立渠道库，然后根据实际情况挑选其中合适的渠道进行推广。

这里有一个小技巧——针对目的发掘它的多重属性，为每一个属性至少找一个渠道，比如推广某类产品——轨道交通建筑有以下这些属性：民生（市政工程）、工程技术、金融（投资）等等，每一个属性都至少能找到一种渠道去推广。需要注意的是，不要单一地只考虑设计行业的渠道，设计行业可以体现专业度和行业地位，但很多时候会是设计企业的"自娱自乐"。所以请根据属性去找渠道，拿展会来讲，医疗建筑不应只参加各地举办的医疗建筑的展览，还应该参加医疗行业的展览，包括医院院长的论坛或医疗设备展览等等；拿杂志来讲，不要仅投稿医疗建筑或专业设计类的杂志，还可以考虑医院院长、基建负责人阅读的杂志或医疗领域的杂志等等。试着用这种方式去找渠道吧。

目的

之前与大家分享过设计公司对外推广的内容大致分项目、产品、公司三个层面（详细阅读《设计公司对外宣传品牌的内容有哪些》一文），从这个角度去考虑可能会比较清晰推广目的到底是什么？

我曾提到过的建筑师上"梦想改造家"，设计公司的校园招聘，参加行业协会等的目的是体现实力、建立行业地位，这些都是推广企业品牌的渠道；而有一些渠道像推介会，直接面对客户，为了拿项目；另一些会上一些传统大众媒体，比如电视，在地震的时候以结构专家的身份出来，则面对的是利益相关方、民众等等。可以看出，不同目的选择的渠道不同。

在推广重点项目时，往往需要在短时间内集中铺开，会选择时效性高的网络推广渠道，其次是传统媒体及口碑等等。如果推广目的是产品，则会综合使用前文提到的渠道，基本上是一个中期的计划。然而推广公司品牌则会更长期的一个过程。在不同推广阶段需要调整推广渠道。

尽量不要出现为了推广而推广的事件，比如我实际碰到的案例：某境外设计公司驻上海分公司十周年，为了十周年搞庆典，宣传片内容或许换做另一家设计公司也一样可以用，活动后报道只是说了流程，开始—主题论坛—自助酒会，没有半点介绍主题讨论的内容，可以说活动后对公司形象帮助并不是特别大。对比之前参加国内一家本土设计院的六十周年庆典，他们一改往日劳民伤财的庆典活动计划，取而代之的是在当地推出一系列相关设计创新的活动（比如其中一个重要活动是举办产品创新大赛，请政府、开发商、院校等机构来担任评委）。整个系列活动持续时间比较长，既调动了设计院内部员工的积极心，也加强了与社会各界的联动，增强了企业影响力。

受众

推广内容给谁看？也是选择渠道的一个关键点。设计公司的受众有哪些呢？大家最关心的是客户，那么选择给商业开发商和政府的推广渠道就完全不一样。还有相关利益方、产业链上下游企业、设计同行、设计相关的学生、普通民众、别忘了还有企业内部员工等都可能是设计公司的受众。

问问自己，假如这次推广的内容放在设计专业杂志上，看这本杂志的受众是谁？学生？建筑师？和我们想要接触的目标受众是不是匹配？如果不匹配，那么对别人效果好的渠道对你则未必。推广目的不同，选择的受众不同，展示内容不同，所以选择的推广渠道也是完全不同的。

建立推广渠道除了注意以上三点外，还应考虑到其他的因素：比如推广时限；频率；推广渠道所覆盖及影响的地域，在北京很有效不见得在上海也是如此。等等这些都是需要市场、品牌或相关部门在建立推广渠道时研究考虑的。

所以，你准备好了吗？

72
我们公司人太少，市场营销怎么做

任雪琦 发布于 2017-07-06

设计公司管理者谈到营销最常问以下三个问题：

（1）一年需要花多少钱做营销比较合适？最好告诉我一个经验值或者参考值。

（2）做营销是最简单直接并有效的方法是什么？最好告诉我123的步骤和方法。

（3）我们没有合适的人，你认不认识适合的营销人员或者第三方企业吗？你能介绍给我吗？

事实上并不是得到以上三个问题的答案就可以将公司市场营销做好的：每个公司的情况都不一样，不是统一的预算、方法就可以解决问题的；合适的人员也不是即刻就有的；第三方营销或公关公司只有在需求明确的情况下才能提供服务。

所以真正的问题并不是三条"怎么做"的战术问题，而在于"做什么"的战略问题。

那么设计公司尤其是中小型民营公司，在人、财及渠道等资源稀缺的情况下，如何做营销呢？

巧妇难为无米之炊

首先确立产品，这是毋庸置疑的，如果公司还没有一个明确的产品及产品价值主张，那么再多的钱、渠道，再好的方法、营销人员也无法做成。

| 这些年设计圈飘过的那些词

某设计企业的案例：2013年开始，该公司开始参加、举办各类相关行业论坛、媒体推广频频出现，起初在建设行业中市场营销和品牌都做得不错，但是几年来业务量并没有因为这些举动而增长，原因是提供的业务类型很多，然而研究深入的不多，在应对广大市场的时候，反而不清楚客户在哪里，竞争对手是谁，也就无从确定营销目标、针对优劣势去调整营销策略了。

相反，一些似乎没有刻意去做市场营销的公司却做得非常好，例如最近接触到的一个景观设计公司，人员不多，也没有专职的营销人员，几乎所有人都是设计师，但在景观界堪称"网红"。我身边能接触到的景观设计师都称其为神一般的公司，是很多设计师都向往的地方。

没有专业营销人，也符合一些小公司的实际状况。他们是怎么做的呢？很简单：即有明确的产品和产品价值主张，按照产品、价值主张去挑选项目。不是我的"菜"，即使再好吃，也不吃。不刻意去评奖或投稿，有合适的才去参加或被邀请。这说起来容易做起来绝非易事。

有了产品，市场营销人员才可能有的放矢：

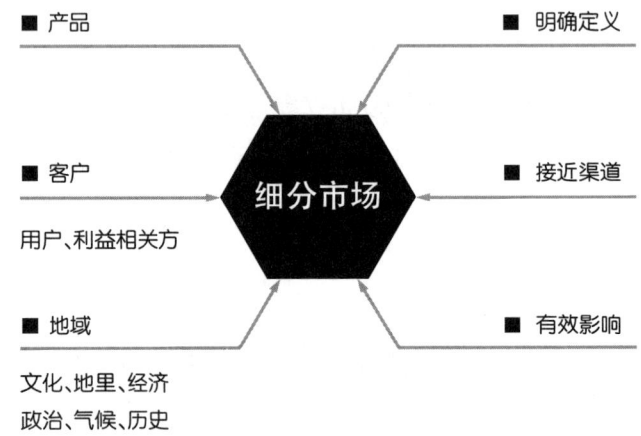

（1）根据产品明确市场在哪里？规模多大？
（2）市场类型是什么：已有市场？全新市场？细分市场？（市场类型的不同也预示着营销方法的不同。）

（3）产品所对应的客户、用户、决策者、买单者、影响者、上下游、专家等相关利益方是谁？

（4）产品的特征是什么？哪些因素会影响这些特征？

（5）这些特征所对应的市场推广渠道有哪些？（有针对性，而非贪大求全。）

（6）产品适合哪个或哪些地域？

（7）竞争对手是谁？

（8）与竞争对手相比，产品的优劣势是什么？

（9）与竞争对手相比市场推广及品牌有什么区别？

（10）你目前的产品是否满足客户需求？是否需要调整？将如何调整？

认真回答以上问题，将帮助你了解自己和你的客户，是做好设计企业市场营销的关键答案，甚至是产品构成的一部分。你指望一个工作了 2 年的市场专员肯定是搞不定的，你指望一个设计师去完成也是很难的。所以这些问题，尤其是在公司人员不多的情况下，最好是管理者自己去回答。企业管理者或创始人可以试图搭建答案的框架或大方向，让其他人员辅助完成。

当然一定要让市场人员或相关人员参与到产品研发、参与回答以上问题的行列中去，充分理解客户需求及产品的价值主张，才有可能帮助回答这些问题。

只有清楚地回答了以上这些问题（雪琦后期的文章会逐个进行探讨），才有可能着手解答出文章开始那三个问题：

（1）市场预算是多少？

（2）市场营销及品牌建设具体执行方法有哪些？

（3）如何搭建市场、品牌部门；招什么样的人或找哪种第三方机构来帮助执行？

这些问题的答案或许是动态的，在你获得一些经验、数据、成果及市场反馈后，应灵活地做出相应的梳理与调整。

一口吃不成一个胖子

我认为前文提到的景观公司成功的另外一点是不盲目扩张，保持固定的人员规模,并对一年项目的数量有所限制。他们用更多的时间对客户需求进行深入剖析、根据匹配度找产业链上下游资源进行深度合作、进行产品研发等。

很少有公司可以抵挡住那些诱惑,不断接新项目,项目多得来不及做了就盲目多招人,项目少了又纷纷裁员。

陈阳老师经常说的,公司规模与产品级别相匹配。我对此的理解是,相应的产品级别对应多少数量的设计人员,而在项目数量上也会有一定的限制。

拿 ADU 陈阳老师为例,每月工作日不超过 6 天,一年不超过十个月,能接的咨询项目数量可想而知。平均下来,他一周最多工作 1~2 天,其余时间看书、与客户沟通、与设计行业或其他行业管理者交流管理经验、参与行业活动、吸收新知识、梳理总结等,用以 ADU 的产品研发。当然设计行业与咨询行业特征不同,工作的具体形式亦不同,但是这背后的思维值得大家借鉴学习。

归根结底,设计公司的营销最终还是以产品说话,以项目最终落成的效果说话。对于中小型设计公司来说,有限的项目才能保证品质,有限的项目才能抽出时间做更多产品创新与产品研发,保持设计公司的永续发展。

"当我们提供的产品或服务是顾客真正需要的时候,顾客就不太会在意形式的东西了。"

—— 斯坦福大学公开课《如何创业》

73
征服三种不同的市场，你为何只用一种姿势

任雪琦　发布于 2017-07-06

　　A 姑娘喜欢鲜花、奢侈品，是宁可在宝马车里哭的那种；B 姑娘喜欢插花、设计师品牌，是愿意骑着自行车和你一起走走看看的那种；C 姑娘什么都无所谓，是要房要车要很多钱才有安全感的那种。假设放在你眼前的这三个姑娘都很漂亮，不去评判个人价值观与喜好，你追求这三个姑娘的"套路"是不是会不一样？

　　如果追求不同的姑娘你会使用不同的套路，那么同样是你，征服不同的市场，为何总是用同一个姿势？

现状

　　别急着否认。在设计行业，大多数老板或者市场营销人都用着同一种口径和方式去做营销和推广。你看看是不是这样的情况：

　　XX 项目完成或中标

　　XX 项目荣获 XX 设计大奖

　　XX 模式下的住宅 XX 设计研究

　　XX 公司参加 2017 中国 XX 设计 XX 高峰论坛

　　翻一翻各设计公司的公众号或网站新闻多是这样的字眼和内容。要么就是一窝蜂地去追风口的信息：从产业园到乡建，从海绵城市到特色小镇，从 BIM 到智慧城市，

不一而足。你会发现，只要改一下名字，几乎谁都能套用这些新闻。

再看看营销方法，基本上都是说自己技术好、设计能力强，然后用项目或作品去说话。不管是媒体宣传、活动展示、口碑营销还是销售人员出去都用同一种套路与不同的"姑娘"兜售"爱意"。

在设计 1.0 时代，这样的方式完全没问题，因为那么多的建设需求摆在少数设计公司面前，据说以前开发商都是拿着装钱的麻袋等在设计公司门口的，就像文科班，男生几乎都名草有主；然而现在已经是设计 2.0 时代，越来越多的甲方知道"优劣、好坏"，而且并不只体现在外观设计上，还体现在运营等其他诉求上，然建设需求却放慢脚步，相应的设计公司却多了起来，一些开发商甚至有了自己的设计团队，那感受就好比瞬间转去了理科班。

设计圈的"男生们"对着为数不多的"姑娘"要么面面相觑，要么使出浑身解数，发现大家的招都差不多。那么正确的姿势是什么呢？

明确市场类型

首先明确产品的市场类型。很多设计公司并不是不努力，在技术上不断加强，在体力上不断加班，但还是不尽如人意，我觉得可能还有不懂区分市场类型的原因，而走了很多弯路或做了很多无用功。

三种市场类型：

陈阳老师在《白话设计公司战略》中将设计行业的市场类型（书中为竞争格局）分为三种：进入新的市场领域、差异化和成本领先的市场。

1. 新产品市场

就是你认为没有供应商为这类客户提供过这类服务，你是第一个吃螃蟹的。新产品的好处是游戏规则你定，没有激烈竞争后的市场价，完全可能根据你能给客户带来的价值定价；坏处是风险很高，设想很美好，但客户分析有偏差、产品不对路、客户不买单等因素都可能导致失败。

2. 差异化市场

大部分成熟行业的主流市场是差异化竞争格局，有众多买家和卖家，也就是说这个市场有竞争对手，但提供的产品有差异，这种差异是由不同企业对客户分析后得出的结论不同造成的。任何甲乙方合作都是有原因的，设计公司作为乙方应该主动给甲方一个理由，为什么选择你？理由就是产品的差异。

3. 成本领先市场

成本领先对智力型企业来说是非常悲惨的市场，这时，不同的企业间产品几乎没有区别，或者有区别但客户没有差异化需求。设计行业的产出是智力型的，市场需求都是有差异的，设计公司的设计（产品）也不同，问题在于企业没有总结、研发、主动提出满足客户需求的差异化产品。价格比竞争对手低，是要靠大规模大批量生产的，而智力型企业则不具备这种可能性，市场如果走入这个境地的话，设计公司应该选择放弃。

设计公司最重要的一步即需要产品研发团队与市场营销团队（如公司规模小，就是几个合伙人或公司相关骨干）一起参与讨论，公司的产品到底选择进入哪个市场？

应对姿势

作为智力型行业的设计公司来说，我们还是彻底放弃成本领先的市场吧。那么面对新产品市场和差异化市场，我们该怎么做？

内容：

1. 新产品市场

ADU 的学员阿普贝思景观近年来一直研发的"雨水花园"，即是一个新产品。他们正在尝试这个新市场，并进行产品系列化。他们给自己贴上"雨水花园设计实施服务商"的标签，他们需要努力在不同活动、媒体、营销渠道及公司培训、客户沟通中不断强调、巩固从而占有市场。也正因为是新市场，就意味着需要耐心去培育市场，需要更多地告知客户"雨水花园"究竟是什么，解决什么问题，而非只突出技术优势。

2. 差异化市场

差异化市场并不是凭空想象出来的，而是根据设计公司以往的项目经验进行梳理、总结、研发出来，以满足客户需求的。以下是三种常见的差异化方式：

（1）功能

从功能来分是最常见的一种方式，传统的学校建筑、酒店建筑、住宅建筑、商业建筑等等都是如此，但是这样的分类方式已经不能满足客户的需求了，所以需要进一步差异化。比如学校设计，可以细分为大学、中学、小学及幼儿园，横向还可以分为私立和公立学校。比如你可以找到这样一个差异化市场，成为"公立大学设计专家"。深度研究公立大学的建设需求、空间尺度、教学方式、使用逻辑、活动流线、审批流程、政策等等，找到那些真正可以打动客户的内容。

（2）技术

ADU另一个学员公司蓝调国际提出"山地景观"的口号，就是从技术特征出发的。口号鲜明地结合了重庆当地城市特征，有效地树立了品牌认可度，同时强调了其技术优势。他们运用公司以往成熟的经验进行适当总结、梳理，并进行推广。

（3）设计哲学、风格

扎哈的"数字化设计"、崔愷的"本土设计"，一些设计公司提出了"新中式""ART DECO""日式性冷淡"等等，都属于这类差异化方式，在营销及品牌树立上则紧扣这些设计哲学与风格。

客户：

从客户层面上讲，差异化市场既有专业客户（即开发商等客户），也有非专业客户（如学校校长、医院院长、包子铺老板等不懂技术的客户），而新市场里更多的是非专业客户。近期陈阳老师的全国公开巡讲"2017，设计行业的蓝海"即强调设计公司需要关注非专业客户，所谓蓝海也就是非专业客户。

渠道：

新市场对应的渠道不是从专业客户身上去找，大家之前参加的行业评奖、建筑协会或设计类杂志等,这些都是针对专业客户的。重点要围绕非专业客户,要寻找他们已经存在的渠道,他们在哪,你就得出现在哪。比如你做学校,你可以看看相关的中国院校后勤信息网、校长协会、校长论坛、职业教育高峰论坛、院长杂志、教育新媒体什么的,甚至你可以将研发成果转变成院长或基建处处长听得懂且感兴趣的语言或演讲话题,主动组织开展新型教育设计讨论会,用设计师对教育、人与空间的理解带给非专业客户新的视角。

今日谈了很多,看看大家准备选择哪个"姑娘",并采用何种"姿势"呢?当然文章可能还有很多错误或疏漏的地方,欢迎来信与我探讨。

注:

1. 阿普贝思景观:阿普贝思(北京)建筑景观设计咨询有限公司
2. 蓝调国际:重庆蓝调城市景观规划设计有限公司

| 这些年设计圈飘过的那些词

74
市场营销的 10 个痛点

任雪琦 发布于 2017-11-08

上周五下午，主题为"设计行业营销的痛点"的互动沙龙在 JAXDA 会议室进行，本次沙龙是由 ADU 发起的设计行业打杂群第一次线下交流活动，口号："不抱怨，聊正事！"

（由于本次问答内容采用匿名公开的形式，所以本次活动就不放现场照片。再次感谢到场参加的 20 位朋友）

市场营销一直是设计行业关注的焦点问题，如何把自己推出去、把活儿接回来是一个企业保证持续运营的基础。那么在设计市场（外部）中，在日常工作（内部）中，市场营销的痛点有哪些？看看打杂群的伙伴们提出了什么样的疑问或困惑，并给出了什么样的回答或分享：

外部
Q1：在没有熟人认识或引荐的情况下，如何与政府搭上关系？

A1：这个圈层的特殊性一定要有关系才可以，不然就是你有足够的权威、有地位或者学术地位，但这类人通常也不会没有关系。
A2：在中国可以通过各种人找到熟人，就是在国外其实也是一样，理论上最多通过六个人你就能够认识任何一个陌生人（"六度分隔"理论）。还有一种比较正统的渠道就是尽可能参加一些政府举办或出席的展会、论坛，通过演讲或交流，主动或被动地认识他们。

Q2：如何判断是否参与某个项目投标？如何判断中标率或是否陪标这样的情况？

A1：有认识的人就去，不认识的就算了，不过认识的人也要看关系好不好。

A2：既然参加投标就抱着一个无所谓的态度，可能好一点。

A3：这样市场部是没问题，但是设计部门会有意见。投标这个事情，我觉得是有一定的评判标准的，比如你做国际性的投标，公司需要露脸，我一定会去，哪怕没有排名，招标单位也会知道有你这个设计单位，但如果不是类似的判断，你心理压力就很大，万一没中，这个团队的工作量与产出，耽误的能干其他活的投入在哪里？所以主要看这个投标有什么意义。另外一方面就是看公司或老板是否会有针对性政策和支持，比如我们公司就有投标的基金。

A4：除了这些我们主要会自我分析，首先了解自己，我们配得上什么样的甲方、什么样的项目。我们做的方案够不够优秀，去的竞争对手大概就是那几家，我们做的方案是否能PK过那几家。了解自己，再了解自己的对手，真的很重要的。

Q3：应该接什么活儿？

A1：公司主要做住宅设计，那么我们会做客户的分析，每年从克尔瑞购买数据，今年top10的开发商有哪些，去分析销售面积、金额等销售数据，我们公司占了地产设计市场的多少份额，再细分，比如占了万科多少，融创多少，预估明年还会占多少。市场很现实，我们随时调整策略。我们每个人，都会做一个客户名单，联系人跳槽到哪里了，你和他关系非常好，可能你那个跳槽去的开发商你也拿下了。

A2：公司做大，不能光看眼前，市场人员要从今年看到明年的年初，你要看到明年市场，但是其实看不看得出来又有什么用呢？就是多接点活儿呗。做市场就是做人，让甲方相信你，认可你把项目交给你。但首先你要有产品出来。

A3：同意以产品为主线，这个没问题，但是我的想法，我要看到的是利润，我做公建只能赚400万元，但是做居住摆在面前是4000万元，你一定会想办法去做这

4000 万元的。为什么要去投标这个项目，因为它赚钱多么。

Q4：靠熟人介绍的时代虽然还在延续，但已经明显感受到了市场的压力，之前公司一直没有做品牌，现在要打开熟人以外的市场，如何快速建立品牌？

A1：其实每一个老客户背后都有很多新客户，所以我觉得还是重点挖掘老客户。一是通过好项目定期推送，另外一个是定期的交流，慢慢地他们会把你带入他的圈子，这背后可能有几十个新客户。这就需要沟通能力不错的市场人员，带点天赋的那种。

A2：还是要有好作品说话，像我们 XX 项目做成，不停地有电话来咨询，我现在就是要挑活儿，挑业主。作品其实是一个活广告。

A3：我觉得品牌还是一个钱的问题！产品的问题！还有老板的观念问题！首先是要产品清晰呀！

A4：关于产品好像就是先有鸡先有蛋的情况，你是先有品牌去揽项目，还是你先有项目才形成品牌？如果没有一个强大的品牌，你想把一个项目接回来，我觉得还是很难。

Q5：公司营销策略或日常工作与甲方要求或时间冲突了，怎么办？

A1：主要看你的品牌预期，这个项目是不是品牌项目，结合具体运营状况，做项目的运营成本，时间，现金流等等，还有就是看老板的决策。

A2：甲方的需求怎么可能与公司冲突呢？比如万科，它在地产界很有名，它让你做给你带来利润，设计费又不低，还给你带来品牌，那它让你做什么你就做什么好了。如果它上升到战略客户的时候，那它就是至上的。如果这样的客户需要我改变形象，我可以改啊，我可以专门拿出一个明星事务所或明星团队，我可以针对万科专门宣传这个团队。

A3：这是前期的情况，现在有很多公司宁可不做万科的项目。一个万科项目或许要改几十遍，所以现在很多公司开始去万科化，或者去万达化。

雪琦说：前 5 个问题是本次交流活动中大家提的设计行业营销的外部问题，聚焦在项目、客户、与品牌建设三个方面。我欣喜地发现很多朋友已经开始接受设计公司要有产品这个概念，产品不仅仅是一个设计公司建设品牌的基础，你依靠它去树立起独特的标志，它更是评判你接触什么样的客户，接什么样的项目的重要依据。

内部

Q6：我常常困惑我的工作内容到底是什么？如何给市场营销人员一个角色定位？

A1：我觉得市场营销就是设计师做不了的事，我们都得干。我用两个号来定义自己：10086（接线员）和119（救火）。基本上都在干这些事。比如说某一个项目图纸上有一些修改，或者出现漏洞的时候需要我们去给甲方解释。还有一些内部协调的问题。所以我也很困惑，能不能给我画一条线，我就在这条线里面做，其他就不管了。因为很多事做多了，公司或其他人就认为理所当然，与领导沟通，领导又可能觉得你在抱怨。

A2：那你们的项目经理在哪里？公司没有给你写职能吗？我觉得你可以换公司了，如果你的痛苦70%以上，那说明它不适合你。我们公司就特别明确，销售就只负责开拓，市场就只负责品牌推广，其他乱七八糟的事我会帮他们挡掉。你可以到我们公司来试试。（笑）

A3：我原先做建材，发展的是区域性的代理商，它整个运作流程和开拓有很明确的分工，而且市场是主力，基本上出了问题我就带着技术人员到客户那边去处理，这个感觉还挺好的。我们会给代理商一系列的扶植，包括培训、推广等的支持。与设计行业差别还是挺大的。有些客户后续的跟进与设计师的黏合度更高，有可能是老总，有设计的光环、专业背景在那里，甲方会更愿意跟他们交流和接触。从我一个外行的营销人员来说是很难一下子弥补的，我现阶段只能帮助做设计师不能做的事情，感觉就有点错位。

A4：我认为这个痛点，是我们自身这个岗位的定位或期望与老板或公司对这个岗位的定位或期望是不一样的，错位的。

Q7：设计行业到底需不需要销售？还是只做市场推广？

A1：一周之前我面试了XX公司出来的经营总监，她本身也有设计院背景，是

| 这些年设计圈飘过的那些词

很有政府关系的人，但在这个公司做不下去了。她说她不知道为什么不适合，但是从她的描述中，我感觉到，XX设计是一家以设计为导向的公司，走高冷范的路线，所以它其实不需要销售。和我们公司一样，老板方案出身想走大师事务所路线，从心底觉得销售有点 low，他们可能更需要的是品牌和市场推广。

A2：可能与面对的客户有关系吧。如果是政府类项目或者大型顾问性项目，经营人员是非常重要的，因为你懂的，设计师的个性有时候会得罪领导。

Q8：市场部门与设计部门经常会产生矛盾怎么办？是否需要有技术背景的营销人员？

A1：市场和设计的矛盾一直都存在，比如甲方提出的方案设计的某一项并不是在责任以内，市场部觉得无所谓就答应了，但事实上可能需要付出很多的人力和代价，有的甚至需要派团队去现场配合、驻场，投入比想象中要大得多。我觉得主要是双方前期没有沟通过，前期只去了市场部，对沟通的预判不准确，信息没有那么对称。

A2：技术上不成熟，所以我要去学习点技术，但我觉得比较好的方式是你得要有一个专业技术的人与你一同去谈。

Q9：市场营销人的核心竞争力是什么？

A1：是客户啊！所以从任何角度来讲，你都要尽全力去做好服务。
A2：说实话，所有人都看中客户。那么客户到底是属于老板的还是属于市场总监的？会不会产生这样的问题？

Q10：我们公司30人规模，是否应该建立市场营销团队？应该招个很牛的市场总监将公司塑造成一个非常好的公司？还是等到了100人再考虑？

A1：你如果没有思路，你就需要招一个市场总监，除非你自己非常知道你要什么。如果你还不知道的话，你要招一个在这块非常有经验的，或者找 ADU 做顾问。（笑，雪琦内心觉得这位同学广告打得好，为你打 call）。

A2：一个公司想要用一个市场总监来一挽狂澜，我觉得太那个什么了……这怎么可能啊？！

雪琦说：后 5 个问题是我们日常工作中内部会碰到的，集中在营销人员自身与部门或公司之间的问题。营销人员定位问题有一个回答切中要害，就是自我定位与公司或老板的预期是否错位。这个问题不仅在于解决沟通顺畅，从个人角度主要看自己想要成为什么人，而对公司来讲则是看需要这个职位来解决什么问题，结合来看是一个匹配度问题。在这些问题中，可以看出，设计公司对市场营销（Marketing）与销售（Sales）的职能也存在混淆的情况。具体可以看看之前写的文章《你想让客户主动来找你？还是你去找客户？》。

最后再次感谢参加本次活动的朋友们！因为这次活动，我听到很多声音，有些人建议不要去回答类似怎么找政府关系这样的问题，我们要讨论干货，聊有营养的话题，不过我还是把它原原本本地放在了文章里。我认为这些都实实在在地充盈于我们的日常工作中，问题很多，没有谁比谁更高深。记得有一次我带孩子去试听课，一位老师是这样讲的："很多学生在互相教学后学得更好。"虽然我们的交流所得并不一定是正确或标准的答案，但我想我们的探讨或许能给一些人参考、借鉴、指引或反思吧。

| 这些年设计圈飘过的那些词

75
2018，如果你的品牌只能做这一件事

任雪琦 发布于2018-01-03

2018年第一个工作日，我突发奇想与大家讨论，在有限的资源条件下（人、财、物力），如果你的企业在品牌建设方面只能做一件事，那会是什么？除了好奇，更多的是希望与大家一同思考与探讨，新的一年，我们将把我们的品牌放在一个什么样的位置？

在刚刚过去的2017年看了一些书，这一年收获到的是接收多样性的可贵，无论如何都没有绝对，"任何一个流派，一旦信奉自己的主张是唯一的教条，也正是这个流派衰败的开始。"（蒋勋《写给大家的西方美术史》）我觉得这句话同样适用于其他领域。

记得之前有一位建筑师直截了当地问我："其他事务所有什么宣传途径吗？告诉我，我好学学。"我没有回答，只是继续就此提问："什么事务所？""建筑。""你心目中有觉得不错的事务所吗？或许可以借鉴一下他们的方法。"于是他满意地结束了与我的交流。

所以关于前文的问题，我将与各位分享与大家的问答，在不断的回答与提问中，虽说不完全有代表性，但或许可以给大家一些参考或启发。

关于产品

A01：雪琦，今年我们要做第一个产品demo。

A02：产品的文化和产品的知识体系上推广。

雪琦：产品文化是什么？

A02：产品文化应该是企业文化的一部分吧。

雪琦：我是想问如何提炼产品文化？

A02：服务、创新。

雪琦：产品文化是否应该从产品出发去提炼？目前设计公司是否有特定的产品了呢？产品是否符合公司愿景呢？这么一说确实，产品文化是企业文化的一部分。

A03：产品认知与理论体系，产品项目指导手册。

关于品牌战略

A04：我们公司在今天是发布新的任命和2018年业务板块的公示，对内做企业文化建设，对外是品牌推广。

雪琦：比较宽泛，有没有具体的？文化建设怎么做？推广推的是什么？

A04：欢迎来我们公司考察。

A05：品牌升维，而后梳理清晰，培训、复制。

雪琦：品牌升维，升维是一个什么概念？

A05：从几个方面提升维度。维度一：品牌更具核心竞争力。表现在同类竞品中，优势明显。维度二：人的认知。表现在相关人群提到类似方面，都知道好。维度三：区域扩张。表现在与更广阔的区域有链接，并且有了以上认知。提升方法可以有很多种

A06：品牌建设，先有"品"，后又"牌"。"品"即为特点，优势。个人以为，先对自身产品进行特点挖掘，寻找相关渠道进行对标，确定自己"品"的位置，继而通过最适合自己的载体（也许是人，也许是产品）传递出去。

雪琦：说得好！

A07：忽悠业主，公司已走上了IPO之路，和我们合作，值得信赖，值得投资。

雪琦：忽悠……

A08：财力物力有限的情况下，我要先做好销售，活下去，然后继续研发。

雪琦：那具体怎么做好销售呢？

A08：用已有的业绩做好宣传，口碑做好的同时，就要兜售了。

雪琦：你在什么渠道做宣传？又给谁传播口碑？

A08：我就针对我的产品的特点，范围，寻找我的潜在客户比较集中的论坛、微信等宣传。给我们自己树口碑。

雪琦：恩，你看，这不完全是销售，事实上也是品牌建设与市场推广的行为。

A08：嗯，都关联的，也不好分家。

关于执行

A09：可以积极参与或组织"跨界行为"的活动，通过相互影响达到"共赢"。在"社会行为"组织中彰显自我产品的独特性。

雪琦：这个"跨界行为"能否具体解释一下呢？

A09：比如我做主题空间，我可以联合有实力的软硬装、家具品牌商及线上媒体共同参与进来，以最少的投入达到最好的效果，互惠共赢，达到品牌宣传的目的。

A10：找准渠道，资源置换，进行品牌曝光宣传。

雪琦：渠道怎么找？找什么样的渠道呢？

A10：根据受众人群，主要做线上渠道，垂直的自媒体或者APP等等。

A11：VI系统管理。

A12：产品册子。

A13：只能做一件事的话，那就做一个具有持久传播力的事，可以是一个视频，一本书，也可以是一个精心策划的系列事件。

关于项目

A14：我们是小公司，想在今年选几个实施的好案例做自媒体推广。

雪琦：自媒体是指你们公司的微信公众号？

A14：是的。

雪琦：一年时间具体选几个案例呢？

A14：选两到三个吧，想办法让大咖及比较厉害的公众微信大号、手上有资源可以直接帮忙转发的。

A15：持续推进一些大的策划，以大师和重大项目为依托。

雪琦：你们公司有大师？

A15：是啊，我们有全国勘察设计大师！

雪琦：你们是综合大院？

A15：是的，省级院。建筑、市政、规划、总包，四合一。

关于人

A16：多发微博攒公司人气，帮人事同志们招人！

A17：中层干部领导力培养。

雪琦：品牌建设？与中层领导力的关系是？

A17：我们强调"以人为本"，项目是人完成的，客户是由人对接的，人就是我们的品牌代表。培养人就是培养品牌，尤其是中层干部。

A18：我先解决品牌主管这个人。

文末的彩蛋，不知所措的归类：

A19：向ADU学习呗！

雪琦：愧不敢当！因为做得还不够好，所以希望ADU还有雪琦与大家共同学习，在2018年与大家一同成长。

2018，你的品牌将要做的是哪一件事？

| 这些年设计圈飘过的那些词

人生并不是在几个里程碑式的节点上做出重大抉择，那是戏剧化处理。

对多数人来说，生活中有几百个小决定，每次决策的微小差异导致生活的巨大不同。

企业管理也是如此。很多公司现在之所以处境尴尬，不是因为犯了什么大错，而是一步步走过来的。每一步在当时来看都是最优（至少是次优）的选择。

——ADU咨询首席顾问
陈阳